教育部人文社会科学重点研究基地重大项目（16JJD790025）

服务贸易发展与
长三角国际分工地位变迁研究

戴翔　张雨◎著

经济管理出版社
ECONOMY & MANAGEMENT PUBLISHING HOUSE

图书在版编目（CIP）数据

服务贸易发展与长三角国际分工地位变迁研究/戴翔，张雨著．—北京：经济管理出版社，2018.5

ISBN 978-7-5096-5785-0

Ⅰ.①服… Ⅱ.①戴… ②张… Ⅲ.①长江三角洲—服务贸易—进出口贸易—关系—制造工业—国际分工—研究 Ⅳ.①F752.68 ②F426.4

中国版本图书馆 CIP 数据核字（2018）第 091970 号

组稿编辑：张巧梅
责任编辑：张巧梅
责任印制：黄章平
责任校对：董杉珊

出版发行：经济管理出版社
（北京市海淀区北蜂窝 8 号中雅大厦 A 座 11 层　100038）
网　　址：www.E-mp.com.cn
电　　话：（010）51915602
印　　刷：三河市延风印装有限公司
经　　销：新华书店
开　　本：720mm×1000mm/16
印　　张：12.25
字　　数：242 千字
版　　次：2018 年 7 月第 1 版　2018 年 7 月第 1 次印刷
书　　号：ISBN 978-7-5096-5785-0
定　　价：78.00 元

·版权所有　翻印必究·

凡购本社图书，如有印装错误，由本社读者服务部负责调换。

联系地址：北京阜外月坛北小街 2 号
电　话：（010）68022974　邮编：100836

前　言

　　本书为教育部人文社会科学研究基地"南京大学长江三角洲经济社会发展研究中心"重大项目"长江三角洲全面建设小康社会中的开放发展研究"（项目批准号：16JJD790025）的阶段性成果。

　　改革开放以来，长三角地区作为我国改革开放的先行地区之一，通过发挥比较优势、完善的基础设施和廉价优质的劳动力优势，抓住了全球要素分工带来的战略机遇，大力发展开放型经济，引进国外先进生产要素，不仅建成了国际性的先进制造业基地，而且在全国服务贸易方面也率先得到了发展，从而经济发展取得了巨大成就，在全面建成小康社会中走在了全国前列。因此，对服务贸易发展如何提升长三角国际分工地位进行研究，对于理解长三角开放发展中服务贸易对全面小康建设的重要作用具有重要意义。本书试图从理论上明晰服务贸易发展对国际分工地位提升的作用机制，并以此为先导，对长三角地区服务贸易发展促进国际分工地位提高的现实效应进行分析和探讨，并就在全球服务贸易发展大趋势和大背景下，如何进一步依托服务贸易发展促进长三角国际分工地位提升，更好地发挥开放发展对全面小康建设的作用，提出具体的对策措施。

　　在开放型经济发展战略带动下，长三角地区经历了多年的高速经济增长。从产业领域来看，开放型经济主要发生在制造业领域，具有"单兵突进"的特点。尽管制造业的大开放使其获得了长足发展，但总体而言，长三角地区在全球制造业产业链分工中仍然处于中低端。而且从服务业领域来看，由于对外开放不足及发展相对滞后，决定了其在全球服务业领域中的国际地位更是不高。国际金融危机后，面临国内国际环境的深刻变化以及经济全球化新形势，尤其是服务业"全球化"和"碎片化"的重要发展趋势，长三角既面临着攀升全球产业链、提升包括制造业和服务业在内的国际分工地位的迫切需求，同时也面临着重要机遇。应当看到，在国内服务业尤其是高级生产者服务业发展不足的情况下，抓住服务业"全球化"和"碎片化"发展带来的重要战略机遇，大力发展服务贸易，包括引进服务业FDI，是当前长三角地区提升国际分工地位的重要途径。这是因为，一方面，服务贸易发展正成为全球经济增长的新引擎，一国和地区服务贸易发展状况已经成为参与国际竞争和合作能力的重要衡量指标之一，也是衡量国际分工地位的重要指标之一。而扩大服务业开放大力发展服务贸易，有助于反向拉动服务业发展，包括规模扩张和水平层次的提升，因而最终有利于服务业国际分工地位的提升。另一方面，从服务业尤其是生产者服务业与制造业关系看，生产者服务业作为制造业的"高端投入"，对于制造业转型升级和高端化发展，发挥着极为重要的战略意义。

本书分别从服务出口和服务进口两种贸易"流向"，以及对服务业发展和制造业发展两个产业层面，所可能形成的三个方面的作用机制进行相应的理论分析。理论分析表明，无论是服务出口还是服务进口，在当前服务业"全球化"和"碎片化"的发展趋势下，其实质都是融入全球服务业国际分工体系，从而对发展中国家和地区服务业发展，包括服务业规模扩张和水平层次的提高，都有着重要作用。在理论分析的基础之上，本书以我国开放型经济较为发达的长三角地区经验数据为依据，对理论机制进行了逻辑一致性检验。具体而言，考虑到当前长三角地区制造业发展已经取得一定的规模优势，因而其国际分工地位提升主要在于"高端化"发展，而在服务业发展相对滞后的情况下，其国际分工地位的提升同时应表现为规模扩张和高端化发展两个方面，因此，本书分别从服务出口和服务进口两种贸易"流向"，计量分析其对包括服务业"量"性扩张和"质"性提升的现实效应，以及着重计量检验其对制造业"高端化"发展的现实效应。结果发现，服务贸易发展无论是对于以三产结构优化为表现的服务业规模扩张，还是以服务出口技术复杂度为表现的"质"性提升，都具有积极的作用；类似地，服务贸易发展无论是对于以制成品出口技术含量提升为表现的制造业"高端化"发展，还是以制造业发展方式转变为表现的"高端化"发展，同样具有积极的作用。总之，从多视角、多维度的计量检验结果确定，服务贸易发展对于同时促进包括制造业和服务业在内的长三角国际分工地位提升具有重要作用。

依据本书的理论分析和经验检验，基于长三角地区亟待提升国际分工地位的现实需要，并结合当前服务业"全球化"和"碎片化"的趋势特征事实，我们提出了进一步扩大服务业开放，从而依托服务贸易发展提升长三角国际分工地位的政策思路。换言之，在政策层面上，我们着重从加快构建开放型经济新体制、加快服务业对外开放的载体建设、创造推进服务业对外开放的良好环境、加强涉外知识产权保护、加快服务业领域的国际化人才培育、充分发挥财税政策在扩大服务业对外开放中的作用、创新监管模式，提高风险防范能力、创新能力，在对外开放中提升新型服务业竞争能力、保持对内开放和对外开放的一致性、强化服务贸易政策与服务产业政策的协调等角度，提出了加快和促进长三角地区服务业扩大开放，从而促进贸易快速、健康乃至高端化发展，进而最终提升长三角国际分工地位的具体对策建议。

目　　录

第一章　导论 ··· 1
　　第一节　问题提出 ··· 1
　　第二节　文献述评 ··· 3
　　第三节　研究思路及结构安排 ··································· 9

第二章　服务贸易发展与长三角国际分工地位的现状 ············· 16
　　第一节　全球服务贸易发展趋势及基本特征 ················· 16
　　第二节　长三角服务贸易发展现状 ··························· 25
　　第三节　长三角服务业出口的国际分工地位现状 ············ 46
　　第四节　长三角货物出口的国际分工地位现状 ··············· 60

第三章　服务贸易发展与国际分工地位提升：理论机制 ·········· 70
　　第一节　服务出口促进服务业发展的作用机制 ··············· 70
　　第二节　服务进口促进服务业发展的作用机制 ··············· 80
　　第三节　服务贸易提升制造业国际分工地位的理论机制 ······ 86

第四章　服务出口促进长三角国际分工地位提升的现实效应 ···· 90
　　第一节　长三角服务出口的服务业发展带动效应 ············ 90
　　第二节　长三角服务出口的制成品出口技术含量提升效应 ··· 100

第五章　服务出口提升分工地位：基于"稳增长"作用分析 ······ 111
　　第一节　服务出口与稳增长：全球价值链新视角 ············ 111
　　第二节　研究方法与数据 ····································· 113
　　第三节　测算结果及分析 ····································· 116
　　第四节　服务出口促进稳增长：结论与启示 ················· 126

第六章 服务进口促进长三角国际分工地位提升的现实效应 ……… 129
 第一节 长三角服务进口促进服务出口技术复杂度的实证分析 ……… 129
 第二节 长三角服务进口促进制造业发展方式转变的实证分析 ……… 145

第七章 结论、展望及对策建议 ……………………………………… 162
 第一节 简要结论 …………………………………………………… 162
 第二节 服务贸易全球趋势下的长三角机遇 …………………… 167
 第三节 对策建议 …………………………………………………… 170

参考文献 …………………………………………………………………… 176

第一章 导 论

第一节 问题提出

一、研究背景

开放型经济是长三角地区的特色和优势,也正是在开放型经济发展战略的带动下,长三角地区经历了多年的高速经济增长。但总体而言,长三角地区前一轮开放主要侧重于制造业领域,具有"单兵突进"的特点,其服务业领域开放相对不足。换言之,开放型经济使得长三角地区制造业获得了长足发展,也具备了一定的国际竞争优势,但服务业发展则相对滞后,国际竞争优势明显不足。而本轮全球金融危机后,面临国内、国际环境的深刻变化,长三角地区开放型经济正面临着极其严峻的挑战,近年来长三角地区开放型经济发展表现出的"乏力"现象就是明证。因此,站在新起点上的长三角地区开放型经济,面临着攀升全球产业链、提升国际分工地位的迫切需求。因此,如何切实有效地推动开放型经济转型升级,为开放型经济注入和释放新的动力、活力,提高国际分工地位,已经成为事关长三角地区经济乃至社会发展的最重要、最紧迫的课题。而解决这一问题的重要思路之一就是依托服务贸易发展,从而提升长三角地区的国际分工地位。这是因为,一方面,伴随服务业"全球化"和"碎片化"的深入演进,不断扩大服务业开放将成为新一轮经济全球化的重要内容和趋势,服务业和服务贸易因此也越来越成为全球各国竞争的"高端"领域,而融入全球服务业和发展服务贸易的能力,也越来越成为一国和地区参与全球竞争与合作竞争能力的重要衡量指标之一。因此,借鉴制造业开放的成功经验和做法,通过扩大服务业开放、大力发展服务贸易来拉动服务业发展和竞争优势的培育,并为长三角地区开放型经济发展培育新的"增长点",不仅是长三角地区产业结构优化和开放型经济转型升级的重要内容和方向,也是顺应全球经济大势的必然选择。另一方面,长三角地区制造业在开放型经济发展战略带动下虽获得了长足发展,但总体而言，仍处于全球产业链的中低端，面临着发展先进制造业进而攀升全球产业链高端的迫切需求。而基于服务业尤其是高级生产者服务业与制造业之间的关系来看，作为中间投入的生产者服务业对制造业发展方式具有重要影响，或者说，转变制造业发展方式，大力发展先进制造业进而不断攀升全球产业链高端，有赖于服务业尤其是高级生产者服务业的支撑和引领。然而，当前长三角地区生产者服务业发展却遭遇"供求"双约束，呈低水平均衡，其支撑和引领制造业发展方式转变的作用明显不强。而抓住全球服务贸易发展的重要契机，扩大服务业对外开放，大力发展服务贸易，借助"外力"来突破服务尤其是高端生产者服务供给不足约束，可以帮助制造业摆脱缺乏技术创新能力、自主知识产权等被动局面，进而促进制造业转变发展方式。

二、研究意义

本书拟以地区乃至国家发展战略为目标，以现有研究为基础，以未来趋势为导向，着重从理论与实践的视角，对服务贸易发展与长三角提升国际分工地位之间的关系进行深入研究。在深入剖析服务贸易发展促进国际分工地位提升的理论机制，并利用长三角地区的经验数据进行逻辑一致性计量检验的基础上，结合当前全球服务贸易发展的总体趋势，以及长三角地区现阶段发展服务贸易所面临的各种主要矛盾、约束以及战略机遇，探索长三角攀升全球产业链、提升国际分工地位的优化路径。这一研究不仅对于亟待提升国际分工地位的长三角地区具有重要的借鉴和指导意义，而且对于全国其他地区开放型经济发展，也有着重要的启示和借鉴作用。

如果说此前长三角地区制造业的发展和货物贸易的迅速增长得益于对外开放，那么，在长三角地区新一轮的对外开放中，与货物贸易相比，服务业的发展及竞争力的提升，也唯有通过扩大开放、大力发展服务贸易才能得以实现。服务业的扩大开放和服务贸易的大力发展，关系到长三角地区经济的可持续发展及在全球经济中的竞争地位，需要认真把握和处理。鉴于此，如何正确认识和把握当前全球服务业"全球化"和"碎片化"的重要发展趋势，明晰在此背景下扩大长三角地区服务对外开放、大力发展服务贸易的战略意义，客观认识当前长三角地区服务贸易发展的现状、差距及存在的问题，明晰扩大服务业开放和发展服务贸易对促进长三角地区分工地位提升的作用机制和现实效应，并据此提出长三角地区扩大服务业对外开放、实现服务贸易快速发展的路径和具体的对策，显然是当前乃至今后一段时期内长三角地区开放型经济面临的重要课题。

第二节 文献述评

国内外学术界从发展服务贸易的视角,对一国或地区提升国际分工地位问题进行了大量研究,并取得了丰富成果。归纳起来,现有成果主要集中于以下两个领域。

一、以服务贸易促进国际分工地位提升的必要性

研究发展服务贸易对提升国际分工地位很有必要,其依据主要包括以下几个方面。第一种研究观点认为,自20世纪80年代以来,伴随着经济全球化的深入发展①②③,以及世界经济结构的不断调整④⑤⑥⑦,世界各国的服务贸易得到了迅猛发展,全球贸易结构正逐步向服务贸易倾斜⑧⑨⑩⑪,服务贸易的发展状况日益

---

① Bhagwati, Jagdish N. Splintering and Disembodiment of Services and Developing Nations [J]. The World Economy, 1984, 6 (7): 133 – 144.

② 程大中. 中国服务贸易显性比较优势与"入世"承诺减让的实证研究 [J]. 管理世界, 2003 (7): 29 – 37.

③ Eichengreen Barry and Poonam Gupta. The Service Sector as India's Road to Economic Growth [J]. NBER Working Paper, 2011 (16757).

④ 陈宪. 服务贸易理论研究:现实基础、总体状况及初步设想 [J]. 上海经济研究, 2000 (12): 59 – 64.

⑤ Grossman, Gene M. and Esteban Rossi – Hansberg. Trading Tasks: A Simple Theory of Offshoring [J]. American Economic Review, 2008, 98 (5): 1978 – 1997.

⑥ Ghani, Ejaz (ed.). The Service Revolution in South Asia [J]. OUP Catalogue, Oxford University Press, 2010.

⑦ 李小牧. 危机背景下的首都服务贸易:机遇与挑战 [A]. 北京第二外国语学院国际服务贸易暨国际文化贸易研究中心, 中国国际贸易学会, 《国际贸易》杂志社, 国际服务贸易评论(总第4辑), 2010.

⑧ Grünfeld, Leo A. and Andres Moxnes. The Intangible Globalisation: Explaining the Patterns of International Trade in Services. Discussion Paper [R]. Norwegian Institute of International Affairs, 2003: 657.

⑨ 唐宜红, 林发勤. 服务贸易对中国外贸增长方式转变的作用分析 [J]. 世界经济研究, 2009 (3).

⑩ Jensen, J. Bradford, and Lori G. Kletzer. Measuring Tradable Services and the Task Content of Offshorable Services Jobs [M]. In Labor in the New Economy, edited by Katharine G. Abraham, James R. Spletzer, and Michael J. Harper. Chicago: University of Chicago Press, 2010.

⑪ 王子先. 服务贸易新角色:经济增长、技术进步和产业升级的综合性引擎 [J]. 国际贸易, 2012 (6): 47 – 53.

成为衡量一国参与国际竞争能力的重要指标之一①②③④⑤。因此,服务贸易的发展状况大体能够体现一国或地区参与国际分工和竞争的地位和状况。第二种研究观点认为,中国服务贸易发展远远滞后于货物贸易,二者结构严重失调⑥⑦。因此,发展服务贸易有利于协调中国货物贸易和服务贸易结构,转变贸易发展方式,从而有利于国际分工地位的变化⑧⑨⑩⑪。第三种研究观点认为,相比于货物贸易而言,服务贸易通常具有物质消耗低、资源节约性强以及本身内含的知识、技术和信息等要素密集度高等特征⑫⑬⑭⑮,因此,服务贸易增长的本身在一定程

---

① 李伍荣. 服务贸易促进外贸增长方式转变:机理及其实现 [J]. 国际经贸探索,2007 (4):18 - 21.

②⑧ Amara, Nabil, Rejean Landry, and Namatie Traore. Managing the Protection of Innovations in Knowledge - Intensive Business Services [J]. Research Policy, 2008, 37 (9): 1530 - 1547.

③ 郑吉昌,朱旭光. 全球服务产业转移与国际服务贸易发展趋势 [J]. 财贸经济,2009 (8):74 - 79 + 137.

④ 刘绍坚. 国际服务贸易发展趋势及动因分析 [J]. 国际贸易问题,2005 (7):69 - 73.

⑤ Battaile, Bill, Onder, Harun. Services, Inequality and the Dutch Disease [J]. Policy Research Working Paper, 2014 (6966).

⑥ 姚战琪. 全球化背景下中国外商直接投资与服务贸易的关系研究 [J]. 财贸经济,2009 (7): 74 - 81.

⑦ Leiponen, Aija. The Benefits of R&D and Breadth in Innovation Strategies: A Comparison of Finnish Service and Manufacturing Firms [J]. Industrial and Corporate Change, 2012, 2 (15): 1255 - 1281.

⑨ 殷凤,陈宪. 国际服务贸易影响因素与我国服务贸易国际竞争力研究 [J]. 国际贸易问题,2009 (2):61 - 69.

⑩ 黄建忠,吴超. 国际服务贸易摩擦研究:现状、特征与成因 [J]. 国际贸易问题,2013 (9): 92 - 100.

⑪ Musolesi, Antonio and Jean - Pierre Huiban. Innovation and Productivity in Knowledge Intensive Business Services [J]. Journal of Productivity Analysis, 2010, 34 (1): 63 - 81.

⑫ Oliva, R. and Kallenberg, R. Managing the Transition from Products to Services [J]. International Journal of Service Industry Management, 2003, 14 (2): 160 - 172.

⑬ Triplett, J. E. and Bosworth, B. P. Productivity Measurement Issues in Services Industries: "baumol's disease" has been Cured [J]. Economic Policy Review, 2003 (9): 23 - 33.

⑭ 曲凤杰. 优化结构与协调发展——发展服务贸易与转变我国外贸增长方式的战略措施 [J]. 国际贸易,2006 (1):28 - 32.

⑮ 万红先. 我国服务贸易增长方式转变的实证分析 [J]. 世界经济研究,2012 (11):62 - 66 + 89.

度上就意味着一国或地区参与国际分工层次的提高[1][2][3][4][5][6]。应该看到,这一部分的研究文献多数强调服务贸易自身,或者说较为详尽地论述了服务贸易发展自身所具有的优势[7][8],但是却缺乏对服务贸易所可能产生的其他效应进行分析。

二、服务贸易对制造业效率提升的相关研究

针对服务贸易尤其是生产性服务贸易对制造业效率进而对一国参与国际分工产生的影响进行研究。在理论方面:Fuchs 较早的研究就曾指出[9],开展服务贸易由于具有区段链接功能,从而使得不同的生产环节和阶段的交易成本下降,对于一国参与国际分工和提升国际竞争力是有促进作用的。Vandermerwe 等在全球产业链中[10],搭建了分析连接全球生产区段的中间服务投入的框架,研究认为,生产性服务纽带的发展促进了制造业专业化分工从而提升了效率水平;Bharadwaj 等的研究发现[11],在贸易一体化和生产非一体化的全球化条件下,生产性服务贸易的发展有利于一国企业在全球范围内优化资源配置,从而提升制造业效率水平;Fang 等的研究进一步指出[12],专业化的更高程度就是片段化生产,而片段化生产是李嘉图比较优势理论更大范围的应用,将全球片段化生产连接成全球生产

---

[1] Gebauer, H., Fleisch, E. and Friedli, T. Overcoming the Service Paradox in Manufacturing Companies [J]. European Management Journal, 2005, 23 (1): 14 – 26.

[2] Malleret, V. Value Creation Through Service Oers [J]. European Management Journal, 2006, 24 (1): 106 – 116.

[3] 夏杰长. 加快北京科技型服务贸易发展的建议 [J]. 中国经贸导刊, 2007 (4): 38.

[4] 裴长洪. 我国服务贸易发展的战略目标与当前措施 [A]//北京第二外国语学院国际经济贸易学院,《国际贸易》杂志社. 国际服务贸易评论 (总第 3 辑) [C]. 2009.

[5] 唐海燕, 蒙英华. 服务贸易能平缓经济冲击吗——基于美国经济波动跨国传导的研究 [J]. 国际贸易问题, 2010 (12): 61 – 69.

[6] 黄建忠. 中国服务业发展与服务贸易竞争力提升协同性的实证研究 [A]//北京第二外国语学院国际服务贸易暨国际文化贸易研究中心, 中国国际贸易学会,《国际贸易》杂志社. 国际服务贸易评论 (总第 4 辑) [C]. 2010.

[7] 孙立行. 上海服务贸易创新突破发展对策思路研究 [J]. 科学发展, 2013 (6): 13 – 27.

[8] 隆国强. 我国服务贸易的结构演化与未来战略 [J]. 国际贸易, 2012 (10): 4 – 9.

[9] Fuchs, V. R. Introduction to "The Growing Importance of the Service Industries". In the Growing Importance of the Service Industries, NBER Chapters [J]. National Bureau of Economic Research, Inc, 1965.

[10] Vandermerwe, S. and Rada, J. Servitization of Business: Adding Value by Adding Services [J]. European Management Journal, 1998, 6 (4): 314 – 324.

[11] Bharadwaj, S. G., Varadarajan, P. R. and Fahy, J. Sustainable Competitive Advantage in Service Industries: A Conceptual Model and Research Propositions [J]. Journal of Marketing, 1993, 57 (4): 83 – 99.

[12] Fang, E., Palmatier, W. R., and Steenkamp, B. E.. Effect of Service Transition Strategy on Firm Value [J]. Journal of Marketing, 2008, 72 (5): 1 – 14.

体系的是各种各样的服务，比如运输、通信。部分学者基于国外的经验数据①②③④，以及部分学者基于中国数据的经验分析⑤⑥⑦⑧⑨，实证研究基本表明，生产者服务的进口提高了进口国的专业化分工，从而提升了制造业的整体效率，进而有利于国际分工地位的提升。这一部分研究文献强调了服务贸易尤其是生产性服务贸易对制造业效率提升的作用，进而影响到国际分工地位，但是仅将服务贸易视为生产过程的"中间投入品"，对服务贸易可能产生的其他效应，如服务贸易对现代服务业发展的反向带动作用，服务贸易可能产生的技术溢出效应、竞争效应等，研究得还不全面、不系统。

三、服务贸易有害论的有关观点

尽管许多文献对服务贸易发展的重要作用，或者说对提升一国或地区的国际竞争力乃至国际分工的地位都具有重要作用，但是也有许多观点认为服务业开放和服务贸易发展（主要体现在服务贸易自由化方面），可能会对本国带来不利影响。在现实中，服务贸易面临着比商品贸易更多的壁垒和障碍就是明证，也在一定程度上印证了上述观点的结果表现。因此，持有上述观点的学者认为，发展服务贸易未必有利于一国或地区国际分工地位的提升，并至少表现在以下三个方面。第一种观点认为，服务部门相对于货物部门而言，具有垄断特征，更具有信

---

① Markusen, J. R. Trade in Producer Services and in Other Specialized Intermediate Inputs [J]. American Economic Review, 1989, 79 (1): 85 – 95.

② Francois, J. and Woerz, J. Producer Services, Manufacturing Linkages, and Trade [J]. Journal of Industry, Competition and Trade, 2008, 8 (3): 199 – 229.

③ Jones, R. and Kierzkowski, H. The Role of Services in Production and International Trade: A Theoretical Framework [J]. RCER Working Papers 145, University of Rochester Center for Economic Research (RCER), 1988.

④ Windahl, C. and Lakemond, N. Integrated Solutions from a Service – centered Perspective: Applicability and Limitations in the Capital Goods Industry [J]. Industrial Marketing Management, 2010, 39 (8): 1278 – 1290.

⑤ 尚涛，陶蕴芳. 中国生产性服务贸易开放与制造业国际竞争力关系研究——基于脉冲响应函数方法的分析 [J]. 世界经济研究, 2009 (5): 52 – 58 + 88 – 89.

⑥ 蒙英华，尹翔硕. 生产者服务贸易与中国制造业效率提升——基于行业面板数据的考察 [J]. 世界经济研究, 2010 (7): 38 – 44 + 88.

⑦ 刘辉煌，任会利. 生产者服务进口影响制造业国际竞争力的中介效应研究 [J]. 经济与管理, 2010 (8): 10 – 13.

⑧ 樊秀峰，韩亚峰. 生产性服务贸易对制造业生产效率影响的实证研究——基于价值链视角 [J]. 国际经贸探索, 2012 (5): 4 – 14.

⑨ 张宝友，肖文，孟丽君. 我国服务贸易进口与制造业出口竞争力关系研究 [J]. 经济地理, 2012 (1): 102 – 108.

息不对称特征，也更具有经济外部性①②③。因此，扩大服务业开放和大力开展服务贸易可能会使得本国服务业被垄断，特别是陷入国外跨国公司垄断之手，这是不利于本国服务业发展的④⑤⑥。第二种观点认为，在一国或地区之中，交通运输、通信、电力、金融等属于一国经济的关键部门的许多服务业部门⑦⑧⑨，在扩大服务业开放和发展服务贸易过程中，一旦被国外公司所控制，由于国家利益和民族性问题，该国的经济独立性就会受到很大影响，甚至经济安全性就会受到威胁，可能会导致"依附性经济"的产生⑩⑪⑫。即便有经济增长，以及贸易很发达，但由此所创造的利益也可能被国外公司所攫取，并被其他国家所占有。这种局面一旦出现，一国或地区的经济或者说服务贸易的发展不是有利的，反而是有害的，不仅不会增进国民福祉，反而会使得社会福利水平下降，从而出现传统国际经济理论中所担忧的"贫困化增长"，或者说"悲惨的增长"⑬⑭。第三种观点

---

① Dixit, A. and J. Stiglitz. Monopolistic Competition and Optimum Product Diversity [J]. The American Economic Review, 1977 (12): 297 – 308.

② 俞灵燕，计东亚. 技术壁垒作用机理及其在服务领域的表现——一个基于 MQS 模型的经济学分析 [J]. 财贸经济, 2005 (7): 64 – 68.

③ Arnold, Jens M., Beata S. Javorcik and Aaditya Matoo. Does Services Liberalization Benefit Manufacturing Firms: Evidence from the Czech Republic [J]. Journal of International Economics, 2011, 85 (1): 136 – 146.

④ 俞灵燕. 服务贸易壁垒及其影响的量度：国外研究的一个综述 [J]. 世界经济, 2005 (4): 22 – 32.

⑤ Francois, J., B. Hoekman, and J. Woerz. Does Gravity Apply to Intangibles? Measuring Openness in Services. Center for Economic and Policy Research, Johannes Kepler University, World Bank, and Vienna Institute for International Economic Studies [M]. Unpublished Manuscript, 2007.

⑥ Anderson, J. E., C. A. Milot, and Y. V. Yotov. The Incidence of Geography on Canada's Services Trade, 2011.

⑦ Holmes, T. and J. Schmitz Jr. On the Turnover of Business Firms and Business Managers [J]. Journal of Political Economy, 1995 (12): 1005 – 1038.

⑧ 王小梅. 服务贸易壁垒的经济学分析 [J]. 世界经济研究, 2005 (6): 55 – 60.

⑨ Jensen, J. B. Global Trade in Services: Fear, Facts, and Offshoring [J]. Peterson Institute for International Economics, 2011.

⑩ Hanson, G. and C. Xiang. International Trade in Motion Picture Services [M]. International Flows of Invisibles: Trade in Services and Intangibles in the Era of Globalization, Chicago: University of Chicago Press, forthcoming, 2008.

⑪ 黄建忠，杨扬. 服务贸易壁垒测量的体系与框架 [J]. 亚太经济, 2009 (1): 49 – 53.

⑫ Egger, P., M. Larch and K. E. Staub. Trade Preferences and Bilateral Trade in Goods and Services: A Structural Approach, 2012.

⑬ Breinlich, H. and C. Criscuolo. International Trade in Services: A Portrait of Importers and Exporters [J]. Journal of International Economics, 2011, 84 (2): 188 – 206.

⑭ 林祺，林僖. 削减服务贸易壁垒有助于经济增长吗——基于国际面板数据的研究 [J]. 国际贸易问题, 2014 (8): 79 – 89.

主要是出于政治和文化上的考虑。部分学者认为①②③，一国国际分工地位的高低不仅取决于其经济发展状况，也会受到政治和文化方面因素的影响，一旦意识形态被入侵，显然对于一国参与国际分工和贸易也是不利的。而在一些服务贸易部门，意识形态的特征较为明显，文化特质较为突出，比如教育、新闻、娱乐、影视、音像制品等服务部门均是如此。诸如此类的服务部门从经济的角度来看，可能并非是一国的国民经济命脉，但由于其明显属于意识形态领域且具有较强的文化特质，因此在开放过程中，这些部门的开放和贸易的发展在受到意识形态入侵和文化腐蚀的情况下，会使得该国在政治和文化上的独立性大受影响，从而也会影响到一国进一步参与国际分工和贸易（Balistreri et al., 2009④；王铁山，2008⑤；Borchert et al., 2014⑥）。从这一角度来说，任何国家的政府都希望保持本国在政治、文化上的独立性，而对诸如上述部门的开放和贸易发展往往需要持谨慎态度。

现有研究对于我们进一步理解处于产业升级和转型期的长三角地区，通过发展服务贸易促进国际分工地位提升，无疑具有重要的参考意义和借鉴价值。我们的基本判断是，服务贸易不仅其自身发展水平能够体现一国或地区参与国际分工的层次和地位，也不仅仅在于作为"中间投入品"而促进制造业发展从而提升一国或地区的国际分工地位，更为重要的是，服务贸易的发展能够反向拉动服务业尤其是高级生产者服务业发展，而高级生产者服务业发展对一国或地区攀升全球产业链的积极作用，学术界已基本达成共识⑦⑧⑨。因此，服务贸易发展会与服

---

① Jensen, J. and L. Kletzer. Tradable Services: Understanding the Scope and Impact of Services Offshoring with Comments and Discussion, 2006: 75 – 133.

② Liu, R. and D. Trefler. Much Ado about Nothing: American Jobs and the Rise of Service Outsourcing to China and India [J]. NBER Working Paper, 2008.

③ Nordas, H. K. Trade in Goods and Services: Two Sides of the Same Coin? [J]. Economic Modelling, 2010, 27 (2): 496 – 506.

④ Balistreri, Edward J., Thomas F. Rutherford and David G. Tarr. Modeling Services Liberalization: The Case of Kenya [J]. Economic Modeling, 2009, 26 (3): 668 – 679.

⑤ 王铁山. 服务贸易中的技术性贸易壁垒及跨越途径 [J]. 国际经济合作, 2008 (6): 77 – 80.

⑥ Borchert, Ingo, Batshur Gootiiz and Aaditya Mattoo. Policy Barriers to International Trade in Services: Evidence from a New Database [J]. World Bank Economic Review, 2014, 28 (1): 162 – 188.

⑦ Herbert G., Grubel and Michael A. Walker. Service Industry Growth: Cause and Effects [Z]. Fraser Institute, 1989: 279.

⑧ Pappas N., Sheehan P. The New Manufacturing: Linkage Between Production and Service Activities in P. Sheehen and G. Tegart (eds) Working for the future [M]. Melbourne: Victoria University Press, 1998: (5 – 9): 127 – 155.

⑨ 刘志彪. 生产者服务业及其集聚：攀升全球价值链的关键要素与实现机制 [J]. 中国经济问题, 2008 (1): 3 – 12.

务业进而制造业形成互动发展,并成为促进服务业和制造业升级的重要支撑,这是提升长三角地区国际分工地位的着力点和突破口。况且,服务贸易促进服务业发展和促进制造业攀升产业链高端的机制应有所不同;不同类型的服务贸易所产生的效应也应有所不同;不同制造业行业攀升产业链高端对不同服务贸易以及服务业的需求强度不同。因此,对于依托服务贸易发展,以及提升长三角国际分工地位,其具体的作用机制及其实现效应,还需要进行理论探讨并展开直接的定量研究,从而为长三角地区进一步提升国际分工地位提供可供参考的对策建议。综合来看,探讨服务贸易发展与长三角地区国际分工地位提升问题具有广阔的研究空间。

第三节 研究思路及结构安排

一、研究思路

本书大体沿着提出问题、分析问题和解决问题的逻辑思路展开研究。

首先,本书对全球服务贸易发展的基本态势及趋势特征,以及长三角地区服务贸易和国际分工地位现状进行简要分析;其次,在前述分析基础之上,分别从服务贸易的两个流向,即服务出口贸易和服务进口贸易,以及两个产业层面上,即服务业国际分工地位和制造业国际分工地位探讨了服务贸易发展促进国际分工地位的作用机制;再次,利用长三角地区的经验数据,计量分析了服务贸易发展对国际分工地位提升的现实效应;最后,为了凸显本书所做研究的现实意义,在政策层面上我们提出扩大服务对外开放、创造推进服务业对外开放的良好环境等,以此促进长三角服务贸易乃至服务业发展,进而提升长三角国际分工地位的政策建议(见图1-1)。

二、研究框架

按照上述研究思路,本书大致分为五个部分,从导论→经验描述→理论机制→实证检验→主要结论和政策建议,具体而言,主要的内容包括:

(一)服务业"两化"发展趋势的特征分析

伴随全球信息通信等技术的突飞猛进,以及服务贸易规则的推行,如同制造业一样,服务业同样呈现出"全球化"和"碎片化"的重要发展趋势,这不仅表现为全球服务进出口额呈迅猛增长之势、服务外包方兴未艾、制成品出口内含服务价值越来越高,还表现为作为服务业价值链重要拓展方式的全球服务业对外直接投资迅猛发展。我们对此进行了较为全面的系统考察，以此明晰全球服务贸易发展的基本趋势特征。

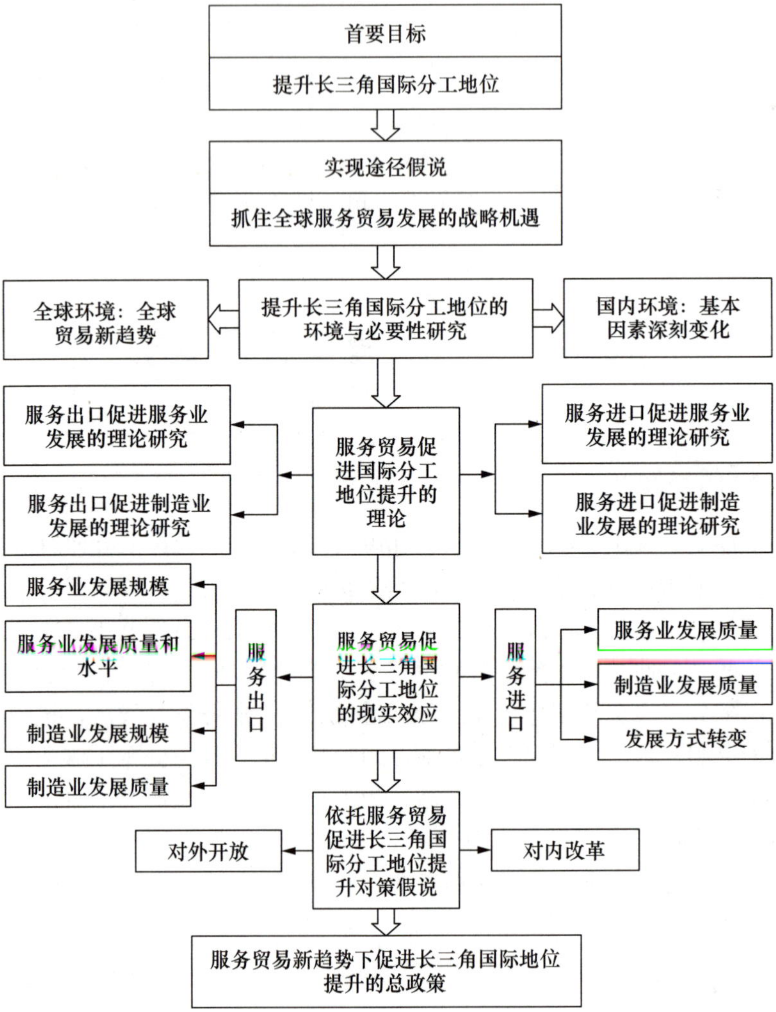

图 1-1　研究思路及框架

（二）长三角服务贸易发展及国际分工地位现状

开放型经济是长三角地区的特色和优势，也正是在开放型经济发展战略的带动下，长三角地区经历了多年的高速经济增长。总体而言，长三角地区前一轮开放主要侧重于制造业领域，具有"单兵突进"的特点，而相对于开放条件下的制造业而言，服务业领域开放相对不足、发展相对滞后。但就作为中国开放型经济发展的"排头兵"而言，长三角地区服务贸易发展还是走在全国前列。因而对长三角这一典型区域的服务贸易发展状况进行考察，能够为我们提供一些基本认识。对此，我们在长三角整体层面，以及长三角地区的上海、江苏和浙江分地区层面，对服务贸易发展现状进行简要的分析。此外，我们还从国际市场占有率、贸易竞争力指数、显示性比较优势指数、出口技术复杂度指数等角度，对长三角服务出口和制造业出口的国际竞争力进行定量考察，以初步明晰其在国际分工中的现实地位。

（三）发展服务贸易促进国际分工地位提升的理论机制

服务贸易发展究竟如何提升国际分工地位，或者说依托服务贸易发展是否存在着提升国际分工的作用机制，是一个首先需要在理论上给予明确的问题。这也是在长三角国际分工地位亟待提升的大背景下，极具理论意义的重要研究课题。鉴于此，本书力图对服务贸易发展促进国际分工地位提升的可能作用机制做一简要的理论探讨，并分别从服务出口和服务进口两种贸易"流向"，以及对服务业发展和制造业发展两个产业层面所可能形成的三个方面的作用机制进行相应的理论分析。在服务出口方面，我们着重通过对现有文献的梳理，以及结合当前全球分工演进的新形势和新情况，归纳出传统贸易理论视角下的作用机制、新贸易理论视角下的作用机制、全球价值链分工和贸易视角下的作用机制以及知识和技术跨国转移和扩散的作用机制，从而得出其对服务业规模扩张乃至内涵式发展具有重要促进作用的结论。在服务进口方面，我们研究发现，主要包括要素供给机制、需求创造机制、资源优化配置作用机制以及技术引进的作用机制等，促进服务业规模化扩张和内涵式发展。特别是从全球价值链分工的角度看，服务进口对服务业发展的拉动作用，其主要和重要的作用机制就是产业内和产业间的"投入—产出"关联作用机制。至于服务业贸易发展对制造业国际分工地位的提升作用，我们的研究认为，主要是服务贸易通过服务业对制造业国际分工地位具有促进作用。已有研究已经表明，作为制造业的高级要素投入，生产者服务业的生产规模扩大能够有效降低制造业的单位生产成本，直接提高制造业的生产效率和产业国际竞争力。而本书的有关分析已经表明，无论是服务出口贸易，还是服务进口贸易，对服务业发展，包括规模扩张和质量提升都有着重要促进作用。因此，服务贸易自由化发展在推动服务出口和服务进口发展的同时，由于服务业专业化尤其是生产者服务业专业化分工和规模的扩大，一方面会促进自身生产规模的不断扩大和效率水平的不断提升，另一方面也作为制造业的重要中间投入，从而有效地降低了制造业的生产成本。这就是服务贸易发展对制造业国际分工地位提升所具有的重要促进作用机制。

（四）长三角服务贸易发展对国际分工地位提升具有现实效应

利用长三角地区的经验数据，我们对服务贸易发展促进国际分工地位提升进行理论分析所得各种假说机制进行了逻辑一致性检验。即,我们从两种贸易"流向"(服务出口和服务进口)的角度,分别分析其对服务业发展和制造业发展两个产业层面的影响,或者说对国际分工地位变迁的影响。关于服务出口对服务业发展促进的现实效应,我们综合利用协整检验、Granger 因果关系检验、脉冲响应函数分析、方差分解分析等计量方法进行实证检验,结果总体表明,服务出口贸易的发展的确有利于以长三角为代表的、以产业结构优化升级为表现的我国国际分工地位的提升。关于长三角地区服务出口对制造业国际分工的可能影响,考虑到长三角地区制造业国际分工地位,从规模角度看近年来其迅速"提升"已是可观察到的客观事实,因此我们着重从制成品"出口技术含量"变迁的角度,经验分析了服务出口贸易发展对长三角国际分工地位变迁的影响。计量分析结果表明,服务出口贸易发展对长三角地区制成品出口技术含量水平提升具有显著影响,从而说明了不断推进的服务出口贸易改革对于长三角地区制成品出口技术含量水平提高(进而国际分工地位提升)具有较好的解释力。

关于服务进口对长三角服务业国际分工地位的影响,我们主要是从其对长三角服务出口技术复杂度影响的角度展开,以进一步体现服务贸易发展如何在"质"的层面促进长三角服务业国际分工地位提升。经验检验结果的确表明,服务进口对服务出口技术复杂度提升具有促进的现实作用。在服务进口对长三角制造业国际分工地位影响方面作进一步的拓展和深化:一方面,我们从服务进口技术含量角度,在制造业层面上研究其对长三角国际分工地位变迁的影响;另一方面,在制造业国际分工地位的替代指标上,我们采用制造业发展方式作为制造业国际分工地位的替代变量。计量检验结果表明,服务贸易进口技术含量对我国长三角地区制造业发展方式转变具有显著的促进作用,换言之,提高服务贸易进口技术含量有助于加快长三角地区制造业发展方式的转变,从而提升其国际分工地位。

(五) 发展服务贸易促进长三角国际分工地位提升的对策建议

理论和实证分析均表明,服务贸易发展可以有效促进长三角国际分工地位提升,因此,在服务业"全球化"和"碎片化"的重要发展趋势下,在长三角国际分工地位亟待提升的现实需要和背景下,如何有效促进长三角地区服务贸易的快速发展以及高端化发展,是长三角地区开放型经济发展面临的一个重要的现实性问题。对此,我们着重从加快构建开放型经济新体制、加快服务业对外开放的载体建设、创造推进服务业对外开放的良好环境、加强涉外知识产权保护、加快服务业领域的国际化人才培育、充分发挥财税政策在扩大服务业对外开放中作用、创新监管模式、提高风险防范能力和创新能力、在对外开放中提升新型服务业竞争能力、保持对内开放和对外开放的一致性、强化服务贸易政策与服务产业政策的协调等角度，提出了加快和促进长三角地区服务贸易快速、健康乃至高端化发展的对策建议。

三、概念说明

本书研究所涉及的一个核心概念就是服务贸易，因此，有必要先对服务贸易的概念进行简要说明。在国际经济学的文献中出现"国际服务贸易"的概念只是最近20多年的事情。有关"无形贸易项目"的观念也只是到了20世纪60年代才开始引起人们重视的。所以，国际服务贸易在国际经贸关系中的地位迅速提升应该说就是最近二三十年的事情。虽然自20世纪80年代以来全球服务贸易得到了迅猛发展，但是关于什么是国际服务贸易，到目前为止还缺乏一个标准的、普遍接受的定义。之所以出现这种情况，一方面与服务贸易本身所具有的复杂性有关，另一方面还由于服务贸易通常与投资、知识产权保护等多方面的因素相互交叉。因此，对国际服务贸易进行界定，不仅是理论研究的需要，还是各国在多边贸易谈判中进行博弈的需要。现有的一些代表性的定义基本上都是描述性的定义。

（一）传统的定义（从传统的进出口角度定义）

一国（地区）的劳动力向另一国（地区）的消费者（法人或自然人）提供服务，并相应获得外汇收入的全过程便构成服务的出口；与此相对应，一国（地区）消费者购买他国（地区）劳动力提供的服务的过程便形成了服务的进口。各国的服务进出口活动便构成国际服务贸易，其贸易额为服务总出口额或总进口额。这个定义是从传统的进出口角度来界定的，因此称为传统定义。它涉及国籍、国界、居民、非居民等问题，即人员移动与否、服务过境与否以及异国居民之间的服务交换等问题。

（二）联合国贸易与发展会议关于国际服务贸易的定义

联合国贸易和发展会议通过过境现象阐述服务贸易，将国际服务贸易定义为：货物的加工、装配、维修以及货币、人员、信息等生产要素为非本国居民提供服务并取得收入的活动，是一国与他国进行服务交换的行为。狭义的国际服务贸易是指有形的、发生在不同国家之间的并符合严格定义的、直接的服务输出与输入。广义的国际服务贸易既包括有形的服务输出与输入，也包括服务提供者与使用者在没有实体接触的情况下发生的无形的国际服务交换。在一般情况下，我们所指的服务贸易都是广义的国际服务贸易概念，只有在特定的情况下国际服务贸易或服务贸易才是狭义的国际服务贸易概念。

（三）《服务贸易总协定》的定义

关贸总协定乌拉圭回合多边贸易谈判的一个重要结果是产生了《服务贸易总

协定》（GATS），《服务贸易总协定》将服务贸易定义为以下四类：①从一缔约方境内向任何其他缔约方境内提供服务；②在一缔约方境内向任何其他缔约方的服务消费者提供服务；③一缔约方在其他缔约方境内通过提供服务的实体性介入而提供服务；④一缔约方的自然人在其他任何缔约方境内提供服务。

综上可见，针对服务贸易的定义，目前尚没有一个统一公认的标准，因而在服务贸易的统计分类上也有所不同。相对而言，国际货币基金组织（IMF）的《国际收支手册》基于服务贸易传统定义（即一国居民和非居民之间的服务贸易，也称跨境服务贸易），进而将服务贸易在大类上分为运输、旅游、通信服务、建筑服务、保险服务、金融服务、计算机和信息服务、专利和特许费、其他商业服务、个人文化和娱乐服务、政府服务共11类，据此所得的统计数据具有一定的权威性且具有使用上的广泛性。此外，服务贸易中的商业存在方式，即服务业FDI目前已逐渐成为全球服务贸易发展的重要形式之一。因此，在本书接下来的研究过程中，使用的服务贸易概念主要采用的是国际货币基金组织（IMF）的《国际收支手册》基于服务贸易传统定义以及服务业FDI的两种指标。

四、创新之处

本书的研究在以下几个方面有所创新：

第一，在研究视角上，与已有研究不同的是，本书提出如何依托服务贸易发展促进长三角国际分工地位的提升。

第二，在研究方法上，本书采用了综合集成研究方法，提出多种测度国际分工地位的指标体系。特别地，本书将制成品出口技术复杂度的测算方法，拓展至服务贸易领域，以及将目前较为流行的贸易增加值等方法，运用到国际分工地位评价指标中来，结合传统贸易竞争力的测度指标，从多维度测算了长三角服务业国际分工地位以及制造业国际分工地位，从而可以更加全面、系统地认识长三角国际分工地位现状及其演变。并且在计量分析服务贸易发展对长三角国际分工地位提升的现实效应方面，也是从多维度，运用多种计量方法进行计量检验。

第三，在研究内容上，本书从服务贸易发展层面研究了其可能的国际分工地位提升效应。这是对现有文献研究内容的一个突破，即分别从服务贸易的两个流向——服务出口贸易和服务进口贸易以及两个产业层面——服务业国际分工地位和制造业国际分工地位，探讨了服务贸易发展促进国际分工地位提升的作用机制。以此为理论基础，利用长三角地区的经验数据，计量分析了服务贸易发展对国际分工地位提升的现实效应。这些研究在目前的研究文献中，以及据我们掌握的研究资料来看，还是十分缺乏的，即现有研究较少涉及从服务贸易层面系统分析其对国际分工地位提升的理论和现实效应问题，而本书的研究拓展了这一研究领域。

第四，在研究结论上，本书的研究认为，服务贸易发展无论是进口还是出口，对服务业发展都具有反向拉动作用，包括服务规模扩张和质量层次的提升，从而对服务业国际分工地位本身具有提升作用；而在制造业方面，由于服务业尤其是生产性服务业和制造业之间的互动关系，因此服务贸易发展通过服务业而作用于制造业国际分工地位提升。据此，进一步扩大服务业开放，大力发展服务贸易，对于长三角地区提升国际分工地位具有重要战略意义。为此，本书提出从构建开放型经济新体制、加强涉外知识产权保护、加快服务业领域的国际化人才培育、充分发挥财税政策在扩大服务业对外开放中作用等方面入手，扩大服务业开放、发展服务贸易进而进一步提升长三角国际分工地位的对策建议。总体而言，本书一系列的研究结论具有重要的政策含义和实际运用价值。

第二章 服务贸易发展与长三角国际分工地位的现状

前文分析指出,一方面,在服务贸易日益成为全球贸易增长新引擎的背景下,一国或地区的服务贸易发展状况正成为参与国际分工竞争能力的重要衡量指标之一;另一方面,长三角制造业在全球分工体系中,总体处于中低端,也面临着国际国内环境的深刻变化,亟待提升国际分工地位,向产业链中高端攀升。但从产业演进规律来看,这又有赖于服务业尤其是生产者服务业的引领。显然,在开放经济体条件下,能够发挥这种"引领"作用的产业或者资源,不能狭隘地理解为国内服务业和国内资源,只要能够"为我所用",我们均应放眼全球,换言之,可以借助服务贸易的发展所能"引进"的外部优质资源,助推制造业国际分工地位的提升。为此,正确认识发展服务贸易对于长三角地区的重要作用,必须首先了解全球服务贸易发展的基本趋势,在此大背景下,明晰长三角地区服务贸易发展的基本现状,以及长三角地区制造业在全球分工中所处的基本地位,并初步考察长三角服务贸易发展与国际分工地位的关系。这正是作者写作本章的意图所在,即对上述几个方面的主要内容进行简要的统计性、描述性的介绍和分析。

第一节 全球服务贸易发展趋势及基本特征

自20世纪80年代以来,伴随经济全球化的深入演进,以及信息通信技术的迅猛发展和广泛应用,全球范围内的产业结构不断调整和优化升级,尤其是发达经济体产业结构的不断"软化"以及发展中经济体也正在努力发展服务经济,加之多边和双边贸易协定下服务贸易规则的推行,服务业通常只能局限于一国国内的传统发展模式被打破,由此推动了全球服务贸易正以超过货物贸易的增速在迅猛发展,从而使得全球贸易结构正逐步向服务贸易倾斜。联合国贸发会议统计数据库(UNCTAD Statistics)提供的统计数据显示,1980年世界服务出口总额仅为0.39万亿美元,而到2013年世界服务出口总额则已攀升至4.72万亿美元,增长约11.1倍。大体而言,当前全球服务贸易发展呈现出以下几个方面的基本趋势和特征。

一、全球服务贸易持续快速增长

20世纪五六十年代之前,服务贸易在全球贸易中所占比重较低,且增速较慢,因此服务通常也被认为是"不可贸易品"或至少是"难以贸易品"。自20世纪70年代开始,全球服务贸易的增长开始提速。联合国贸发会议的有关统计数据表明,在20世纪70年代,全球服务贸易出口增速就已经与全球货物贸易出口增速大体相当,年均增长率约为7.8%。而到了20世纪80年代之后,全球服务贸易出口的平均增速开始超过全球货物贸易出口的平均增速,特别是在80年代后期,全球服务出口的年均增长率已经达到了10%以上。到了20世纪90年代的时候,虽然受到其他一些外在因素的影响,全球服务出口贸易的平均增速呈现一定的波动并有下降之势,但总体而言,服务出口增速尚没有出现低于货物出口增速的局面,二者的增速基本呈现一致水平。1994年"乌拉圭回合"谈判最终签署了《服务贸易总协定》(GATS),从而为全球服务贸易规则的推行提供了制度保障,也从而为日后全球服务贸易的迅猛发展构建了良好的"游戏规则",这一协定的签署也标志着服务贸易发展的全球化时代真正到来。进入21世纪以后,全球服务出口贸易增长进入了稳步发展的态势,一改20世纪90年代波动乃至下滑趋势的局面,出口增速逐渐回升,2004年全球服务贸易首次突破2万亿美元的大关。表2-1列示了全球服务贸易增长的基本数据,从中我们可以清晰地看到,或者说能够得到一个基本判断,那就是全球服务贸易正成为和货物贸易同样重要的,甚至在一定程度上超越货物贸易,成为推动全球贸易增长的重要引擎。

表2-1 全球服务贸易进出口额及其增长率(1980~2014年)

单位:亿美元,%

年份	出口额	进口额	进出口总额	出口增长率	进口增长率	进出口增长率
1980	3956.6	4477.7	8434.3	—	—	—
1981	4074.6	4685.5	8760.1	2.98	4.64	3.86
1982	4001.5	4516.9	8518.4	-1.79	-3.60	-2.76
1983	3896.2	4355.5	8251.7	-2.63	-3.57	-3.13
1984	3983.4	4450.6	8434	2.24	2.18	2.21
1985	4112	4437.2	8549.2	3.23	-0.30	1.37
1986	4845.9	5000.8	9846.7	17.85	12.70	15.18

续表

年份	出口额	进口额	进出口总额	出口增长率	进口增长率	进出口增长率
1987	5747.1	5887.2	11634.3	18.60	17.73	18.15
1988	6426.4	6707.9	13134.3	11.82	13.94	12.89
1989	6997.4	7346.4	14343.8	8.89	9.52	9.21
1990	8313.5	8751.9	17065.4	18.81	19.13	18.97
1991	8777.1	9211.8	17988.9	5.58	5.25	5.41
1992	9769.3	10065.7	19835	11.30	9.27	10.26
1993	9938.4	10112.6	20051	1.73	0.47	1.09
1994	10834.8	10935.6	21770.4	9.02	8.14	8.58
1995	12222.2	12409.4	24631.6	12.81	13.48	13.14
1996	13173.1	13156.3	26329.4	7.78	6.02	6.89
1997	13726.1	13512.4	27238.5	4.20	2.71	3.45
1998	13899.8	13544	27443.8	1.27	0.23	0.75
1999	14355.5	14308	28663.5	3.28	5.64	4.44
2000	15219.8	15193.9	30413.7	6.02	6.19	6.11
2001	15251.1	15378.3	30629.4	0.21	1.21	0.71
2002	16340.7	16230.6	32571.3	7.14	5.54	6.34
2003	18965.9	18627	37592.9	16.07	14.76	15.42
2004	23023.5	22287.2	45310.7	21.39	19.65	20.53
2005	25732.2	24723.6	50455.8	11.76	10.93	11.36
2006	29087	27579.5	56666.5	13.04	11.55	12.31
2007	34902.4	32813.7	67716.1	19.99	18.98	19.50
2008	39162	37545.3	76707.3	12.20	14.42	13.28
2009	35555.8	34229.9	69785.7	-9.21	-8.83	-9.02
2010	38962.6	37392.5	76355.1	9.58	9.24	9.41
2011	43728.9	41806.4	85535.3	12.23	11.80	12.02
2012	44738.1	42926.8	87664.9	2.31	2.68	2.49
2013	47201.8	44991.9	92193.7	5.51	4.81	5.17
2014	49665.5	47057	96722.5	5.22	4.59	4.91

资料来源：联合国贸发会议统计数据（UNCTAD Statistics）。

从表2-1的统计数据容易看出，自1984年以来，除了个别年份（2009年）外，全球服务贸易总体保持较快增长之势，未来几年世界服务贸易将继续保持快速增长。2009年出现负增长的主要原因在于全球经济危机的冲击。而伴随危机后全球经济的逐步复苏，全球服务贸易又出现恢复性增长。可以预期的是，伴随着全球经济的稳定复苏，全球服务贸易可以进入下一轮的繁荣和增长；伴随着全球产业结构的不断演进尤其是"软化"以及伴随着全球服务业的国际梯度转移不断加快以及规模不断扩张，尤其是金融、保险、旅游和咨询等服务业和信息、电子产业等技术密集型产业正逐渐成为产业国际转移的重点领域；伴随着全球货物贸易的稳定增长所带动的诸如运输、旅游、保险和咨询等密切相关的服务业和服务需求进一步提升，全球资本流动越来越向着服务业领域倾斜；加之信息通信技术等突飞猛进而使得许多服务正变得越来越可以贸易，以及全球及区域服务贸易壁垒的逐渐削减为服务贸易的开展提供了越来越便利化和自由化的环境，全球服务贸易稳定甚至加速发展，将是经济全球化过程中的重要内容和必然趋势。

二、服务贸易与货物贸易的协调程度逐步提高

在国际贸易发展的很长历史时期，货物贸易一直占据着主导地位，呈现出典型的"一枝独大"的现象。当然，出现这种现象的根本原因就在于在传统的贸易发展过程中，商品相对于服务业而言，更具有跨国"可贸易性"。虽然目前货物贸易在全球贸易中仍然占据着绝对主导的地位，但随着服务贸易规模不断地扩大，甚至增长速度超过了货物贸易，从而使得全球货物贸易和服务贸易"严重失衡"和"不协调"的状况正在发生改变，二者的协调程度正伴随着服务贸易的"兴起"而得以不断提高。图2-1描绘了1980~2014年，全球服务贸易出口额与货物贸易出口额之比的变化趋势（根据联合国贸发会议统计数据库统计数据绘制而得）。

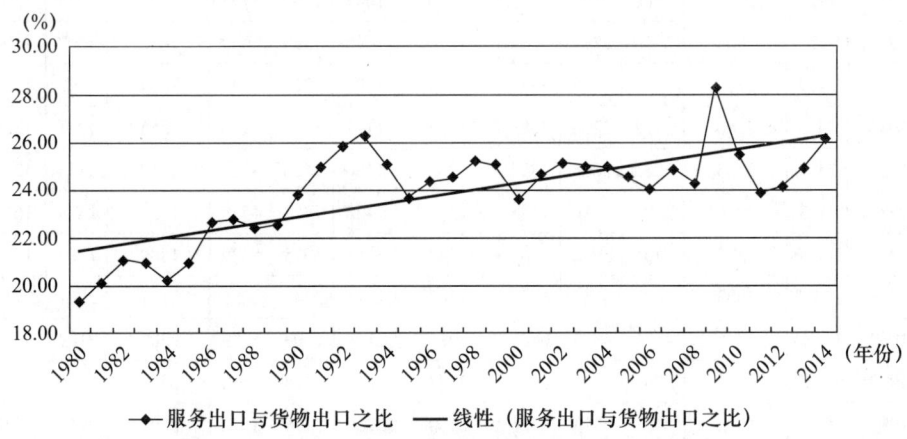

图2-1 1980~2014年全球服务出口与货物出口之比

从图 2-1 的变化趋势容易看出，全球服务出口额与全球货物出口额之比，已经由 1980 年的 19% 上升至 2014 年的 26.2%。其中，在 2009 年这一比重甚至上升到了 28.4%，当然，出现这一"高比重"的特殊性，在于 2009 年受到全球经济危机冲击下，全球货物出口下降的幅度要大于全球服务出口下降的幅度所致。但总体而言，从变化趋势来看，全球服务出口额与全球货物出口额之比确实呈现出不断上升的变化态势，从而全球贸易结构正在改变着长期以来一直存在的货物贸易和服务贸易不协调问题。换言之，伴随全球服务贸易的快速发展，货物贸易和服务贸易正以更加协调的步调在发展。

三、全球服务贸易结构向新兴服务部门倾斜

20 世纪 80 年代以来，世界服务贸易结构发生了很大变化。世界服务贸易结构逐渐向新兴服务贸易部门倾斜，以通信、计算机和信息服务、金融、保险、专有权利使用和特许为代表的其他服务类型占比从 1990 年的 33.34% 逐步增长到 2013 年的 53.96%。旅游、运输等传统服务贸易部门保持稳定增长，但其所占比重下降。1990~2013 年，运输服务占世界服务贸易的比重从 39.19% 下降到 22.88%，旅游服务占比从 27.47% 下降到 23.15%（见表 2-2）。

表 2-2 1980~2013 年全球服务贸易结构及其变动

单位：亿美元

年份	进出口				出口				进口			
	总额	运输服务	旅游	其他	总额	运输服务	旅游	其他	总额	运输服务	旅游	其他
1980	7707	3020	2117	2570	3671	1339	1035	1297	4036	1681	1082	1273
1981	7971	3138	2088	2745	3773	1370	1041	1362	4198	1768	1047	1383
1982	7721	2908	2020	2793	3682	1276	1013	1393	4039	1632	1007	1400
1983	7417	2739	1979	2699	3572	1205	1007	1360	3845	1534	972	1339
1984	7658	2780	2172	2706	3682	1225	1101	1356	3976	1555	1071	1350
1985	7857	2763	2286	2808	3835	1245	1160	1430	4022	1518	1126	1378
1986	9103	2926	2797	3380	4525	1334	1423	1768	4578	1592	1374	1612
1987	10806	3393	3451	3962	5367	1544	1748	2075	5439	1849	1703	1887
1988	12303	3903	4037	4363	6047	1786	2015	2246	6256	2117	2022	2117
1989	13484	4235	4376	4873	6625	1926	2194	2505	6859	2309	2182	2368
1990	16117	4855	5267	5995	7887	2227	2632	3028	8230	2628	2635	2967
1991	16858	4973	5461	6424	8326	2280	2750	3296	8532	2693	2711	3128
1992	18810	5309	6311	7190	9318	2433	3171	3714	9492	2876	3140	3476

续表

年份	进出口				出口				进口			
	总额	运输服务	旅游	其他	总额	运输服务	旅游	其他	总额	运输服务	旅游	其他
1993	19127	5315	6297	7515	9500	2430	3212	3858	9627	2885	3085	3657
1994	20897	5810	6848	8239	10425	2651	3492	4282	10472	3159	3356	3957
1995	23733	6669	7800	9264	11781	3020	4005	4756	11952	3649	3795	4508
1996	25228	6751	8313	10164	12629	3084	4314	5231	12599	3667	3999	4933
1997	26098	6894	8365	10839	13157	3155	4344	5658	12941	3739	4021	5181
1998	26758	6850	8479	11429	13537	3149	4410	5978	13221	3701	4069	5451
1999	27763	6990	8825	11948	14021	3216	4582	6223	13742	3774	4243	5725
2000	29548	7656	9174	12718	14910	3464	4762	6684	14638	4192	4412	6034
2001	29743	7498	8996	13249	14921	3392	4666	6863	14822	4106	4330	6386
2002	31582	7713	9422	14447	15969	3547	4863	7559	15613	4166	4559	6888
2003	36425	8791	10534	17100	18500	4008	5432	9060	17925	4783	5102	8040
2004	43935	11011	12476	20448	22478	5020	6480	10978	21457	5991	5996	9470
2005	48964	12506	13523	22935	25127	5691	7003	12433	23837	6815	6520	10502
2006	55014	13943	14530	26541	28418	6357	7591	14470	26596	7586	6939	12071
2007	65941	16664	16743	32534	34203	7661	8728	17814	31738	9003	8015	14720
2008	74794	19419	18265	37110	38464	8903	9587	19974	36330	10516	8678	17136
2009	67737	15249	16647	35841	34814	6935	8729	19150	32923	8314	7918	16691
2010	74330	17873	18090	38367	38197	8067	9495	20635	36133	9806	8595	17732
2011	83005	19970	20122	42913	42583	8793	10669	23121	40422	11177	9453	19792
2012	85022	20350	21053	43619	43499	8919	11107	23473	41523	11431	9946	20146
2013	92193	21098	21351	49744	47201	9517	11823	25861	44991	11936	10218	22837

注：由于数据来源不同，表2-1和表2-2中的统计数据有所差别，但这并不影响对问题的分析。

资料来源：WTO国际贸易统计数据库（International Trade Statistics Database）。

近年来，全球信息技术革命的不断发展增强了服务活动及其过程的可贸易性，同时通信、计算机和信息服务、咨询等新兴服务行业也不断扩张起来。同时，与近年来出现的大型呼叫中心、数据库服务、远程财务处理等一样，新的服务贸易业务逐渐衍生出来。世界服务贸易正逐渐由以自然资源或劳动密集型为基础的传统服务贸易转向以知识技术密集型为基础的现代服务贸易。国际服务贸易竞争的重点将集中于新兴服务行业，以电子信息技术为主和以高科技为先导的一系列新兴服务将成为未来各国国民经济发展的主要支柱和强大动力。

四、服务贸易的地区格局不平衡性继续存在

由于当代世界各国经济和服务业发展严重不平衡,各国的对外服务贸易水平及在国际服务市场上的竞争实力悬殊,与国际货物贸易领域相比,全球各地区和各国服务贸易发展的不对称性更加突出。近年来,虽然发展中国家在世界服务贸易中的地位趋于上升,但发达国家仍占主导地位(见表2-3)。

表2-3 2013年世界主要国家服务贸易状况

单位:亿美元,%

排名	出口国家（地区）	金额	比重	增长率	排名	进口国家（地区）	金额	比重	增长率
1	美国	6481	14.4	5	1	美国	4409	10.2	4
2	英国	2800	6.4	-4	2	德国	3291	7.1	17.5
3	德国	2572	5.9	-2	3	中国	3012	6.8	18
4	法国	2107	4.8	-7	4	英国	1739	4.2	1
5	中国	2105	4.4	10.6	5	日本	1748	4.2	5
6	日本	1424	3.3	0	6	法国	1721	4.1	-10
7	印度	1407	3.2	3	7	印度	1275	3.1	3
8	西班牙	1358	3.1	-1	8	新加坡	1177	2.8	3
9	新加坡	1119	2.6	3	9	荷兰	1192	2.9	-5
10	荷兰	1312	3.0	-7	10	爱尔兰	1121	2.7	-5
11	中国香港	1234	2.8	5	11	加拿大	1052	2.5	1
12	爱尔兰	1155	2.7	2	12	韩国	1071	2.6	7
13	韩国	1096	2.5	17	13	意大利	1047	2.5	-8
14	意大利	1029	2.4	-1	14	俄罗斯	1042	2.5	19
15	比利时	947	2.2	0	15	比利时	922	2.2	-1
16	瑞士	902	2.1	-7	16	西班牙	892	2.1	-5
17	加拿大	775	1.8	-1	17	巴西	778	1.9	7
18	瑞典	760	1.7	2	18	澳大利亚	630	1.5	6
19	卢森堡	697	1.6	0	19	丹麦	574	1.4	-2
20	丹麦	647	1.5	-2	20	中国香港	572	1.4	2
21	奥地利	609	1.4	1	21	瑞典	548	1.3	0
22	俄罗斯	583	1.3	6	22	泰国	525	1.3	1
23	澳大利亚	519	1.2	2	23	阿联酋	630	1.5	13

续表

排名	出口国家（地区）	金额	比重	增长率	排名	进口国家（地区）	金额	比重	增长率
24	挪威	438	1.0	3	24	沙特阿拉伯	490	1.2	-10
25	泰国	492	1.1	18	25	挪威	489	1.2	6
26	中国台湾	487	1.1	7	26	瑞士	466	1.1	-2
27	中国澳门	455	1.0	14	27	奥地利	425	1.0	3
28	土耳其	420	1.0	9	28	中国台湾	421	1.0	2
29	巴西	381	0.9	5	29	马来西亚	420	1.0	10
30	波兰	378	0.9	1	30	卢森堡	405	1.0	0

资料来源：WTO 与联合国贸易发展会议秘书处，WTO 国际贸易统计数据库（International Trade Statistics Database）。

从服务出口贸易总量看，美国、英国等发达国家在世界服务贸易中占据主导地位。1980 年以来，美国、英国、德国、法国和日本一直居服务出口贸易前五名。2005 年，这 5 个国家服务出口贸易额合计占全球服务出口贸易总额的 37.2%，其中美国占 14.6%，英国占 7.6%。而在服务出口贸易前 10 位国家中仅有中国、印度两个发展中国家。2005 年，服务贸易顺差前五位的国家（地区）依次是美国、英国、中国香港、西班牙和瑞士，均为发达地区，顺差分别为 646 亿美元、332 亿美元、287 亿美元、259 亿美元和 199 亿美元。从服务贸易进口总量来看，2005 年，美国、德国、英国、日本和法国是服务贸易进口前五名国家，与 2004 年排名相同。2005 年，服务贸易逆差前五位国家依次是德国、日本、韩国、俄罗斯和爱尔兰，分别为 557 亿美元、293 亿美元、145 亿美元、133 亿美元和 128 亿美元。

目前，广大发展中国家已经充分意识到抓住新一轮国际产业转移对本国经济发展的重要性，并开始利用比较优势大力发展服务业和服务贸易。发展中国家除在劳务输出、建筑工程承包、旅游等传统服务贸易中继续保持一定优势外，在通信、计算机和信息服务方面也在加大投入，发掘区位优势、人力资源优势和政策优势，积极承接发达国家的外包业务。从世界范围来看，发展中国家的服务出口贸易竞争力正在增强。2000~2005 年，亚洲、非洲、中南美洲服务出口贸易增速均高于进口增速，而北美、欧洲的出口增幅则低于或等于进口增速。

五、服务外包成为新的服务贸易形式

近年来，随着跨国公司的战略调整以及系统、网络、存储等信息技术的迅猛发展，由业务流程外包（BPO）和信息技术外包（ITO）组成的服务外包正逐渐成为服务贸易的重要形式，并给世界经济注入了新的活力。世界发达国家和地区是主要的服务外包输出地，在全球外包支出中，美国占了约2/3，欧盟和日本占近1/3，其他国家所占比例较小。发展中国家是主要的服务外包业务承接地，其中亚洲是承接外包业务最多的地区，约占全球外包业务的45%。目前，印度是亚洲的外包中心，2003年印度就已经成为世界计算机和信息服务出口第二的国家；墨西哥是北美的外包中心；东欧和爱尔兰是欧洲的外包中心；中国、菲律宾、巴西等国已经逐步成为区域性或全球性服务的外包中心。美国通用电气（GE）曾提出，公司外包业务的70%将采用离岸模式。部分跨国公司已经在扩大外包业务范围。这表明跨国公司的经营理念将进一步发生变革，非核心业务的离岸外包将成为大的趋势。在世界最大的1000家公司中，大约70%的企业尚未向低成本国家外包任何商务流程，服务外包市场潜力巨大。据联合国贸发会议估计，2007年全球服务外包总值将达1.2万亿美元。

六、商业存在成为服务贸易的主要方式

由于服务产品的无形性、不可储存性，在消费国内部通过商业存在提供服务，有利于服务提供者批量生产，取得规模效益，降低成本和价格。因此，随着经济全球化进程的加速，世界范围的产业结构调整和转移进一步升级，跨国直接投资以高于世界经济和货物贸易的速度增长，国际产业转移的重点由制造业转向服务业。20世纪90年代以来，全球FDI总额的一半以上流向了服务业。截至2005年年底，服务业在全球FDI总存量中占60%，在每年FDI新增流量中约占2/3。金融、保险、旅游和咨询等服务业是国际产业转移的重点领域。从20世纪70年代开始，由外国直接投资产生的，通过外国商业存在所实现的国际服务贸易规模迅速扩大，在一些发达国家已经超过了跨境方式。在进口方面，美国境内的外国附属机构服务贸易规模从1990年起就已经开始超过跨境服务贸易规模；在出口方面，美国海外附属机构服务贸易规模从1996年开始超过跨境服务贸易规模。1995年，美国通过商业存在方式实现的服务贸易内外向总规模首次超过跨境贸易。2003年，美国公司海外附属机构所从事的服务产品销售额达到4770亿美元，而当年美国的国际收支平衡表记录的服务出口只有2920亿美元。因此，2003年美国仅通过商业存在发生的服务贸易额大约是国际收支平衡表所反映贸易额的1.6倍。

七、发展服务贸易越来越成为各国关注的焦点

随着世界新一轮产业结构的调整和贸易自由化进程的继续推进，服务业和服务贸易在各国经济中的地位还将不断上升，服务贸易发展整体趋于活跃。世界各

国纷纷制定加快发展服务贸易的战略，欧美等经济发达国家利用其服务贸易的发展水平领先的优势，通过各种多双边的谈判要求世界各国开放服务贸易市场，以此来扩大服务贸易的出口。在WTO新一轮谈判以及区域性经济合作谈判中服务贸易都成为主要议题，世界服务贸易领域的利益格局将在各方博弈中重新形成。各国为顺应这一趋势不断地调整国内经济政策。一方面，积极推动服务贸易的自由化，率先削减本国服务贸易壁垒；另一方面，实际上变相提高了国际服务贸易的保护程度。在内在需求和外来推动的双重因素下，如何加快发展服务贸易、增强服务贸易竞争力必将成为各国长期关注的焦点。

第二节 长三角服务贸易发展现状

开放型经济是长三角地区的特色和优势，也正是在开放型经济发展战略的带动下，长三角地区经历了多年的高速经济增长。总体而言，长三角地区前一轮开放主要侧重于制造业领域，具有"单兵突进"的特点，而相对于开放条件下的制造业而言，服务业领域开放相对不足、发展相对滞后。但就作为中国开放型经济发展的"排头兵"而言，长三角地区服务贸易发展还是走在全国前列的。因而对长三角这一典型区域的服务贸易发展状况进行考察，能够为我们提供一些基本认识。本节将在长三角整体层面，以及长三角地区的上海、江苏和浙江分地区层面，对服务贸易发展现状进行简要的分析。

一、长三角服务贸易发展总体状况

作为中国服务贸易发展重要缩影的长三角地区，其服务贸易发展与全国整体情形极为相似，即起步较晚但发展速度较快。另外，对长三角服务贸易发展基本状况的认识，可以从贸易规模、贸易增速以及行业结构等角度进行简要分析。

（一）长三角服务贸易规模

长三角服务贸易发展虽然起步较晚，但近年来呈现出较快的发展势头。表2-4给出了2000~2014年长三角地区服务贸易进出口及差额状况。

表2-4 2000~2014年长三角服务贸易进出口及差额状况

单位：亿美元

年份	进出口总额	出口总额	进口总额	顺差额
2000	96.41	42.95	53.46	-10.51
2001	118.92	54.57	64.35	-9.78

续表

年份	进出口总额	出口总额	进口总额	顺差额
2002	150.35	68.98	81.37	-12.39
2003	206.85	97.04	109.81	-12.77
2004	319.86	155.63	164.24	-8.61
2005	444.52	219.15	225.38	-6.23
2006	562.32	272.29	290.03	-17.75
2007	761.14	307.45	453.69	-146.24
2008	1061.70	434.83	626.87	-192.04
2009	1045.91	425.72	620.19	-194.47
2010	1496.49	636.09	860.39	-224.30
2011	1862.83	783.80	1079.03	-295.23
2012	2302.38	912.24	1390.05	-477.81
2013	2761.14	1131.15	1629.89	-498.74
2014	3219.80	1350.07	1869.73	-519.66

资料来源：根据历年《江苏服务贸易发展研究报告》《浙江省国际服务贸易发展报告》及《上海服务贸易发展报告》的统计数据整理而得。

由表2-4呈列的数据可以看出，在中国"入世"前的2000年，长三角地区的服务贸易进出口总额仅为96.41亿美元，其中，服务出口贸易额为42.95亿美元，服务进口贸易额为53.46亿美元。而自"入世"之后，长三角地区服务贸易规模得到了迅猛扩张。2008年长三角地区服务贸易进出口总额突破1000亿美元，达到了1061.70亿美元，其中，服务出口贸易额为434.83亿美元，服务进口贸易额为626.87亿美元。2012年长三角地区服务贸易进出口总额突破了2000亿美元，达到了2302.38亿美元，其中，服务出口贸易额为912.24亿美元，服务进口贸易额为1390.05亿美元。2014年长三角地区服务贸易进出口总额更是突破了3000亿美元，达到了3219.80亿美元，其中服务出口贸易额为1350.07亿美元，服务进口贸易额为1869.73亿美元。服务贸易进出口总额从2000年的96.41亿美元，迅速攀升到2014年的3219.80亿美元，其间增长了约32.39倍，年均增长率高达28.48%，可见其规模扩张速度之快。其中，出口总额从2000年的42.95亿美元，迅速攀升到2014年的1350.07亿美元，其间增长了约30.43倍，年均增长率高达27.92%；进口总额从2000年的53.46亿美元，迅速攀升到2014年的1869.73亿美元，其间增长了约33.97倍，年均增长率高达28.91%。

当然，在服务贸易进口、出口及其总额规模迅猛扩大的同时，值得我们关注的一个现象是，服务贸易逆差额规模也呈不断扩大之势。例如，2000年长三角地区服务贸易逆差额仅为10.51亿美元，但是到了2014年，贸易逆差额已经攀升至519.66亿美元，14年间增长了约48.45倍，逆差额年均增长率高达约32.14%。表明伴随服务贸易总额规模扩张的同时，服务贸易逆差额也在不断扩大，且服务贸易逆差额扩张之势要更显著。这在一定程度上说明，长三角地区服务贸易国际竞争力仍然较弱，有待进一步提高。

(二) 长三角服务贸易增长速度

为了进一步明晰长三角地区服务贸易规模扩张的速度，我们还可以从服务贸易总额及其出口额和进口额等方面考察其增速。根据表2-4的统计数据，我们进一步计算出服务贸易总额增长率、服务出口贸易额增长率、服务进口贸易额增长率及其逆差额增长率，并绘制成图2-2（资料来源同表2-4）。

从图2-2呈现的情况来看，在样本期间内除了个别年份外，长三角地区服务贸易无论是进出口总额，还是出口贸易额，抑或是进口贸易额等，均保持着较高的增长率。其中服务贸易进出口总额有些年份高达约54%，而服务出口贸易额部分年份竟高达约60%。服务贸易进口额同样如此，基本也保持着较高的增长率。样本期间内唯一特殊的年份就是2009年，该年份长三角服务贸易进出口总额不增反降，降幅约为1.49%，服务出口贸易额和进口贸易额同样表现出下降的趋势，其中服务出口贸易额下降约为2.09%，服务进口贸易额下降约为1.07%。当然，出现这一例外情况的主要原因还在于发端于2008年的全球金融

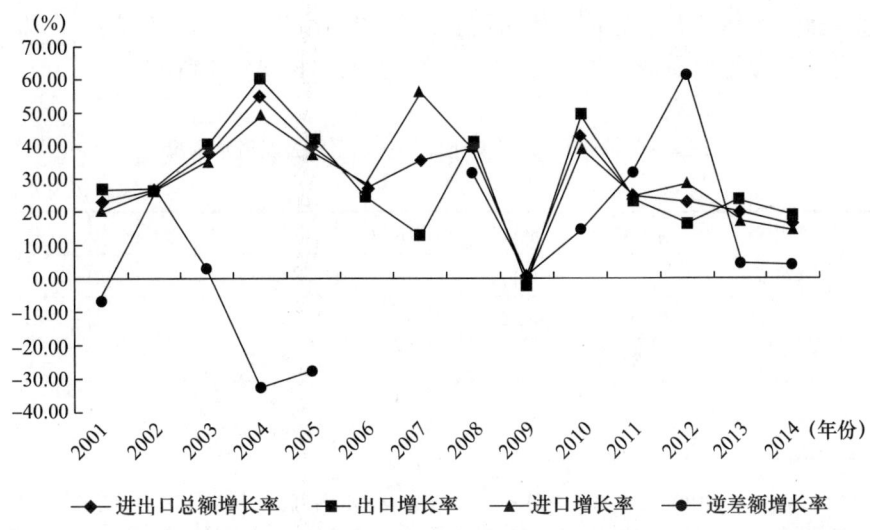

图2-2 2001~2014年长三角服务贸易及差额增长率情况

危机,影响并导致了全球贸易"大崩溃",在此大背景下,长三角服务贸易发展显然也难以"独善其身",服务贸易进口、出口及其总额均表现为下降趋势。当然,与总规模收缩相伴随的是,2009年长三角地区服务贸易逆差额增长率,从图2-2显示的状况看显然也有了大幅下降。总之,从上述变化趋势来看,长三角地区服务贸易总体发展虽然起步较晚,但是发展速度还是比较快的。只不过,值得我们注意的是,在规模扩张过程中,长三角服务出口竞争力尤为需要关注。

二、上海服务贸易发展现状

大体而言,见证服务贸易发展水平的重要标志有以下三个:一是服务贸易发展的总体状况;二是服务业利用外资情况;三是近年来兴起并呈现迅猛发展势头的服务外包发展状况。因此,对上海服务贸易发展的基本情况或者说基本成就的分析,可以着重从上述三个方面进行简要阐述。

(一)服务贸易起步较晚但增长较快

上海服务贸易的发展是在中国服务贸易对外开放的大背景下展开的,而中国服务业对外开放的实质性发展阶段是在2001年中国"入世"之后,或者说履行"入世"时对各类服务业开放的承诺,推动了服务贸易的发展。在此背景下,在"入世"之前的2000年,上海服务贸易总额仅为79.11亿美元,其中,服务出口贸易额仅为36.07亿美元,服务贸易进口额为43.05亿美元,服务贸易逆差6.98亿美元。而到了2014年,上海服务贸易总额已经攀升至1935.20亿美元,期间增长了约23.46倍。其中服务出口贸易额675.50亿美元,其间增长了约17.73倍;服务贸易进口额为1259.70亿美元,其间增长了约28.26倍。表2-5给出了2001~2014年上海服务贸易进口额、出口额、总额及其增长率变化情况①。

表2-5 2000~2014年上海服务贸易额及其变动情况

单位:亿美元,%

年份	总额	增长率	出口	增长率	进口	增长率	差额
2000	79.11	—	36.07	—	43.05	—	-6.98
2001	94.95	20.02	46.05	27.69	48.90	13.59	-2.85
2002	115.72	21.87	56.97	23.70	58.75	20.15	-1.78

---

① 此处服务贸易额的数据主要是采用国际收支平衡表(BOP)统计方式(其中剔除了政府服务)得来的。由于BOP对服务进出口的统计存在一定的缺陷(不包含"商业存在"提供的服务),所以这将导致服务贸易值在一定程度上被低估。当然,对于商业存在形式的服务贸易,我们将在下文从服务业FDI的角度进行分析。

续表

年份	总额	增长率	出口	增长率	进口	增长率	差额
2003	160.48	38.68	77.40	35.86	83.08	41.41	-5.68
2004	244.78	52.53	121.26	56.67	123.52	48.67	-2.26
2005	324.85	32.71	161.30	33.02	163.55	32.41	-2.25
2006	403.37	24.17	192.68	19.46	210.69	28.82	-18.00
2007	559.12	38.61	210.33	9.16	348.79	65.55	-138.46
2008	735.71	31.58	265.19	26.08	470.52	34.90	-205.33
2009	747.32	1.58	278.64	5.07	468.68	-0.39	-190.04
2010	1046.74	40.06	399.58	43.40	647.16	38.08	-247.58
2011	1292.78	23.51	486.55	21.77	806.23	24.58	-319.68
2012	1515.60	17.24	515.30	5.91	1000.30	24.07	-485.00
2013	1725.40	13.84	595.40	15.54	1130.00	12.97	-534.60
2014	1935.20	12.16	675.50	13.45	1259.70	11.48	-584.20

资料来源：根据历年《上海服务贸易发展报告》的统计数据以及中国服务贸易指南网统计数据整理而得。

从表2-5的统计数据容易看出，上海服务贸易总额、出口额以及进口额三项指标均处于稳定上升阶段。即便是在本轮全球金融危机冲击最为严重的2009年，上海服务贸易发展仍然表现出"逆势飞扬"的良好态势，尤其是服务出口贸易额和进出口总额不仅没有出现滑落，而且仍然保持了较高的增速。并且从发展趋势来看，上海服务贸易额有快速增长的趋势，显然，这与近年来上海日益重视服务贸易发展，并开始深化服务领域对外开放和着力发展服务贸易的举措息息相关，同时也说明了在当前全球服务快速发展的背景下，上海服务贸易呈现出良好的发展势头。

此外，从上海服务出口占全国比重的角度来看，近年来也有逐步提高之势。总体来看，由于近年来上海服务贸易发展速度的提高，从而提升了上海服务贸易在全国中的占比，以及由此决定的在全国服务贸易发展中的地位。2001年全国服务贸易进出口总额为719亿美元，其中，服务出口贸易为329亿美元，服务贸易进口为390亿美元，同期上海服务贸易进出口总额、出口额和进口额占全国之比分别为13.21%、14.00%和12.54%。而到2014年，全国服务贸易进出口总额已攀升至6043.4亿美元，其中，服务出口贸易上升至2222.1亿美元，服务贸易进口上升到3821.3亿美元，而同期上海服务贸易进出口总额、出口额和进口额占全国之比则分别上升到32.02%、30.40%以及32.97%。由此可见上海服务贸易在全国服务贸易发展中的地位不断上升。表 2-6 给出了 2001~2014 年全国服务贸易进出口情况及上海的占比。

表 2-6 2001~2014 年上海服务贸易占全国比重

单位：亿美元，%

年份	全国进出口总额	上海占比	全国出口总额	上海占比	全国进口总额	上海占比
2001	719	13.21	329	14.00	390	12.54
2002	855	13.53	394	14.46	461	12.74
2003	1013	15.84	464	16.68	549	15.13
2004	1337	18.31	621	19.53	716	17.25
2005	1571	20.68	739	21.83	832	19.66
2006	1917	21.04	914	21.08	1003	21.01
2007	2509	22.28	1217	17.28	1293	26.98
2008	3045	24.16	1464	18.11	1580	29.78
2009	2867	26.07	1286	21.67	1581	29.64
2010	3624	28.88	1702	23.48	1922	33.67
2011	4191	30.85	1821	26.72	2370	34.02
2012	4706	32.21	1904	27.06	2801	35.71
2013	5396.4	31.97	2105.9	28.27	3290.5	34.34
2014	6043.4	32.02	2222.1	30.40	3821.3	32.97

资料来源：根据历年《上海服务贸易发展报告》的统计数据以及中国服务贸易指南网统计数据整理计算而得。

从表 2-6 的统计数据来看，自中国加入 WTO 以来，上海服务贸易无论是进出口总额，还是出口额，抑或是进口额，在全国服务贸易发展中所占比重都呈现稳步提高的态势，在说明全国服务贸易迅速发展的同时，上海服务贸易则以更快的速度在发展，从而带来比重不断提高的现象和结果。尤其是在本轮全球金融危机冲击较为严重的 2009 年，以及从表 2-6 的统计结果可以清晰地看到，全国服务贸易发展"受挫"而出现下滑，尤其是服务出口贸易，但从表 2-5 可知，上海同期却仍然出现正增长，从而使得上海服务贸易在全国中的比重进一步提高。而危机后的近几年，上海服务贸易在全国的占比仍然以较快速度上升，从而体现出上海服务贸易发展的良好趋势，以及作为全国开放型经济"排头兵"地区在服务贸易方面的逐步体现。

（二）服务业利用外资呈现新趋势

实际上，从服务贸易总协定给出的有关服务贸易的定义看，服务业利用外资也是服务贸易发展的重要标志之一。近年来，伴随着上海利用外资政策的调整，利用外资结构也呈现了新变化,这突出表现为流向服务业的外资总额不断增加。例如,2003年流入上海服务业领域的实际利用外资总额为33.37亿美元,占当期上海利用外资总额58.5亿美元的比重约为57.04%。而2014年流入上海服务业领域的实际利用外资总额已上升至163.85亿美元,其间增长约3.9倍多,年均增长率为11.56%,占当期上海利用外资总额181.65亿美元的比重上升为90.20%。表2-7给出了2003~2014年上海服务业利用外资及其占上海利用外资总额之比的变动情况。

表2-7 上海服务业利用外资情况(2003~2014年)

单位:亿美元,%

年份	利用FDI总额	增长率	服务业利用FDI	增长率	服务业FDI占比	环比变化
2003	58.5	—	33.37	—	57.04	—
2004	65.41	11.81	29.18	-12.56	44.61	-12.43
2005	68.5	4.72	34.98	19.88	51.07	6.45
2006	71.07	3.75	44.16	26.24	62.14	11.07
2007	79.2	11.44	53.15	20.36	67.11	4.97
2008	100.84	27.32	68.35	28.60	67.78	0.67
2009	105.38	4.50	76.16	11.43	72.27	4.49
2010	111.21	5.53	88.31	15.95	79.41	7.14
2011	126.01	13.31	104.3	18.11	82.77	3.36
2012	151.85	20.51	126.79	21.56	83.50	0.73
2013	167.8	10.50	135.67	7.00	80.85	-2.64
2014	181.65	8.25	163.85	20.77	90.20	9.35

资料来源:根据历年《上海统计年鉴》统计数据整理而得。

从表2-7的统计数据不难看出,上海服务业利用外资在总量呈现不断上升的同时,在利用外资总额中所占比重也不断提升。而从利用外资的增长率角度来看,2003~2014年除了个别年份外,在其他年份上海服务业利用外资也均基本保持了较快增长,并且从表2-7的统计结果来看,大部分年份服务业利用外资的增长率基本上是以高于利用外资总额增长率的速度在增长的。唯有2004年出现了负增长,而在之后的样本期间内,均保持着较高的增长率。特别需要指出的是,除了2013年增长率为个位数以外,其他年份均保持了两位数的高增长率。服务业利用外资额的增加及其增长率显著高于利用外资总额增长率,一方面表明上海利用外资结构的不断优化,另一方面也说明上海服务业对外资开放度的不断扩大,对外资吸引力不断增强。

此外，从上海服务业利用外资占全国的比重来看，近年来也有逐步提高的发展趋势。总体来看，由于近年来上海服务业利用外资规模的不断提高，以及增速的明显上升，从而提升了上海服务业利用外资额在全国中的占比，以及由此决定的在全国服务利用外资方面的地位。2004年上海服务业利用外资流量额为29.18亿美元，占同期全国服务业利用外资流量额166.48亿美元的比重为17.53%。2014年上海服务业利用外资流量额为163.85亿美元，占同期全国服务业利用外资流量额662.36亿美元的比重上升至24.74%。表2-8给出了2004~2014年上海服务业利用外资占全国服务业利用外资流量额比重的变化情况。

表2-8 上海服务业利用外资占全国比重（2004~2014年）

单位：亿美元，%

年份	全国服务业FDI	增长率	上海服务业FDI	增长率	上海占比
2004	166.48	3.56	29.18	-12.56	17.53
2005	167.94	0.88	34.98	19.88	20.83
2006	218.76	30.26	44.16	26.24	20.19
2007	324.89	48.51	53.15	20.36	16.36
2008	407.36	25.39	68.35	28.60	16.78
2009	413.31	1.46	76.16	11.43	18.43
2010	535.48	29.56	88.31	15.95	16.49
2011	612.88	14.45	104.3	18.11	17.02
2012	600.16	-2.07	126.79	21.56	21.13
2013	614.51	2.39	135.67	7.00	22.08
2014	662.36	7.79	163.85	20.77	24.74

资料来源：根据历年《上海统计年鉴》和《中国统计年鉴》统计数据整理而得。

从表2-8的统计数据容易发现，上海服务业利用外资流量额占全国服务业利用外资流量额的比重，在样本区间年度基本上呈现一个上升的发展态势。从增长率的角度来看，大体而言，近年来上海服务业利用外资流量额的平均增长率要高于全国服务业利用外资流量额的平均增长率。当然，也正是由于这一增长率的差异，导致了上海服务业利用外资流量额占全国比重呈现不断提高之势。总之，就服务业利用外资这一方面而言，无论从占比还是从增速角度来看，上海都呈现出较好的发展趋势。因此，服务业利用外资作为服务业对外开放的重要标志之一，从这一角度来看，上海服务贸易发展正呈现良好的扩大态势。

（三）服务外包蓬勃发展

有关统计数据表明，2007年上海市服务外包发展所依托的信息服务业，完成增加值583.95亿元，折合美元约为79.34亿美元，同比增长约为17.9%，其中，软件出口额为11.85亿美元，同比增长约为20%。另外，商务部软件出口统计平台提供的数据显示，2007年上海市软件出口额为4.24亿美元。依托ITO（信息技术外包）与软件服务的快速发展，计算机和信息服务、咨询服务已经成为上海服务出口贸易增长的最快领域之一。据不完全统计，截至2007年年底，上海市拥有超过10万服务外包从业人员，超过300家国内外企业从事离岸服务外包业务，尤其是来自日本和欧美的业务。主要服务内容依然以软件和IT外包为主，辅以部分BPO（业务流程外包）业务；其中，100~500人规模的企业占据主导地位，规模在千人以上的软件企业达到15家。一大批国际知名服务外包企业已经入驻上海，在上海设立了亚太或全球数据处理中心等。而到了2014年，商务部发布最新统计数据显示，2014年1~6月上海市承接服务外包合同完成情况分别为：新增企业96家，同比增长146.15%；新增从业人数为54527人，同比增长888.88%；协议金额达446426.35万美元，同比增长258.23%；执行金额为261750.68万美元，同比增长172.78%；新增认证47个，同比增长176.47%。可见，上海服务外包正呈蓬勃发展之势。

三、江苏服务贸易发展现状

如前文所述，对江苏服务业开放基本情况或者说基本成就的分析，秉持与前文分析的逻辑一致性，此处仍然可以着重从以下三个方面进行简要阐述。

（一）服务贸易起步较晚但增长较快

同上海服务贸易发展一样，江苏服务贸易的发展也是与中国服务贸易对外开放的大背景分不开的。由于中国服务业对外开放的实质性发展阶段是在2001年中国"入世"之后，或者说履行"入世"时对各类服务业开放的承诺，推动了服务贸易的发展。在此背景下，在"入世"之初的2001年，江苏服务贸易总额仅为14.84亿美元，其中服务出口贸易额仅为2.7亿美元，服务贸易进口额为12.14亿美元，服务贸易逆差9.44亿美元。而到了2014年，江苏服务贸易总额已经攀升至903.71亿美元，其间增长了约59.89倍。其中，服务出口贸易额440.1亿美元，其间增长了约162倍；服务贸易进口额为463.6亿美元，其间增长了约37.18倍。表2-9给出了2001~2014年江苏服务贸易进口额、出口额、总额及其增长率变化情况①。

---

① 与前文分析的逻辑一致，此处服务贸易额的数据主要是采用国际收支平衡表（BOP）统计方式（其中剔除了政府服务）得来的。由于BOP对服务进出口的统计存在一定的缺陷（不包含"商业存在"提供的服务），所以这将导致服务贸易值在一定程度上被低估。当然，对于商业存在形式的服务贸易，我们将在下文从服务业FDI的角度进行分析。

表 2-9　2001~2014 年江苏服务贸易额及其变动情况

单位：亿美元，%

年份	进出口总额	增长率	出口总额	增长率	进口总额	增长率
2001	14.84	—	2.7	—	12.14	—
2002	20.27	36.59	3.37	24.81	16.9	39.21
2003	22.47	10.85	4.73	40.36	17.74	4.97
2004	31.33	39.43	7.03	48.63	24.3	36.98
2005	45.98	46.76	12.78	81.79	33.2	36.63
2006	59.2	28.75	18.4	43.97	40.8	22.89
2007	75.6	27.70	23.5	27.72	52.1	27.70
2008	105.02	38.92	34.12	45.19	70.9	36.08
2009	142.5	35.69	50.7	48.59	91.8	29.48
2010	229.08	60.76	99.67	96.59	129.4	40.96
2011	331.19	44.57	149.72	50.22	181.47	40.24
2012	516.40	55.92	230.50	53.95	285.80	57.49
2013	710.10	37.51	335.30	45.47	374.70	31.11
2014	903.71	27.27	440.1	31.26	463.6	23.73

资料来源：江苏省商务厅。

从表 2-9 的统计数据容易看出，江苏省服务贸易总额、出口额以及进口额三项指标均处于稳定上升阶段。即便是在本轮全球金融危机冲击最为严重的 2009 年，江苏服务贸易发展仍然表现出"逆势飞扬"的良好态势，不仅没有出现滑落，而且仍然保持了较高的增速。并且从发展趋势来看，江苏省服务贸易额有快速增长的趋势，显然，这与近年来江苏日益重视服务贸易发展，并开始深化服务领域对外开放和着力发展服务贸易的举措息息相关，同时也说明了在当前全球服务快速发展背景下，江苏省服务贸易所呈现出的良好发展势头。2014 年江苏服务贸易总额为 903.71 亿美元，同比增长 27.27%。

此外，从江苏服务出口占全国比重的角度来看，近年来也有逐步提高之势。总体来看，由于近年来江苏服务贸易发展速度的提高，从而提升了江苏服务贸易在全国中的占比，以及由此决定的在全国服务贸易发展中的地位。2001 年全国服务贸易进出口总额为 719 亿美元，其中，服务出口贸易为 329 亿美元，服务贸易进口为 390 亿美元，同期江苏服务贸易进出口总额、出口额和进口额占全国之比分别为 2.06%、0.82% 和 3.11%。而到 2014 年，全国服务贸易进出口总额已攀升至 6043.4 亿美元，其中，服务出口贸易上升至 2222.1 亿美元，服务贸易进口上升到3821.3亿美元，而同期江苏服务贸易进出口总额、出口额和进口额占全国之比则分别上升到14.95%、19.81%以及12.13%。由此可见江苏服务贸易在全国服务贸易发展中的地位不断上升。表2-10给出了2001~2014年全国服务贸易进出口情况及江苏的占比。

表2-10 江苏服务贸易占全国比重（2001~2014年）

单位：亿美元,%

年份	全国进出口总额	江苏占比	全国出口总额	江苏占比	全国进口总额	江苏占比
2001	719	2.06	329	0.82	390	3.11
2002	855	2.37	394	0.86	461	3.67
2003	1013	2.22	464	1.02	549	3.23
2004	1337	2.34	621	1.13	716	3.39
2005	1571	2.93	739	1.73	832	3.99
2006	1917	3.09	914	2.01	1003	4.07
2007	2509	3.01	1217	1.93	1293	4.03
2008	3045	3.45	1464	2.33	1580	4.49
2009	2867	4.97	1286	3.94	1581	5.81
2010	3624	6.32	1702	5.85	1922	6.73
2011	4191	7.90	1821	8.22	2370	7.66
2012	4706	10.97	1904	12.10	2801	10.20
2013	5396.4	11.02	2105.9	11.92	3290.5	12.39
2014	6043.4	14.95	2222.1	19.81	3821.3	12.13

资料来源：根据商务部和江苏省商务厅提供的数据计算整理而得。

从表2-10的统计数据来看，自中国加入WTO以来，江苏服务贸易无论是进出口总额，还是出口额，抑或是进口额，在全国服务贸易发展中所占比重都呈现稳步提高的态势，这一点与前述上海服务贸易的发展状况极为相似。这说明在全国服务贸易迅速发展的同时，江苏服务贸易则以更快的速度在发展，从而带来比重不断提高的现象和结果。尤其是在本轮全球金融危机冲击较为严重的2009年，全国服务贸易发展受挫而出现下滑，尤其是服务出口贸易，但从表2-9可知，江苏同期却仍然出现正增长，从而使得江苏服务贸易在全国中的比重进一步提高。而危机后的近几年，江苏服务贸易在全国的占比仍然以较快速度上升，从而体现出江苏服务贸易发展的良好趋势，以及作为全国开放型经济大省在服务贸易方面的逐步体现。

(二) 服务业利用外资呈现的新趋势

如前文所述,服务业利用外资也是服务业对外开放的重要标志之一。近年来,伴随江苏利用外资政策的调整,利用外资结构也呈现了新变化,这突出表现为流向服务业的外资总额不断增加。例如,2004 年流入江苏服务业领域的实际利用外资总额为 19.79 亿美元,占当期江苏省利用外资总额 121.38 亿美元的比重约为 16.31%。而 2012 年流入江苏服务业领域的实际利用外资总额已上升至 118.84 亿美元,其间增长 5 倍多,年均增长率为 25.11%,占当期江苏省利用外资总额 357.60 亿美元的比重上升为 33.23%。表 2 - 11 给出了 2004 ~ 2014 年江苏服务业利用外资及其占江苏利用外资总额之比的变动情况。

表 2 - 11 江苏服务业利用外资情况 (2004 ~ 2014 年)

单位:亿美元,%

年份	FDI 总额	增长率	服务业 FDI	增长率	占比
2004	121.38	7.92	19.79	8.13	16.31
2005	131.83	8.61	21.48	8.53	16.30
2006	174.31	32.22	35.78	66.53	20.52
2007	218.92	25.59	57.91	61.87	26.45
2008	251.20	14.74	69.65	20.28	27.73
2009	253.23	0.81	73.79	5.94	29.14
2010	284.98	12.54	89.80	21.71	31.51
2011	321.32	12.75	124.58	38.73	38.77
2012	357.60	11.29	118.84	-4.61	33.23
2013	332.59	-6.99	147.85	24.42	44.45
2014	281.80	-15.27	149.70	1.25	53.12

资料来源:根据历年《江苏统计年鉴》统计数据整理而得。

从表 2 - 11 的统计数据不难看出,江苏服务业利用外资在总量呈现不断上升的同时,在利用外资总额中所占比重也不断提升。而从利用外资的增长率角度来看,2004 ~ 2012 年除了个别年份外,大多数年份江苏服务业利用外资基本保持较快增长,并且从表 2 - 11 的统计结果来看,其增长率基本上是以高于利用外资总额增长率的速度在增加的。这一点也与前述上海服务业利用外资发展趋势较为一致。服务业利用外资额的增加及其增长率显著高于利用外资总额增长率,一方面表明江苏省利用外资结构的不断优化,另一方面也说明江苏省服务业对外资开放度的不断扩大,其对外资吸引力不断增强。尤其值得一提的是,在表 2 - 11 所示的样本期间内，2013年和2014年江苏省实际利用外资总额均呈下降之势，其中2013年下降幅度为6.99%，2014年下降幅度为15.27%。而与此形成鲜明对比的是，在利用外资总额呈现下滑的趋势下，服务业利用外资却呈现增长之势，其中2013年服务业利用外资增长幅度为24.42%，2014年服务业利用外资增长幅度为1.25%，并且，2014年江苏服务业利用外资所占比重首次超过了50%，达到了53.12%。

此外，从江苏服务业利用外资占全国的比重来看，近年来也有逐步提高的发展趋势。总体来看，由于近年来江苏服务业利用外资规模的不断提高，以及增速的明显上升，从而提升了江苏服务业利用外资额在全国中的占比，以及由此决定的在全国服务业利用外资方面的地位。2004年江苏省服务业利用外资流量额为29.18亿美元，占同期全国服务业利用外资流量额166.48亿美元的比重为11.89%。2012年江苏服务业利用外资流量额为126.79亿美元，占同期全国服务业利用外资流量额600.16亿美元的比重上升至19.80%。表2-12给出了2004~2014年江苏服务业利用外资占全国服务业利用外资流量额比重的变化情况。

表2-12 江苏服务业利用外资占全国比重（2004~2014年）

单位：万美元，%

年份	全国服务业FDI	增长率	江苏服务业FDI	增长率	江苏占比
2004	166.48	3.56	29.18	-12.56	11.89
2005	167.94	0.88	34.98	19.88	12.79
2006	218.76	30.26	44.16	26.24	16.35
2007	324.89	48.51	53.15	20.36	17.82
2008	407.36	25.39	68.35	28.60	17.10
2009	413.31	1.46	76.16	11.43	17.85
2010	535.48	29.56	88.31	15.95	16.77
2011	612.88	14.45	104.3	18.11	20.33
2012	600.16	-2.07	126.79	21.56	19.80
2013	614.51	2.39	135.67	7.00	24.06
2014	662.36	7.79	163.85	20.77	22.60

资料来源：根据历年《江苏统计年鉴》和《中国统计年鉴》统计数据整理而得。

从表2-12的统计数据容易发现，江苏服务业利用外资流量额，占全国服务业利用外资流量额的比重，在样本区间年度大体呈现一个上升的发展态势。这一点也是与前文分析上海服务业利用外资的变化趋势是一致的。只不过与上海相比，江苏服务业利用外资发展要稍稍滞后。从增长率的角度来看，大体而言，近年来江苏服务业利用外资流量额的平均增长率要高于全国服务业利用外资流量额的平均增长率。当然，也正是由于这一增长率的差异，导致了江苏服务业利用外资流量额占全国比重呈现不断提高之势。总之，就服务业利用外资这一方面而言，无论从占比还是从增速角度来看，江苏都呈现出较好的发展趋势。因此，服务业利用外资作为服务业对外开放的重要标志之一，从这一角度来看，江苏服务业对外开放正不断扩大。

（三）服务外包蓬勃发展

江苏省服务外包产业从2007年开始起步，且一直保持了迅猛发展态势。2010年全省服务外包合同总额达87.36亿美元，同比增长57.09%，服务外包从业人员达48.5万人，外包企业数已增至3778家，各项指标连续4年在全国保持领先地位。2010年，江苏省国际服务外包协议金额约6.3亿美元，同比增长380%，其中离岸服务外包协议金额约4.4亿美元，同比增长160%；服务外包执行金额也增势明显，累计执行金额4.2亿美元，同比增长150%，其中离岸国际服务外包执行金额约2.3亿美元，同比增长70%。2014年江苏接包合同签约金额215亿美元，同比增长约29.01%。表2-13给出了近年来江苏服务外包发展情况，从中不难看出，江苏服务外包正以"蓬勃"态势发展。

表2-13 江苏服务外包情况（2009~2013年）

年份	接包合同签约		接包合同执行		新增认证数量（个）	同比（%）	其中：新增十三项国际认证数量（个）	同比（%）
	金额（万美元）	同比（%）	金额（万美元）	同比（%）				
2009	457252.74	146.72	374420.07	172.41	615	34.87	338	94.25
2010	532648.19	16.49	426802.67	13.99	702	14.15	467	38.17
2011	844813.72	58.61	695519.35	62.96	540	-23.08	337	-27.84
2012	1184516.75	40.21	978444.11	40.68	508	-5.93	329	-2.37
2013	1668610.09	40.87	1377123.47	40.75	232	-54.33	188	-42.86
2014	2152703.43	29.01	1775802.83	28.95	—	—	—	—

资料来源：江苏省商务厅提供。

作为新兴产业，江苏省的服务外包正经历着一个在培育中成长、在发展中提升的过程。江苏省各类园区和载体定位日渐清晰，其建设日渐成熟。目前，在全国21个"中国服务外包示范城市"中，南京、苏州、无锡三市位列其中，是全国数量最多的省份。且在全国率先开展省级国际服务外包示范城市和示范区认定中,先后两批认定常州、昆山等6个省级示范城市和无锡新区、苏州新区等34个省级示范区,遍及12个省辖市。2009年年底,全省建成各类服务外包载体超过2000万平方米,各地软件园、物流园、创业园、创意园、生物医药园、研发设计中心、商务中心等各类外包产业集聚园区大多投入运营。其中苏州工业园、昆山花桥商务城、太仓灵狮LOFT创意产业园、南京雨花软件园、无锡Park园区等成为国内知名的品牌载体。依托这些载体,江苏省初步形成以软件外包、动漫创意、工业设计、医药研发、供应链管理、金融后台服务等为特色的服务外包产业集群。

四、浙江服务贸易发展现状

与全文保持逻辑一致的分析思路,我们同样从服务贸易进出口总额、服务业利用外资以及服务外包三个方面,对浙江服务贸易发展的基本情况或者说基本成就进行简要分析。

(一) 服务贸易起步较晚但增长较快

同上海和江苏服务贸易发展一样,作为长三角地区经济较为发达的地区之一的浙江,其服务贸易的发展同样是与中国服务贸易对外开放的大背景分不开的。由于中国服务业对外开放的实质性发展阶段是在2001年中国"入世"之后,或者说履行"入世"时对各类服务业开放的承诺,进而推动了服务贸易的发展。在此背景下,在"入世"之前的2000年,浙江服务贸易进出口总额仅为7.89亿美元,其中,服务出口贸易额仅为4.86亿美元,服务贸易进口额为3.03亿美元,服务贸易顺差1.82亿美元。而到了2014年,浙江服务贸易总额已经攀升至380.90亿美元,期间增长了约48.27倍。其中,服务出口贸易额238.47亿美元,期间增长了约49.09倍;服务贸易进口额为142.43亿美元,期间增长了约46.95倍。表2-14给出了2000~2014年浙江服务贸易进出口贸易额及其增长率变化情况①。

表2-14 2000~2014年浙江服务贸易额及其变动情况

单位:亿美元,%

年份	进出口总额	增长率	出口	增长率	进口	增长率	差额
2000	7.89	—	4.86	—	3.03	—	1.82

---

① 与前文分析的逻辑一致,此处服务贸易额的数据主要是采用国际收支平衡表(BOP)统计方式(其中剔除了政府服务)得来的。由于BOP对服务进出口的统计存在一定的缺陷(不包含"商业存在"提供的服务),所以这将导致服务贸易值在一定程度上被低估。当然,对于商业存在形式的服务贸易,我们将在下文从服务业FDI的角度进行分析。

续表

年份	进出口总额	增长率	出口	增长率	进口	增长率	差额
2001	9.13	15.73	5.82	19.84	3.31	9.13	2.51
2002	14.36	57.27	8.64	48.43	5.72	72.81	2.92
2003	23.91	66.45	14.92	72.61	8.99	57.13	5.93
2004	43.76	83.05	27.34	83.28	16.42	82.67	10.91
2005	73.70	68.42	45.07	64.86	28.63	74.35	16.43
2006	99.75	35.35	61.20	35.81	38.55	34.63	22.66
2007	126.42	26.73	73.62	20.29	52.80	36.97	20.82
2008	220.96	74.79	135.52	84.08	85.45	61.83	50.07
2009	156.08	-29.36	96.38	-28.88	59.70	-30.13	36.68
2010	220.67	41.38	136.84	41.98	83.83	40.42	53.00
2011	238.85	8.24	147.53	7.81	91.32	8.93	56.21
2012	270.38	13.20	166.44	12.82	103.95	13.82	62.49
2013	325.64	20.44	203.45	22.24	122.19	17.55	75.27
2014	380.90	16.97	238.47	17.21	142.43	16.57	88.04

资料来源：浙江省商务厅。

从表 2-14 的统计数据容易看出，在样本期间除了个别年份即 2009 年外，浙江省服务贸易总额、出口额以及进口额三项指标均处于稳定上升阶段。与前文所述上海服务贸易及江苏服务贸易的发展不同，在本轮全球金融危机冲击最为严重的 2009 年，浙江服务贸易发展并未同江苏服务贸易一样表现出"逆势飞扬"的良好态势，而是呈现出较大的回落。但是总体而言，从发展趋势来看，浙江省服务贸易额有快速增长的趋势，显然，这与近年来在全国日益重视服务贸易发展的大趋势下，浙江亦重视服务贸易发展，并开始深化服务领域对外开放和着力发展服务贸易的举措也是息息相关的，同时也说明了在当前全球服务快速发展背景下，浙江省服务贸易所呈现出的良好发展势头。2014 年浙江服务贸易总额为 380.90 亿美元，同比增长 16.97%。另外一个与上海及江苏服务贸易发展更为显著不同的是，在表 2-14 所示的样本期间，浙江服务贸易呈现连年顺差的现象。

此外，从浙江服务贸易占全国比重的角度来看，近年来也有逐步提高之势，尤其是浙江服务出口贸易的发展在全国服务出口贸易中所占比重的提升，具有较为显著的趋势。总体来看，与前述上海及江苏服务贸易发展的趋势较为一致，由于近年来浙江服务贸易发展速度的提高，从而也提升了浙江服务贸易在全国中的占比,尤其是服务出口贸易的发展,以及由此决定的在全国服务贸易发展中的地位。2001年全国服务贸易进出口总额为719亿美元,其中,服务出口贸易为329亿美元,服务贸易进口为390亿美元,同期浙江服务贸易进出口总额、出口额和进口额占全国之比分别为1.27%、1.77%和0.85%。而到2014年,全国服务贸易进出口总额已攀升至6043.4亿美元,其中,服务出口贸易上升至2222.1亿美元,服务贸易进口上升至3821.3亿美元,而同期浙江服务贸易进出口总额、出口额和进口额占全国之比则分别上升到6.30%、10.73%以及3.73%。由此可见浙江服务贸易在全国服务贸易发展中的地位不断上升。表2-15给出了2001~2014年全国服务贸易进出口情况及浙江的占比。

表2-15 2001~2014年浙江服务贸易占全国比重

单位:亿美元,%

年份	全国进出口总额	浙江占比	全国出口总额	浙江占比	全国进口总额	浙江占比
2001	719	1.27	329	1.77	390	0.85
2002	855	1.68	394	2.19	461	1.24
2003	1013	2.36	464	3.22	549	1.64
2004	1337	3.27	621	4.40	716	2.29
2005	1571	4.69	739	6.10	832	3.44
2006	1917	5.20	914	6.70	1003	3.84
2007	2509	5.04	1217	6.05	1293	4.08
2008	3045	7.26	1464	9.26	1580	5.41
2009	2867	5.44	1286	7.49	1581	3.78
2010	3624	6.09	1702	8.04	1922	4.36
2011	4191	5.70	1821	8.10	2370	3.85
2012	4706	5.75	1904	8.74	2801	3.71
2013	5396.4	6.03	2105.9	9.66	3290.5	3.71
2014	6043.4	6.30	2222.1	10.73	3821.3	3.73

资料来源:根据商务部和浙江省商务厅提供的数据计算整理而得。

从表2-15的统计数据来看,自中国加入WTO以来,浙江服务贸易无论是进出口总额,还是出口额,抑或是进口额,在全国服务贸易发展中所占比重都呈现稳步提高的态势,这一点与前述上海和江苏服务贸易的发展状况极为相似。这说明在长三角的上海和江苏服务贸易迅速发展的同时,作为长三角另一重要地区的浙江,其服务贸易也在快速发展,而且与全国平均增速相比更高,从而带来在全国中的占比不断提高的现象和结果。虽然在本轮全球金融危机冲击较为严重的

2009年,从表2-14的统计结果可以清晰地看到,浙江服务贸易发展"受挫"而出现下滑,尤其是服务出口贸易,但危机后的近几年,浙江服务贸易在全国的占比仍然以较快速度上升,从而体现出浙江服务贸易发展的良好趋势,以及作为全国开放型经济大省在服务贸易方面的逐步体现。

(二)服务业利用外资呈现的新趋势

如前文所述,服务业利用外资也是服务贸易发展的重要标志之一。近年来,上海和江苏等在不断调整利用外资政策,尤其是日益注重外资利用的结构调整和利用质量的提升,浙江利用外资政策同样也更加注重产业结构优化升级等现实需要而不断调整,而利用外资结构也呈现了新变化,这突出表现为流向服务业的外资总额不断增加。例如,2004年流入浙江服务业领域的实际利用外资总额为8.97亿美元,占当期浙江省利用外资总额97.46亿美元的比重约为9.21%。而2014年流入浙江服务业领域的实际利用外资总额已上升至98.35亿美元,其间增长约9.96倍,年均增长率为27.05%,占当期浙江省利用外资总额158.12亿美元的比重上升为62.20%。表2-16给出了2004~2014年浙江服务业利用外资及其占浙江利用外资总额之比的变动情况。

表2-16 浙江服务业利用外资情况(2004~2014年)

单位:亿美元,%

年份	FDI总额	增长率	服务业FDI	增长率	占比
2004	97.46	—	8.97	—	9.21
2005	139.38	43.01	21.36	138.01	15.32
2006	88.89	-36.22	19.61	-8.20	22.06
2007	103.66	16.61	29.84	52.20	28.79
2008	100.73	-2.82	30.55	2.37	30.33
2009	99.40	-1.32	34.03	11.40	34.24
2010	110.02	10.68	41.45	21.78	37.67
2011	110.02	0.00	54.00	30.28	49.08
2012	130.69	18.79	64.64	19.72	49.46
2013	141.59	8.34	78.77	21.86	55.63
2014	158.12	11.68	98.35	24.86	62.20

资料来源:根据历年《浙江统计年鉴》统计数据整理而得。

从表2-16的统计数据不难看出,浙江服务业利用外资在总量呈现不断上升的同时,其在利用外资总额中所占比重也不断提升。而从利用外资的增长率角度来看,与前文所述上海利用外资和江苏利用外资情况不同,2004~2014年浙江利用外资的增长情况并不如前者高,而且在表2-16所示的样本期间部分年份中,还呈现出明显的负增长。但总体而言,浙江省在样本期间内利用外资,无论是从利用外资总额来看,还是从利用外资的服务业领域流入情况来看,基本上还是呈现增长趋势的。并且从表2-16的统计结果来看,服务业领域利用外资的增长率基本是以高于利用外资总额增长率的速度在增加的。而这一点倒是与前文所述上海服务业利用外资发展趋势是较为一致的。服务业利用外资额的增加及其增长率显著高于利用外资总额增长率,如同上海和江苏一样,一方面表明浙江省利用外资结构的不断优化,另一方面也说明浙江省服务业对外资开放度的不断扩大,其对外资吸引力不断增强。尤其值得一提的是,在表2-16所示的样本期间,2013年浙江省服务业利用外资增长幅度为21.86%,并且占全省利用外资总额比重首次超过了50%,达到了55.63%,而2014年浙江省服务业利用外资增长幅度为24.86%,服务业利用外资所占全省利用外资总额比重更是超过了60%,达到了62.20%的"优良成绩"。

此外,从浙江服务业利用外资占全国的比重来看,与前文所述上海利用外资和江苏利用外资也不尽相同。相对而言,由于浙江利用外资总额以及服务业利用外资总量规模较前者较小,所以在全国中所占比重相对较低;另外,由于这种利用外资总额及服务业领域利用外资总额的增长率并不明显,所以服务业利用外资在全国中的比重,或者说地位变化也不是很显著。当然,如表2-16所示,由于近两年来浙江服务业领域利用外资出现了较高的增长率,从而使得其在全国中的占比也略有提升,地位有所变化。总体来看,由于近年来浙江服务业利用外资规模的不断提高,前期增速不明显而近年增速明显上升,从而提升了浙江服务业利用外资额在全国中的占比,以及由此决定的在全国服务利用外资方面的地位。2004年浙江省服务业利用外资流量额为8.97亿美元,占同期全国服务业利用外资流量额166.48亿美元的比重仅为5.39%。2014年浙江服务业利用外资流量额为98.35亿美元,占同期全国服务业利用外资流量额662.36亿美元的比重上升至14.85%。表2-17给出了2004~2014年浙江服务业利用外资占全国服务业利用外资流量额比重的变化情况。

表2-17 浙江服务业利用外资占全国比重(2004~2014年)

单位:亿美元,%

年份	全国服务业FDI	增长率	浙江服务业FDI	增长率	浙江占比
2004	166.48	3.56	8.97	—	5.39
2005	167.94	0.88	21.36	138.01	12.72

续表

年份	全国服务业 FDI	增长率	浙江服务业 FDI	增长率	浙江占比
2006	218.76	30.26	19.61	-8.20	8.96
2007	324.89	48.51	29.84	52.20	9.18
2008	407.36	25.39	30.55	2.37	7.50
2009	413.31	1.46	34.03	11.40	8.23
2010	535.48	29.56	41.45	21.78	7.74
2011	612.88	14.45	54.00	30.28	8.81
2012	600.16	-2.07	64.64	19.72	10.77
2013	614.51	2.39	78.77	21.86	12.82
2014	662.36	7.79	98.35	24.86	14.85

资料来源：根据历年《浙江统计年鉴》和《中国统计年鉴》统计数据整理而得。

从表 2-17 的统计数据容易发现，浙江服务业利用外资流量额，占全国服务业利用外资流量额的比重，在样本区间年度的前半部分并没有一个显著的变化趋势，但在后半部分尤其是最近两年大体呈现一个明显上升的发展态势。这一点与前文分析上海和江苏服务业利用外资的变化趋势，既有一致的地方也有不一致的地方。只不过与上海和江苏相比，浙江服务业利用外资发展要稍稍滞后。从增长率的角度来看，大体而言，近年来浙江服务业利用外资流量额的平均增长率要略高于全国服务业利用外资流量的平均增长率，尤其是最近两年。当然，也正是由于这一增长率的差异，导致了浙江服务业利用外资流量额占全国比重，在前期的小幅上升之后，最近两年呈现明显的提高之势。总之，就服务业利用外资这一方面而言，无论从占比来看还是从增速角度来看，虽然与上海和江苏相比略显滞后，但与全国平均水平相比及从总体发展趋势来看，浙江省服务业利用外资确实呈现出较好的发展趋势。因此，服务业利用外资作为服务贸易发展的重要标志之一，从这一角度来看，浙江服务贸易正在表现出一个良好的发展态势。

（三）服务外包蓬勃发展

最新的统计数据显示，2014 年 1～9 月，浙江省完成离岸合同执行金额 36.60 亿美元，同比增长 24.00%。截至 2014 年 9 月底，进入商务部服务外包业务管理和统计系统注册登记的浙江省企业有 3572 家（2014 年 1～9 月增加了 305 家）。

从业务类型分类情况看，浙江服务外包中的信息技术外包（ITO）合同接包执行金额为 21.87 亿美元，占总执行金额的 59.74%；业务流程外包（BPO）合同接包执行金额占 6.51%；知识流程外包（KPO）合同接包执行金额占 31.75%；其他类占 2.00%。

从产业结构分类情况来看，在 2014 年 1~9 月离岸服务外包合同中，嵌入式软件外包合同接包执行金额为 12.04 亿美元，占总执行金额的 32.90%，金融外包合同接包执行金额为 9.82 亿美元，占总执行金额的 26.84%，而研发设计外包合同接包执行金额占总执行金额的 22.39%，文化动漫外包合同接包执行金额占总执行金额的 6.13%，物流外包合同接包执行金额占总执行金额的 6.51%，生物医药外包合同接包执行金额占总执行金额的 3.22%。

从市场分布情况看，来自美国的服务外包合同执行额为 11.33 亿美元，占全省的 30.96%；来自日本的合同执行额为 5.16 亿美元，占全省的 14.10%；来自中国香港的合同执行额达 3.42 亿美元，占全省离岸执行额的 9.33%；来自芬兰的合同执行额为 1.06 亿美元，占全省的 2.91%；第五至第八位分别为：英国、德国、韩国、俄罗斯。

从主体结构来看，有离岸服务外包业务执行的企业总数为 752 家。离岸执行额在 500 万美元以上的服务外包企业 132 家，离岸执行额共 30.05 亿美元，占全省离岸服务外包合同执行额的 82.08%。离岸执行额 1000 万美元以上的服务外包企业有 68 家，离岸执行额 25.54 亿美元，占全省总额的 69.76%。

从各市执行额排名来看，杭州、宁波、舟山、绍兴、金华分列浙江省前五位，离岸合同执行额分别为 28.98 亿美元、3.59 亿美元、0.91 亿美元、0.75 亿美元、0.74 亿美元。杭州市完成额占全省的 79.16%。

作为新兴产业，浙江省的服务外包正呈现蓬勃发展的势头，突出表现为各种服务外包示范园区的快速发展。比如，浙大网新软件园、东忠科技园、杭州东部软件园、宁波市软件与服务外包产业园、浙江工贸国际服务外包产业园、湖州南太湖国际服务外包产业园等。"浙大网新软件园"是由浙大网新科技股份有限公司自建的，园区是以信息技术软件外包业务为主的软件开发基地，是服务于外包业务的人才培训基地，并建有外包产业相关的公共服务平台。园区总占地面积 16 万平方米，总建筑面积 46 万平方米，容积率 2.88%，绿化率 35%。东忠科技园于 2008 年 3 月 20 日正式开园，园区位于杭州市钱塘江南岸的滨江区，园区用地面积为 25334 平方米，总建筑面积 53492 平方米，能容纳 5000 余人的开发团队，是杭州东忠科技有限公司建设运营的对日服务外包产业专业园区，且已获得浙江省、杭州市首批国际服务外包示范园区的荣誉称号。科技园的目标是打造成浙江省对日软件外包的集聚地，成为华东地区最大的对日软件外包示范园区。杭州东部软件园位于中国东部经济最为发达的长江三角洲区域城市——杭州。杭州风景优美、人杰地灵、文化深厚、经济发达，尤其信息产业位居中国前列，具有"天堂硅谷"的美誉。杭州东部软件园地处杭州市中心、文教区与杭州国家级高新技术产业开发区江北区东部，文三路信息一条街的首位，是杭州市天堂硅谷重要的组成部分,以及信息港的形象和窗口;园区周围汇集了大量的高等院校、科研院所和一批实力雄厚的高科技企业。随着经济全球化的深入发展和IT技术的广泛应用,服务的"可贸易性"提高,宁波市软件与服务外包产业园应运而生。自2007年年底开园以来,经过3年发展已初具规模并为今后规模化发展打下了坚实的基础。2009年,软件园企业总量达到200家,产值20.65亿元。截至2010年年底,企业总量已达到300余家,产值达到37.1亿元。全年产值超过1000万元的企业51家,其中1000万~2000万元的19家、2000万~1亿元的26家,1亿元以上的6家。浙江工贸国际服务外包产业园是2009年经浙江省商务厅认定的省级国际服务外包示范园,位于浙江温州城市中心区府东路——全国优秀高职院校浙江工贸职业技术学院内,毗邻温州杨府山商务区。一期总投资1.5亿元,建筑面积为2.817万平方米。园区以浙江工贸职业技术学院温州知识产权服务园、浙江创意园等为基础,注入"政产学研市"要素,整合人才、技术、文化等优势资源,初步形成了以知识产权、人力资源、动漫等相关产业为特色的区域服务外包产业基地。湖州南太湖国际服务外包产业园是2009年经浙江省商务厅批准设立的首批省级国际服务外包示范园区之一,位于南太湖之滨——湖州市中心城区西侧、浙江省国家级湖州经济技术开发区内,规划面积66平方公里。自园区成立以来,一直把发展服务外包产业作为经济增长的新引擎、转型升级的着力点、发展战略性新兴产业的突破口来抓,以各级政策为引导,以企业培育为重点,以平台建设为依托,全力推进服务外包产业的集聚、快速发展。

第三节 长三角服务业出口的国际分工地位现状

综上分析可见,长三角地区服务贸易发展虽然起步较晚,但发展速度较快。前述各种基本发展成就的取得显然是在服务业"全球化"和"碎片化"的大背景、大趋势下实现的。因此,进一步认识长三角服务贸易发展问题,还需要从全球角度对其进行简要分析,或者说,开放条件下长三角服务业出口究竟在国际分工中处于怎样的地位?对这一问题的认知,在服务贸易日益成为全球贸易发展重要一极以及日益成为衡量各国和地区参与国际竞争能力的重要指标条件下,显然具有极为重要的意义。对此,有必要对长三角服务出口的国际竞争力进行定量考察,以初步明晰其在国际分工中的现实地位。

一、基于国际市场占有率的观察

国际市场占有率通常是测度一个国家和地区某一产业国际竞争力的常用指

标。所谓国际市场占有率（International Market Share），通常也称为出口市场占有率（Export Market Share），主要是指一国的出口总额占世界出口总额的比重，可反映出一国某产业或产品的国际竞争力或竞争地位的变化，而比例提高说明了该国该产业或该产品的出口竞争力增强。国际市场占有率之所以能够成为测度一个国家或地区某个产业国际竞争能力的指标之一，其合理之处在于，通常而言，一个产业的国际竞争力大小最终将表现在该产业的产品在国际市场上的占有率，这是因为在自由、良好的市场条件下，本国市场和国际市场一样都是对各国开放的。一种产品在国际市场的占有率，反映该产品所处产业的国际竞争力大小。国际市场占有率（记为 EMS）的测度公式为：国际市场占有率＝一国（地区）出口总额÷世界出口总额。显然，EMS 的测度值越高，就表示该产品（或服务）所处的产业所具有的国际竞争力越强，反之则越弱。表 2-18 计算了 2000~2014 年长三角地区服务贸易发展的国际市场占有率指数（EMS 指数值）。

表 2-18　2000~2014 年长三角服务出口国际市场占有率变化情况

单位：亿美元，%

年份	全球服务出口额	长三角服务出口额	长三角国际市场占有率
2000	15219.8	42.95	0.282
2001	15251.1	54.57	0.358
2002	16340.7	68.98	0.422
2003	18965.9	97.04	0.512
2004	23023.5	155.63	0.676
2005	25732.2	219.15	0.852
2006	29087.1	272.29	0.936
2007	34902.4	307.45	0.881
2008	39162.3	434.83	1.110
2009	35555.8	425.72	1.197
2010	38962.6	636.09	1.633
2011	43728.9	783.8	1.792
2012	44738.1	912.24	2.039
2013	47201.8	1131.15	2.396
2014	49665.5	1350.07	2.718

资料来源：根据联合国贸发会议统计数据库（UNCTAD Statistics）统计数据，以及历年《江苏服务贸易发展研究报告》《浙江省国际服务贸易发展报告》和《上海服务贸易发展报告》的统计数据整理计算而得。

服务贸易发展与长三角国际分工地位变迁研究

从表2-18计算的2000~2014年长三角地区服务贸易发展的国际市场占有率指数（EMS指数值）来看，在样本期间内，长三角服务出口在国际市场上的占有率呈现不断上升的趋势。2000年长三角地区服务出口贸易额仅为42.95亿美元，占同期全球服务出口总额15219.8亿美元的比重仅为0.282%。而到了2014年，长三角地区服务出口贸易额上升至1350.07亿美元，占同期全球服务出口总额49665.5亿美元的比重也随之上升为2.718%。因此，从出口规模变化的角度看，长三角服务贸易国际竞争力呈现不断上升的发展趋势。然而，服务出口规模的扩张尤其是国际市场占有率的提高，虽然能够在一定程度上说明服务出口竞争力的提升，但是这种只考虑"单向"贸易流量的测度方法显然存在很大的不足，尤其是在没有考虑服务进口变化的情况下，无法真实地反映服务贸易国际竞争力的真正变化情况。因此，除了采用国际市场占有率指数这一测度方法外，还有必要采用其他测度贸易竞争力的方法，对长三角地区服务贸易国际竞争力情况进行进一步分析，以更为准确和客观地反映长三角地区服务贸易的真实国际分工地位。

二、基于贸易竞争力指数的观察

除了国际市场占有率指数外，贸易竞争力（Trade Competitiveness，TC）指数，也是分析贸易国际竞争力时比较常用的测度指标之一，主要是指一国进出口贸易的差额占进出口贸易总额的比重，具体的测度公式为：TC指数 =（出口额 - 进口额）÷（出口额 + 进口额）。由于该指标采用的是一个与贸易总额的相对值，因而具有剔除经济膨胀、通货膨胀等宏观因素方面波动影响的优良特性，换言之，无论进出口的绝对量是多少，根据上述测度公式计算出来的TC指数值均在 -1~1。其值越小表明贸易竞争力越弱，其值越大表明贸易竞争力越强。如果TC指数值越接近于0，表示贸易竞争力越接近于平均水平；如果TC指数值为 -1，表示一国或地区的该产业只进口不出口，从而意味着该产业的竞争力十分薄弱；如果TC指数值为1，则表示该产业只出口不进口，从而意味着该产业的竞争力十分强大。表2-19计算了2000~2014年长三角地区服务贸易发展的贸易竞争力指数（TC指数值）。

表2-19　2000~2014年长三角服务贸易发展的TC指数

单位：亿美元

年份	进出口总额	出口总额	进口总额	顺差额	TC指数
2000	96.41	42.95	53.46	-10.51	-0.1090
2001	118.92	54.57	64.35	-9.78	-0.0822
2002	150.35	68.98	81.37	-12.39	-0.0824

续表

年份	进出口总额	出口总额	进口总额	顺差额	TC 指数
2003	206.85	97.04	109.81	-12.77	-0.0617
2004	319.86	155.63	164.24	-8.61	-0.0269
2005	444.52	219.15	225.38	-6.23	-0.0140
2006	562.32	272.29	290.03	-17.75	-0.0316
2007	761.14	307.45	453.69	-146.24	-0.1921
2008	1061.70	434.83	626.87	-192.04	-0.1809
2009	1045.91	425.72	620.19	-194.47	-0.1859
2010	1496.49	636.09	860.39	-224.30	-0.1499
2011	1862.83	783.80	1079.03	-295.23	-0.1585
2012	2302.38	912.24	1390.05	-477.81	-0.2075
2013	2761.14	1131.15	1629.89	-498.74	-0.1806
2014	3219.80	1350.07	1869.73	-519.66	-0.1614

资料来源：根据历年《江苏服务贸易发展研究报告》《浙江省国际服务贸易发展报告》及《上海服务贸易发展报告》的统计数据整理而得。

从表 2-19 的计算结果来看，长三角地区服务贸易的 TC 指数在样本区间内一直小于 0，表明长三角地区服务贸易虽然呈现规模不断扩张之势，但规模的扩张并未逻辑地带动服务贸易国际竞争力的相应提升。从变化趋势来看，在表 2-19 所示的样本期间内，长三角地区服务贸易国际竞争力的变化也没有呈现出较为显著的变化趋势，其中，部分年份的 TC 指数有不断变小的发展趋势，而部分年份则有不断增大的变化趋势，总体上处于一种波动的状态。这种波动状态也在一定程度上表明长三角地区服务贸易国际竞争力并未呈现显著变化，或者说还不具备显著改善的基本条件。但是从 2012 年、2013 年和 2014 年近 3 年的变化趋势来看，TC 指数虽然小于 0，但正在不断变大并趋于零，这在一定程度上或许意味着长三角地区服务贸易的国际竞争力有所变化，国际分工地位呈不断改善和提高的发展趋势。

三、基于显示性比较优势指数的观察

美国经济学家巴拉萨（Balassa）于 1965 年提出了显示性比较优势指数（Revealed Comparative Advantage Index，RCA 指数），用于定量地描述一个国家内各个产业（产品组）相对出口的表现。所谓显示性比较优势指数是指一个国家（地区）某种商品出口额占其出口总值的份额与世界出口总额中该类商品出口额

所占份额的比率，用公式表示即为：$RCA_i = \dfrac{X_i}{Y_i} \Big/ \dfrac{\sum_{i=1}^{n} X_i}{\sum_{i=1}^{n} Y_i}$。其中，$X_i$ 表示一国（地区）某产业的出口额，Y_i 表示全球某产业的出口总额；$\sum_{i=1}^{n} X_i$ 表示一国（地区）所有产业的出口总额，$\sum_{i=1}^{n} Y_i$ 表示全球所有产业的出口总额。显然，RCA 指数是衡量一国（地区）产品或产业在国际市场竞争力最具说服力的指标，也可以反映一个国家（地区）的服务在世界服务中的竞争地位。显然，RCA 值接近 1 表示中性的相对比较利益，无所谓相对优势或劣势可言，即该国（地区）该产业出口的显示性比较优势处于中等水平；RCA 值大于 1，表示该国（地区）该产业出口的显示性比较优势处于上游水平，或者说该国（地区）在该产业上相较于全球平均水平而言更具有出口竞争优势，也就是说相较于全球其他国家和地区而言，该产业在国际市场上具有比较优势，且具有一定的国际竞争力；RCA 值小于 1，则表示该国（地区）该产业出口的显示性比较优势低于平均水平，也就是说，相较于全球其他国家和地区而言，该国（地区）该产业在国际市场上不具有比较优势。如果 RCA > 2.5，则表明该国（地区）该产业服务具有极强的竞争力；如果 1.25≤RCA≤2.5，则表明该国（地区）该产业具有较强的国际竞争力；如果 0.8≤RCA≤1.25，则表明该国（地区）该产业具有中度的国际竞争力；如果 RCA < 0.8，则表明该国（地区）该产业竞争力弱。根据测算，2000~2014 年长三角服务出口的显示性比较优势指数如表 2-20 所示。

表 2-20　2000~2014 年长三角服务贸易发展的 RCA 指数

单位：亿美元，%

年份	长三角货物出口总额	长三角服务出口总额	长三角服务出口占比	全球货物出口额	全球服务出口额	全球服务出口占比	长三角服务出口 RCA
2000	705.67	42.95	5.74	64523.18	15219.81	19.09	0.3006
2001	799.98	54.57	6.39	61950.68	15251.12	19.75	0.3233
2002	1004.95	68.98	6.42	64997.86	16340.74	20.09	0.3197
2003	1496.88	97.04	6.09	75899.83	18965.92	19.99	0.3045
2004	2197.71	155.63	6.61	92237.68	23023.55	19.98	0.3311
2005	2921.57	219.15	6.98	105024.88	25732.23	19.68	0.3546
2006	3774.58	272.29	6.73	121277.71	29087.36	19.34	0.3478
2007	4799.75	307.45	6.02	140207.75	34902.41	19.93	0.3020

续表

年份	长三角货物出口总额	长三角服务出口总额	长三角服务出口占比	全球货物出口额	全球服务出口额	全球服务出口占比	长三角服务出口RCA
2008	5688.36	434.83	7.10	161488.64	39162.36	19.52	0.3638
2009	4823.19	425.72	8.11	125557.78	35555.81	22.07	0.3675
2010	6427.07	636.09	9.01	153021.38	38962.63	20.29	0.4437
2011	7506.15	783.8	9.45	183389.67	43728.92	19.25	0.4911
2012	7655.73	912.24	10.65	184967.27	44738.13	19.48	0.5467
2013	7818.47	1131.15	12.64	189548.44	47201.85	19.94	0.6339
2014	8715.71	1350.07	13.41	190037.32	49665.52	20.72	0.6473

资料来源：根据联合国贸发会议统计数据库（UNCTAD Statistics）统计数据，以及历年《江苏服务贸易发展研究报告》《浙江省国际服务贸易发展报告》和《上海服务贸易发展报告》的统计数据整理计算而得。

从表2－20的测算结果来看，基本上可以得出如下两个方面的重要结论：第一，就表2－20所示的样本期间，长三角地区服务出口的显示性比较优势指数（RCA）一直小于1，表明长三角地区的服务出口显示性比较优势水平低于平均水平，换言之，相较于全球其他国家和地区而言，长三角地区的服务出口在国际市场上不具有比较优势。实际上，长三角地区服务出口的显示性比较优势指数在表2－20所示的样本期间内不仅小于1，而且RCA＜0.8，则说明长三角地区的服务业国际竞争力还处于较弱的层次。第二，从时间演变的趋势看，虽然长三角地区服务出口的显示性比较优势指数（RCA）一直小于1，但是有稳步增大的发展趋势，2000年其RCA指数仅为0.3006，但到了2014年其RCA指数已经上升至0.6473，正在向中度国际竞争力的0.8临界值迈进，从而表明了长三角地区服务出口的良好发展趋势，即长三角地区服务业正朝着具有中度国际竞争力的方向发展。总而言之，长三角地区服务出口的显示性比较优势指数较低，但总体呈现较为乐观的发展趋势，或者说，服务业发展正从较弱竞争力向中度国际竞争力方向演进。

四、基于出口技术复杂度的观察

如果说前文分析还主要是从"量"的角度来考察长三角地区服务出口的国际竞争力，或者说国际分工地位情况的话，那么我们还可以从"质"的角度来进一步分析长三角地区服务出口的国际分工地位。如何测度服务出口技术复杂度？针对服务出口技术复杂度的测算问题，基于数据的可得性及其可操作性考虑，目前国内外学术界主要还是借鉴 Hausmann 等（2005）[①] 提出的有关制成品出口技术复杂度测度方法（戴翔，2011[②]；张雨，2012[③]；程大中，2013[④]）。具体而言，服务出口技术复杂度的测算可分两步进行。首先测度服务出口中某一分项的复杂度指数（记为 TSI），具体的测算公式如下：

$$TSI_k = \sum_j \left[\frac{x_{jk}/X_j}{\sum_j (x_{jk}/X_j)} Y_j \right] \qquad (2-1)$$

其中，下标 k 表示分项服务，下标 j 表示国家，TSI_k 即为某一分项服务 k 的技术复杂度指数，x_{jk} 则表示国家 j 在分项服务 k 上的出口额，X_j 则表示国家 j 服务出口总额，Y_j 则表示国家 j 经济发展水平（以人均收入水平表示）。显然，上述测度某一分项服务 k 的技术复杂度指数，其实质是以各国在服务分项 k 上的显示性比较优势指数为权重，进而计算的各服务出口国的人均收入水平的加权平均。使用上述计算方法来测度服务分项 k 的技术复杂度指数，其内在逻辑就是比较优势的分工原理。国际经济理论中的经典比较优势认为，开放经济条件下一国生产和提供何种产品或服务，取决于该产品或服务生产和提供的比较成本，而通常而言，低工资的国家在低技术复杂度的产品和服务方面具有比较成本优势，而高工资的国家则在高技术复杂度的产品和服务上具有比较成本优势，因此，按照比较优势的分工法则，低工资的国家将专业化生产和提供低技术复杂度的商品和服务，而高工资国家则将专业化生产高技术复杂度的商品和服务。而工资水平一般与一国经济发展程度或者说人均 GDP 水平密切相关，因此不难理解，技术复杂度越高的分项服务，工资水平越高的国家其显示性比较优势指数也就越高，那么以此为权重计算出来的分项服务的技术复杂度指数也就相对较高；与此相对应，技术复杂度越低的分项服务，工资水平越低的国家其显示性比较优势指数就越高，那么以此为权重计算出来的分项服务的技术复杂度指数也就相对较低，这就是式（2-1）依据比较优势原理内在逻辑的合理之处。

依据式（2-1）计算出分项服务 k 的技术复杂度指数后，接下来再通过式（2-2）计算一国总体层面上或产业层面上的服务出口技术复杂度（Export Sophistication）指数：

$$ES_j = \sum_k \frac{x_{jk}}{X_j} TSI_k \qquad (2-2)$$

---

① Hausmann R., Huang Y. and Rodrik D. What You Export Matters [R]. NBER Working Paper, 2005 (11905).
② 戴翔. 中国服务出口贸易技术复杂度变迁及国际比较 [J]. 中国软科学, 2011 (2).
③ 张雨. 我国服务出口贸易技术含量升级的影响因素研究 [J]. 国际贸易问题, 2012 (11).
④ 程大中. 中国服务出口复杂度的国际比较分析——兼对"服务贸易差额悖论"的解释 [J]. 经济研究工作论文, 2013 (456).

其中，ES_j 即表示国家 j 的服务出口技术复杂度指数。x_{jk} 表示国家 j 分项服务 k 的出口贸易额，X_j 即表示国家 j 的服务出口总额，TSI_k 即表示分项服务 k 的技术复杂度指数。依据上述方法，在数据可得性的情况下，可以测算任何国家在任何年度的总体上或产业层面上的服务出口技术复杂度指数。在此需要特别指出的是，在以往有关制成品出口技术复杂度的测算中，通常采用静态法来度量某一商品的技术复杂度指数。而所谓的静态方法是指在计算最终出口技术复杂度指数 ES 值时，采用的是一个不变的 TSI 值，即使用某一固定年份的 TSI 值或者采用样本区间内 TSI 平均值（采用这一常数值的做法即为静态法），而使用这一方法的学者给出的理由是，由于 TSI 值反映的是某一分类产品的技术复杂度，因此在不同的年份同一产品的 TSI 值应该是不变的，即同一产品的技术内涵应该是一致的。显然，静态法测算的出口技术复杂度指数 ES，其值主要取决于各种具有不同 TSI 值的分类产品出口额在一国总出口中的比重，换言之，一国出口技术复杂度的变化主要取决于出口产品类别的转变。静态方法虽然有一定的合理之处，但也存在以下两个方面的重要问题：一是即便是同一产品，只要发生了技术进步，那么在不同年份具有不同的技术内涵是完全正常的，此时采用静态方法显然不合时宜。二是在全球价值链不断分解和拓展之下，基于商品类别统计数据的细化程度，远远达不到实际分工的细化程度，或者说，某一分类商品的统计数据实际上包含着这一类别下的很多"亚类别"产品。那么从这一意义上来说，由于"亚类别"产品间所具有的不同技术内涵，其结构变化同样会对相对宏观层面的某一产品技术复杂度产生影响。尤其是当前服务贸易的统计数据，统计层面上的宏观分类显然还远远滞后于服务价值链的细化程度，因而相对宏观的统计数据显然难以真实反映一国在某一服务部门下的"亚结构"演进。如前文所述，在服务"碎片化"的趋势下，传统部门也有高端部分，新型部门也有低端环节，而不同服务部门下的"亚结构"演进及其转变，显然会改变统计意义上的技术复杂度指数。基于上述两个方面的考虑，我们采用动态方法而非静态方法来测度服务出口技术复杂度指数。所谓动态方法，就是在计算服务出口技术复杂度指数时采用的 TSI 值，是根据各年度测算出来的实际值进行计算，而不是采用某一固定年份的值或样本区间的均值作为替代。显然，动态测度方法下的 TSI 值，其变化既涵盖了可能来自于技术进步的影响，也涵盖了某一类别服务贸易项下的"亚结构"演进所带来的影响。与静态测算法相比，采用动态测算法，一国服务出口技术复杂度指数的变化可能缘于两个方面：一是在相对宏观层面上服务出口结构在不同类别的分项服务间的转变；二是每一分项服务自身技术复杂度指数 TSI 值的变化（体现的是技术进步以及"宏观"分类层面下所内含的"亚结构"转变）。

需要特别说明的是，由于测算服务出口技术复杂度需要利用到各服务分项的细分层面统计数据，而对于大部分年份而言，长三角地区层面的细分统计数据并不可得，只有全国层面的细分统计数据可得。考虑到长三角地区服务贸易在全国中的比重及其地位，我们就以测算出的全国结果作为长三角服务出口技术复杂度的替代变量。利用相关统计数据，我们测算了2000~2014年长三角地区与部分发达国家的服务出口技术复杂度情况（见表2-21）。

表2-21 长三角及部分发达国家服务出口技术复杂度指数（2000~2014年）

年份	长三角	美国	英国	日本	德国	荷兰	西班牙
2000	25717	28102	26050	25841	25719	25857	25960
2001	25344	27794	25836	25657	25744	25607	25908
2002	23702	25905	24364	23946	24126	24592	24209
2003	24176	26590	24811	24398	24628	24910	24845
2004	25275	27862	25953	25684	25785	26133	26107
2005	29037	32104	29606	29638	29816	29814	30331
2006	33018	36972	34060	34266	33911	34379	34252
2007	36458	40857	37755	38162	37476	38367	37756
2008	36938	41468	38336	38587	37993	38734	38653
2009	40757	45923	42310	42472	41954	42588	47484
2010	45279	51082	47228	47551	48099	47820	47650
2011	49380	59389	54841	54726	52525	52338	51889
2012	53481	64624	59640	59371	58145	57094	62532
2013	57585	70047	64542	64416	62770	61255	67413
2014	61629	75410	69344	69161	67295	65316	72194

资料来源：作者计算。

单纯从长三角地区服务出口技术复杂度变化的角度来看，表2-21的测算结果表明的确呈现不断上升的趋势。这一结果在某种程度上可以说明，在服务业"全球化"和"碎片化"深入演进的大趋势下，长三角地区服务贸易发展不仅实现了规模扩张，同时也实现了服务出口技术复杂度上的绝对上升。然而，将长三角地区与表2-21中所列的发达国家服务出口技术复杂度相比，可以得出以下两点基本结论：一是其他发达国家的服务出口技术复杂度，从时间演进趋势来看，如同长三角地区一样，也呈现出稳步上升的一致性变化趋势，当然，这种变化趋势可能正如前文分析所指出的，即不仅来自于服务出口结构的优化，同时还可能内含着技术进步以及"亚结构"变化所带来的影响。二是与发达国家相比，长三角地区服务出口技术复杂度在任一年份均要低于同期发达国家的服务出口技术复杂度。这种差异性说明从"质"的角度或者说从技术内涵的角度来看,长三角地区服务贸易发展在全球分工中所处地位还比较低,或者说,长三角地区在全球服务业中的分工还处于低端[①]。

当然,从全球产业结构演进的现实阶段及各国比较优势的现实格局来看,发达国家在服务经济领域中仍然占据高端,而诸如长三角地区等发展中经济体则处于中低端,这是一个不争的事实,因而出现表 2 - 21 中的结果也在我们的预料之中。而我们更为关心的是,在长三角地区以及发达国家服务出口技术复杂度均呈不断提升的一致性发展趋势下,我们与发达国家的距离是缩小了还是拉大了?为此,我们采用服务出口相对复杂度指数,来考察长三角地区服务出口技术复杂度相对于发达国家而言的真实变化情况。而所谓相对复杂度指数,即为长三角地区服务出口技术复杂度与同期发达国家服务出口技术复杂度指数之比,如果该比值随着时间的演进而不断变大,则说明长三角地区服务出口技术复杂度正在不断"接近"发达国家,反之,则说明与发达国家的距离越来越大,其所得测算结果如表 2 - 22 所示。

表 2 - 22 2000 ~ 2014 年长三角服务出口相对复杂度指数

年份	长三角/美国	长三角/英国	长三角/日本	长三角/德国	长三角/荷兰	长三角/西班牙
2000	0.915131	0.987217	0.995201	0.999922	0.994586	0.990639
2001	0.911851	0.980957	0.987801	0.984462	0.989729	0.978231
2002	0.914959	0.972829	0.989810	0.982426	0.963809	0.979057
2003	0.909214	0.974407	0.990901	0.981647	0.970534	0.973073
2004	0.907150	0.973876	0.984076	0.980221	0.967168	0.968131
2005	0.904467	0.980781	0.979722	0.973873	0.973938	0.957337
2006	0.893054	0.969407	0.963579	0.973666	0.960412	0.963973
2007	0.892332	0.965647	0.955348	0.972836	0.950244	0.965621
2008	0.890759	0.963533	0.957265	0.972232	0.953632	0.955631
2009	0.887507	0.963295	0.959620	0.971469	0.957007	0.858331
2010	0.886398	0.958732	0.952220	0.941371	0.946863	0.950241

---

① 实际上,我们的测算结果表明,我国服务出口技术复杂度在所有样本国家中的排名在 20 名之外,这显然与我国作为全球第三大服务贸易国的地位是极不相称的,这也在一定程度上说明,我国服务出口贸易的快速发展更多地依赖于"量"的扩张,而非"质"的提升。

续表

年份	长三角/美国	长三角/英国	长三角/日本	长三角/德国	长三角/荷兰	长三角/西班牙
2011	0.831467	0.900421	0.902313	0.940124	0.943483	0.951647
2012	0.827572	0.896730	0.900793	0.919787	0.936718	0.855258
2013	0.822091	0.892210	0.893955	0.917397	0.940087	0.854212
2014	0.817398	0.888327	0.888110	0.915335	0.943026	0.853307

资料来源：作者计算。

从表2-22的计算结果来看，与从绝对角度所发现的长三角地区服务出口技术复杂度指数呈上升趋势截然不同，当采用服务出口的相对复杂度指数时，长三角地区服务出口技术复杂度相对于表2-22中的发达国家而言，则呈现明显的下降趋势。这一结果结合表2-21中显示的发展趋势，或许说明了尽管服务"全球化"和"碎片化"对各国服务出口技术复杂度产生了重要影响，甚至从绝对的角度来看都是积极影响，但这种影响的程度在不同的国家表现不一，进而从相对角度来看出现了"分化"趋势。具体而言，服务"全球化"和"碎片化"对诸如长三角地区等发展中经济来说，虽然对其服务出口技术复杂度提升具有正向的积极作用，但对于发达经济体而言其"正向促进"效应则更为明显，如此，从相对角度来看，才出现了表2-22中所示的长三角地区服务出口技术复杂度表现出相对下滑趋势。结合长三角地区服务出口快速扩张的事实，上述结果或许意味着长三角地区服务出口规模的扩张，在全球价值链的分工模式下，可能更多的是一种"低端嵌入"式扩张，从而导致其在服务价值链中的国际分工地位呈相对弱化之势。当前长三角地区服务出口增长如同前一轮开放中备受争议的制造业发展路径一般，面临着可能的"扩张陷阱"。

五、基于出口附加值的观察

当然，在全球价值链分工模式下，伴随服务业"全球化"和"碎片化"的演进，基于传统核算法所得统计数据展开的定量分析，由于面临着"重复计算"问题，会使得所得结果有失偏颇。这也正是有关出口国内附加值测算问题正成为国内外学术界研究热点的主要原因。从出口附加值角度对一国（地区）产业国际竞争力进行实证研究，也正成为国内外学术界的研究热潮。为此，考虑到全球价值链深入发展的客观事实，本节采用"贸易增加值"来刻画长三角地区服务业发展的真实国际竞争力。具体而言，本节基于"贸易增加值"测算1995~2011年中国各服务业显示性比较优势指数（RCA），同样地，囿于统计数据的可得性问题，以及长三角服务贸易在全国中的比重和地位，我们仍然以全国层面的测算结果作为长三角服务出口附加值的替代变量。借鉴 KPWW 方法在服务业产业层面上测算中国出口内含的附加值,并将其引入传统 RCA 指数测算公式,以评估中国服务业国际竞争力,即长三角服务业国际竞争力的替代变量。借鉴 KPWW 方法测度服务业国际竞争力,首先要构建基于世界投入产出表的全球价值链测算模型。而在全球价值链生产和分工体系下,测度一国产业出口内含的国内增加值,其实质上就是将列昂惕夫的投入产出表矩阵拓展至多国情形,即世界投入产出表(具体构建过程请参见联合国贸发会议发布的《2013 年世界投资报告》①中详细说明),并据此在产业层面上测算一国服务业出口内含的国内附加值(记为 TV)。在此基础上,将各服务业出口的国内附加值代入显示性比较优势指数测度公式:

$$RCA_{ij} = \frac{TV_{ij}}{\sum_{i=1}^{m} TV_{ij}} \bigg/ \frac{\sum_{j=1}^{n} TV_{ij}}{\sum_{i=1}^{m} \sum_{j=1}^{n} TV_{ij}} \qquad (2-3)$$

其中,TV_{ij} 表示 j 国第 i 个服务业出口所内含的国内增加值,$\sum_{i=1}^{m} TV_{ij}$ 表示 j 国所有服务业出口内含的国内增加值之和,即 j 国所有服务业出口的国内总增加值;$\sum_{j=1}^{n} TV_{ij}$ 表示全球第 i 个服务业的出口增加值之和,$\sum_{i=1}^{m} \sum_{j=1}^{n} TV_{ij}$ 表示全球所有服务业出口的增加值之和,即全球服务贸易的总增加值。由 RCA 指数的内涵我们知道,RCA 指数值接近 1 代表中度的相对比较利益,无所谓相对优势或劣势可言,即该国该服务业出口的显示性比较优势处于中等水平;RCA 指数值大于 1,表示该国该服务业出口的显示性比较优势处于全球上游水平;RCA 指数值小于 1,则表示该国该服务业出口的显示性比较优势低于全球平均水平。世界投入产出数据库(WIOD Database)最新发布的世界投入产出表中,提供了 1995~2011 年涵盖 41 个国家的 35 个产业部门的时序数据,其中部门 17 至部门 35 为服务业部门,分别为:(部门 17)电力、煤气及水的生产和供应业;(部门 18)建筑业;(部门 19)汽车及摩托车的销售、维护及修理;(部门 20)燃油零售批发(不含汽车及摩托车);(部门 21)零售(不含汽车及摩托车);(部门 22)住宿和餐饮业;(部门 23)内陆运输;(部门 24)水路运输;(部门 25)航空运输业的其他配套和辅助业务;(部门 26)旅行社业务;(部门 27)邮政与通信业;(部门 28)金融业;(部门 29)房地产业;(部门 30)租赁和商务服务业;(部

---

① United Nations Conference on Trade and Development. Global Value Chains and Development: 46 Investment and Value Added Trade in the Global Economy [R]. UNCTAD, 2013.

门31）公共管理和国防及社会保障业；（部门32）教育；（部门33）卫生和社会工作；（部门34）其他社区、社会及个人服务业；（部门35）私人雇用的家庭服务业。利用该数据库，我们测算了作为长三角服务出口国内附加值替代变量的全国层面服务出口国内附加值（见表2-23）。

表2-23　1995~2011年中国服务业出口显示性比较优势指数

年份 部门	1995	1996	1997	1998	1999	2000	2001	2002	2003
部门17	0.3992	0.3579	0.3358	0.3395	0.266	0.3231	0.4047	0.5339	0.0757
部门18	0.4609	0.3685	0.2834	0.2307	0.1826	0.1077	0.0349	0.0472	0.0605
部门19	0.3846	0.3331	0.2882	0.2809	0.2793	0.245	0.2157	0.1068	0
部门20	0.9759	0.9959	1.0358	1.0544	1.094	1.1346	1.1979	1.1965	1.219
部门21	0.2207	0.2575	0.2994	0.3195	0.346	0.2833	0.2263	0.2451	0.2689
部门22	0.8528	1.0132	1.1938	1.1668	1.1631	1.0471	0.9521	1.0194	1.107
部门23	0.1877	0.1894	0.1929	0.2166	0.2033	0.3361	0.4956	0.0193	0.5634
部门24	0.3474	0.4349	0.5311	1.1464	1.7847	2.6866	3.6422	4.0892	4.618
部门25	0.7197	0.7095	0.7134	0.7809	0.864	0.924	0.7024	0.8128	0.6595
部门26	0.1452	0.2383	0.3361	0.2815	0.2326	0.2015	0.1744	0.2525	0.3356
部门27	0.034	0.1098	0.1878	0.2594	0.3361	0.4402	0.5531	0.3902	0.2352
部门28	0.6093	0.6025	0.5928	0.6103	0.6059	0.5977	0.6016	0.6081	0.6018
部门29	0.2222	0.1921	0.1659	0.1313	0.0994	0.0561	0.0139	0.0069	0
部门30	0.023	0.0735	0.1254	0.1343	0.1459	0.1689	0.1953	0.2469	0.3034
部门31	0.6411	0.5423	0.4543	0.4593	0.4735	0.2882	0.1086	0.0592	0.0109
部门32	0.6597	0.5016	0.3536	0.3509	0.3552	0.3151	0.2813	0.2022	0.1272
部门33	0.8	0.6589	0.531	0.5136	0.5065	0.3386	0.1775	0.0879	0
部门34	0.0012	0.0579	0.1157	0.1571	0.2016	0.2408	0.2849	0.4843	0.6934
部门35	0.3135	0.2217	0.1344	0.1619	0.1927	0.1444	0.0989	0.049	0
年份 部门	2004	2005	2006	2007	2008	2009	2010	2011	2012
部门17	0.189	0.306	0.2586	0.2163	0.3565	0.5039	0.5753	0.6582	—
部门18	0.747	1.4485	1.46	1.5008	1.591	1.7131	1.6815	1.6836	—
部门19	0	0	0	0	0.019	0.0383	0.0395	0.0415	—
部门20	1.1927	1.1903	1.1804	1.1941	1.1086	1.0452	1.0633	1.1027	—
部门21	0.4106	0.5606	0.3912	0.2296	0.4033	0.5851	0.4722	0.3687	—

续表

年份 部门	2004	2005	2006	2007	2008	2009	2010	2011	2012
部门 22	1.1316	1.1788	1.0984	1.04	1.1399	1.2625	1.2317	1.2255	—
部门 23	0.5362	0.5197	0.4685	0.4267	0.4766	0.536	0.5677	0.6107	—
部门 24	2.7628	0.9628	0.9347	0.8252	0.7473	0.5843	0.5873	0.6021	—
部门 25	0.8183	0.7134	0.7214	0.7094	0.65	0.5155	0.7793	0.8726	—
部门 26	0.3097	0.29	0.2661	0.2476	0.26	0.2777	0.2812	0.2903	—
部门 27	0.5022	0.7793	0.7651	0.7663	0.4847	0.2127	0.215	0.2215	—
部门 28	0.5996	0.6048	0.6049	0.6007	0.6022	0.6049	0.6028	0.6015	—
部门 29	0	0	0	0	0.2176	0.4395	0.3669	0.3017	—
部门 30	0.4444	0.5943	0.5847	0.5867	0.4885	0.4001	0.4041	0.4162	—
部门 31	0.109	0.2093	0.1815	0.1573	0.1824	0.2112	0.1974	0.1876	—
部门 32	0.1873	0.2512	0.2306	0.2146	0.2951	0.3816	0.3416	0.3085	—
部门 33	0	0.0001	0.4249	0.8581	0.4476	0.0461	0.1271	0.2107	—
部门 34	1.035	1.3972	1.2508	1.1294	1.1477	1.1889	1.115	1.0633	—
部门 35	0	0	0	0	0	0	0	0	—

注：为了节省表格篇幅，表2-23中服务业部门17至部门35，与前文所列的19个产业部门的顺序是相对应的。

资料来源：作者计算。

从表2-23的测算结果来看，我们基本可以得出如下几方面的判断：①19个服务业部门总体呈现显著的比较劣势，仅有建筑业，燃油零售批发（不含汽车及摩托车），住宿和餐饮业以及其他社区、社会及个人服务业四大服务业部门，在近年来呈现了微弱的比较优势，其他服务业部门在所考察年份区间基本上都呈比较劣势。②从服务业出口显示性比较优势指数的变化趋势来看，除了建筑业，燃油零售批发（不含汽车及摩托车），住宿和餐饮业以及其他社区、社会及个人服务业，其显示性比较优势指数随着时间演进而出现了一定程度的提升外，其他服务业部门出口的显示性比较优势指数均没有呈现显著的明显变化趋势。换言之，在表2-23所示的19个服务业部门中，除了上述四个服务业部门近年来具备了一定的显示性比较优势外，其他部门在全球分工体系中，仍然处于显著的比较劣势地位。③综合以上两点，我们认为，总体而言，我国在全球服务经济分工中比较劣势十分显著，且改善的变化趋势不明显，这也在一定程度上说明我国依托服务参与全球分工，取得竞争优势还有很长的路要走。实际上，出现上述结果与我国长三角地区经济发展的现实阶段,以及前一轮的对外开放模式具有内在的一致性。改革开放以来,我国长三角地区主要是以制造业开放为主,具有"单兵突进"的特征,服务业开放则相对滞后。因此,前一轮开放型经济发展也主要依托的是制造业规模的迅速扩张和能力的大幅提高,而相比之下,服务业发展则相对不足。在此条件下,与已经以服务经济为主导的发达经济体相比,显然我们在很多服务部门,包括劳动服务部门,可能都不具备优势。尤其是在当前全球服务价值链分工模式下,即便是劳动密集型服务部门,由于也存在着"高端"环节,因而从附加值创造视角来看,许多劳动密集型服务业部门尚未取得比较优势,或者说仍然处于比较劣势的状态就不难理解了。

第四节 长三角货物出口的国际分工地位现状

相对于服务业开放而言,我国长三角地区自中国改革开放以来,充分利用区位优势、完善的基础设施、相对较好的基础条件、廉价的劳动力以及渐进式的优惠开放政策等带来的有利条件,在制造业领域不断扩大开放,在贸易和投资自由化中实现了制造业的快速发展及其出口竞争能力的不断提高。为了更加清晰地认识长三角在货物出口层面的国际分工地位,仍然有必要采用前述各种方法,对长三角货物出口竞争力进行简要测度,进而初步明晰其国际分工地位,从而为后文的进一步研究奠定必要的基础。遵循与前文一致的研究逻辑,本节也将从国际市场占有率、贸易竞争力指数、显示性比较优势指数、出口技术复杂度指数以及出口附加值5个层面,初步明晰其国际分工地位。

一、基于国际市场份额的观察

如前文所述,国际市场占有率通常是测度一个国家和地区某一产业国际竞争力的常用指标。其具体含义和测度方法前文已有介绍,此处不再赘述。利用相关统计数据,我们测算了长三角地区货物出口的国际市场占有率指数,所得结果报告如表2-24所示。

表2-24 2000~2014年长三角货物出口国际市场占有率变化情况

单位:亿美元,%

年份	全球货物出口额	长三角货物出口额	长三角国际市场占有率
2000	64523.18	705.67	1.094
2001	61950.68	799.98	1.291

续表

年份	全球货物出口额	长三角货物出口额	长三角国际市场占有率
2002	64997.86	1004.95	1.546
2003	75899.83	1496.88	1.972
2004	92237.68	2197.71	2.383
2005	105024.88	2921.57	2.782
2006	121277.71	3774.58	3.112
2007	140207.75	4799.75	3.423
2008	161488.64	5688.36	3.522
2009	125557.78	4823.19	3.841
2010	153021.38	6427.07	4.200
2011	183389.67	7506.15	4.093
2012	184967.27	7655.73	4.139
2013	189548.44	7818.47	4.125
2014	190037.32	8715.71	4.586

资料来源：根据联合国贸发会议统计数据库（UNCTAD Statistics）统计数据，以及历年《江苏统计年鉴》《浙江统计年鉴》和《上海统计年鉴》的统计数据整理计算而得。

从表2-24计算的2000~2014年长三角地区货物贸易发展的国际市场占有率指数（EMS指数值）来看，在样本期间内，长三角货物出口在国际市场上的占有率呈现不断上升的趋势。2000年长三角地区货物贸易出口额仅为705.67亿美元，占同期全球货物出口总额64523.18亿美元的比重仅为1.094%。而到了2014年，长三角地区货物贸易出口额上升至8715.71亿美元，占同期全球货物出口总额190037.32亿美元的比重随之上升为4.586%。因此，从出口规模变化的角度看，长三角货物贸易国际竞争力呈现不断上升的发展趋势。然而，货物出口规模的扩张尤其是国际市场占有率的提高，虽然能够在一定程度上说明货物出口竞争力的提升，如前文所指出的，这种只考虑"单向"贸易流量的测度方法显然存在很大的不足，尤其是在没有考虑货物进口变化的情况下，无法真实地反映货物贸易国际竞争力的真正变化情况。因此，除了采用国际市场占有率指数这一测度方法外，还有必要采用其他测度贸易竞争力的方法，对长三角地区货物贸易国际竞争力情况进行进一步分析，以更为准确和客观地反映长三角地区货物贸易的真实国际分工地位。

二、基于贸易竞争力指数的观察

基于前文所介绍的贸易竞争力指数，表2-25计算了2000~2014年长三角地区货物贸易发展的贸易竞争力指数（TC指数值）。

表2-25 2000~2014年长三角货物贸易发展的TC指数

单位：亿美元

年份	进出口总额	出口总额	进口总额	顺差额	TC指数
2000	1281.81	705.67	576.14	129.53	0.1011
2001	1455.67	799.98	655.69	144.29	0.0991
2002	1854.74	1004.95	849.79	155.16	0.0837
2003	2879.49	1496.88	1382.61	114.27	0.0397
2004	4167.04	2197.71	1969.33	228.38	0.0548
2005	5233.27	2921.57	2311.70	609.87	0.1165
2006	6532.04	3774.58	2757.46	1017.12	0.1557
2007	8135.41	4799.75	3335.66	1464.09	0.1800
2008	9326.98	5688.36	3638.62	2049.74	0.2198
2009	8124.5	4823.19	3301.31	1521.88	0.1873
2010	10991.02	6427.07	4563.95	1863.12	0.1695
2011	12984.26	7506.15	5478.11	2028.04	0.1562
2012	13029.63	7655.73	5373.90	2281.83	0.1751
2013	13280.31	7818.47	5461.84	2356.63	0.1775
2014	14247.87	8715.71	5532.16	3183.55	0.2234

资料来源：根据历年《江苏服务贸易发展研究报告》《浙江省国际服务贸易发展报告》及《上海服务贸易发展报告》的统计数据整理而得。

从表2-25的计算结果来看，长三角地区货物贸易的TC指数在样本区间内一直大于0，表明长三角地区货物贸易不但呈现规模不断扩张之势，而且伴随着规模的扩张，其货物贸易国际竞争力也在相应地提升。从变化趋势来看，在表2-25所示的样本期间，长三角地区货物贸易国际竞争力的变化基本上呈现较为显著的变化趋势，其中，虽然部分年份的TC指数有不断变小的发展趋势，但总体而言，大部分年份均呈不断增大的变化趋势，换言之，总体上处于一种上升的发展态势。这种TC指数大体上升的发展态势也在一定程度上表明长三角地区货物贸易国际竞争力呈现显著提升。虽然在本轮全球经济危机冲击后2009年、2010年和2011年出现了短暂下降，但是从2012年、2013年和2014年近3年的变化趋势来看，TC 指数则呈不断变大的发展趋势，这在一定程度上意味着长三角地区货物贸易的国际竞争力在不断增强，货物贸易的国际分工地位呈不断增强和提高的发展趋势。

三、基于显示性比较优势指数的观察

同样地，基于前文所介绍的显示性比较优势知识，我们利用相关统计数据，对 2000~2014 年长三角货物出口的显示性比较优势指数进行了相应测算，结果如表 2-26 所示。

表 2-26 2000~2014 年长三角货物贸易发展的 RCA 指数

单位：亿美元，%

年份	长三角货物出口总额	长三角服务出口总额	长三角货物出口占比	全球货物出口额	全球服务出口额	全球货物出口占比	长三角货物出口 RCA
2000	705.67	42.95	94.26	64523.18	15219.81	80.91	1.1650
2001	799.98	54.57	93.61	61950.68	15251.12	80.25	1.1666
2002	1004.95	68.98	93.58	64997.86	16340.74	79.91	1.1710
2003	1496.88	97.04	93.91	75899.83	18965.92	80.01	1.1738
2004	2197.71	155.63	93.39	92237.68	23023.55	80.02	1.1670
2005	2921.57	219.15	93.02	105024.88	25732.23	80.32	1.1581
2006	3774.58	272.29	93.27	121277.71	29087.36	80.66	1.1564
2007	4799.75	307.45	93.98	140207.75	34902.41	80.07	1.1737
2008	5688.36	434.83	92.90	161488.64	39162.36	80.48	1.1543
2009	4823.19	425.72	91.89	125557.78	35555.81	77.93	1.1791
2010	6427.07	636.09	90.99	153021.38	38962.63	79.71	1.1416
2011	7506.15	783.8	90.55	183389.67	43728.92	80.75	1.1214
2012	7655.73	912.24	89.35	184967.27	44738.13	80.52	1.1096
2013	7818.47	1131.15	87.36	189548.44	47201.85	80.06	1.0912
2014	8715.71	1350.07	86.59	190037.32	49665.52	79.28	1.0922

资料来源：根据联合国贸发会议统计数据库（UNCTAD Statistics）统计数据，以及历年《江苏统计年鉴》《浙江统计年鉴》和《上海统计年鉴》的统计数据整理计算而得。

从表 2-26 的测算结果来看，基本上可以得出如下两个方面的重要结论：第一，就表 2-26 所示的样本期间看，长三角地区货物出口的显示性比较优势指数（RCA）一直大于 1，表明长三角地区的货物出口显示性比较优势水平高于平均水平，换言之，相较于全球其他国家和地区而言，长三角地区的货物出口在国际

市场上是具有比较优势的。第二，从时间演变的趋势看，长三角地区货物出口的显示性比较优势指数（RCA）一直大于1，但是在2008年的全球经济危机之前，其显示性比较优势指数一直没有太大变化，且较为稳定，也就是说，长三角货物出口的显示性比较优势是较为稳定的。但是本轮全球经济危机冲击后自2010年开始，长三角货物出口的显示性比较优势指数有下降趋势，2009年其显示性比较优势指数为1.1791，而到了2014年其显示性比较优势指数就已经下降到1.0922的水平。这或许说明长三角地区的货物出口尤其是制造业出口，在本轮全球经济危机冲击之后，面临国际国内环境的深刻变化，其传统低成本优势逐步丧失，贸易亟待转型升级，培育新的竞争优势。

四、基于出口技术复杂度的观察

同样，前文分析还主要是从"量"的角度来考察长三角地区货物出口的国际竞争力，或者说国际分工地位情况。保持与前文逻辑一致的分析思路，此处我们还可以从"质"的角度来进一步分析长三角地区货物出口的国际分工地位。借鉴 Hausmann 等（2005）[①] 提出的有关制成品出口技术复杂度测度方法（具体前文已有详细介绍，此处不再赘述），利用相关统计数据[②]，我们测度了2000~2014年长三角地区和部分发达国家制成品出口技术复杂度指数，并将长三角地区制成品出口技术复杂度绘制成图2-3。

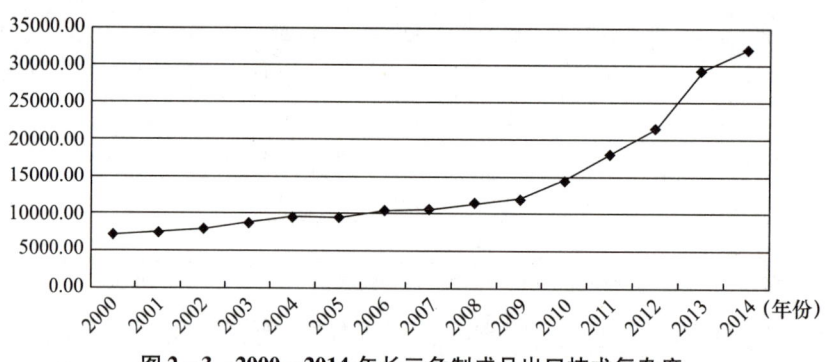

图 2-3 2000~2014 年长三角制成品出口技术复杂度

---

① Hausmann R., Huang Y. and Rodrik D. What You Export Matters [R]. NBER Working Paper, 2005 (11905).

② 在测算过程中，选取了联合国 COMTRADE 原始数据库中62个国家的 HS92 六位数分类贸易统计数据，人均 GDP 数据则来自于世界银行 WDI 数据库，长三角地区的制成品的 HS92 六位数分类贸易统计数据，来自于中国海关统计数据库，长三角地区的人均 GDP 采用的是上海、江苏和浙江两省一市的人均 GDP 平均值。据此测算了2000~2014年长三角地区和部分发达国家制成品的出口技术复杂度指数。

单纯从长三角地区制成品出口技术复杂度变化的角度来看,图2-3所显示的结果表明,长三角地区制成品出口技术复杂度呈现不断上升的趋势,尤其是近几年来上升的趋势较明显。这一结果在某种程度上可以说明,长三角作为我国开放型经济发展的重要区域,其在制造业领域发展取得了重大成就。特别是最近几年制成品出口技术复杂度变化的显著上升趋势,是创新驱动战略实施在对外贸易领域的折射。当然,单纯地看长三角地区制成品出口技术复杂度的变化,还无法真实客观地评判其国际分工地位。为此,我们再从相对的角度考察长三角地区制成品出口技术复杂度的变化情况及其分工地位的变迁。表2-27报告了长三角地区制成品出口技术复杂度与部分发达国家制成品出口技术复杂度的相对比值。

表2-27 2000~2014年长三角与部分发达国家制成品出口技术复杂度之比

年份	长三角/美国	长三角/英国	长三角/德国	长三角/日本	长三角/法国	长三角/加拿大
2000	0.6204	0.8538	0.7654	0.5811	0.5938	0.7208
2001	0.6391	0.8648	0.8316	0.6388	0.6271	0.7346
2002	0.6486	0.8576	0.8326	0.6424	0.6562	0.7482
2003	0.6754	0.8772	0.8582	0.6575	0.691	0.7922
2004	0.7302	0.8883	0.8612	0.7184	0.712	0.8176
2005	0.7462	0.9174	0.9108	0.7648	0.7251	0.8252
2006	0.7618	0.9316	0.9146	0.7954	0.7738	0.8406
2007	0.7702	0.9365	0.9084	0.8036	0.7784	0.8231
2008	0.7564	0.9188	0.9276	0.8226	0.7506	0.7976
2009	0.7548	0.9181	0.9204	0.8022	0.7566	0.7994
2010	0.7612	0.9032	0.9434	0.8214	0.7786	0.8024
2011	0.7774	0.9104	0.9398	0.8031	0.7638	0.7972
2012	0.7984	0.8978	0.8814	0.7856	0.7828	0.8038
2013	0.7798	0.9106	0.9032	0.8078	0.8024	0.8024
2014	0.7734	0.9032	0.9212	0.8175	0.7993	0.8206
年份	长三角/澳大利亚	长三角/奥地利	长三角/西班牙	长三角/荷兰	长三角/瑞典	长三角/希腊
2000	0.6452	0.5204	0.8251	0.5861	0.6028	0.8262
2001	0.6612	0.5274	0.8588	0.5546	0.6406	0.8566
2002	0.6735	0.6158	0.8644	0.6062	0.6592	0.863
2003	0.7024	0.6262	0.9018	0.6282	0.6636	0.8706
2004	0.7268	0.6578	0.8672	0.6372	0.6962	0.8692

续表

年份	长三角/澳大利亚	长三角/奥地利	长三角/西班牙	长三角/荷兰	长三角/瑞典	长三角/希腊
2005	0.7628	0.6814	0.9128	0.6714	0.7168	0.9118
2006	0.8056	0.7102	0.9256	0.6836	0.7232	0.8906
2007	0.8346	0.7072	0.9394	0.6924	0.7492	0.9122
2008	0.806	0.6962	0.906	0.6682	0.7728	0.9064
2009	0.8272	0.6932	0.9334	0.6736	0.7494	0.9206
2010	0.8168	0.7078	0.9194	0.6938	0.7752	0.9254
2011	0.8226	0.7566	0.9026	0.6994	0.7698	0.9164
2012	0.7952	0.7361	0.9252	0.7012	0.7858	0.8986
2013	0.8194	0.7626	0.9275	0.6982	0.8028	0.9018
2014	0.8278	0.7612	0.9142	0.7048	0.7946	0.9034

资料来源：作者计算。

表2-27的计算结果是长三角地区制成品出口的"相对技术复杂度"，亦即长三角地区制成品出口的技术复杂度与所选取OECD部分发达国家制成品出口的技术复杂度之比。就表2-27所选取的样本期间而言，容易发现，长三角地区制成品出口的"相对技术复杂度"均低于1的水平。其中，与美国、日本、奥地利及荷兰相比，长三角地区出口商品的相对价值更低。显然，长三角地区与比较对象国之间较低的"相对技术复杂度"，更多体现的是"差异化"产品之间的技术含量差别，而并非简单的同一制成品水平上的"差异化"。这种源于"技术含量"或者说技术复杂度差别的"差异化"产品，在国际市场上显然不具有完全替代性，而且其替代弹性还会随着"技术复杂度"差别的扩大而不断减弱。换句话说，长三角地区出口的商品结构与发达国家相比，仍然处于相对较低的技术层次和水平上，在世界出口市场上并不能对发达国家构成竞争和"威胁"。长三角地区开放型经济虽然相对发达，但仍处于发展中阶段，是中国这一发展中经济体的一个重要组成部分，其经济发展水平也远没有赶上发达国家。况且已有研究表明（Martin & Mejean，2014），国家（地区）之间开展产业内贸易时，国家（地区）根据其在技术阶梯上的比较优势进行贸易，低工资的国家（地区）会在生产低技术复杂度制成品上具有比较优势。因此，低工资的国家（地区）的出口集中在低技术复杂度制成品上，而由于高技术复杂度制成品的生产相对远离低工资国家（地区）的出口竞争，市场份额由生产低技术复杂度制成品企业向生产高技术复杂度制成品企业转移，高工资的国家（地区）会越来越专业化于生

产高技术复杂度制成品。由此,从制成品出口"相对技术复杂度"的角度看,我们由此可以得出的结论是,长三角地区出口制成品技术复杂度与发达国家相比尚存在一定差距。当然,从时间演进的角度看,虽然长三角地区制成品出口的"相对技术复杂度"低于1,即与发达国家仍然存在差距,但毕竟这种差距在不断地缩小,突出表现为相对复杂度指数值在不断趋于上升。总而言之,从出口技术复杂度角度看,长三角地区的国际分工地位仍有待提升。

五、基于出口附加值的观察

与前文服务出口的国内附加值一样,此处我们同样从出口国内附加值的角度,测算制造业出口的 RCA 指数来分析长三角制造业国际竞争力。所采用的测度方法及数据库利用与前文一致,只不过需要特别说明的是,囿于统计数据以及考虑到长三角制成品出口在全国中的比重和地位,此处我们仍然以全国层面的测度结果,作为长三角制成品出口内含的国内附加值作为替代变量。世界投入产出数据库(WIOD Database)最新发布的世界投入产出表中,提供了 1995~2011 年涵盖 41 个国家的 35 个产业部门的时序数据,其中部门 3 至部门 16 为制造业部门,分别为:①食品、饮料制造及烟草业;②纺织及服装制造业;③皮革、毛皮、羽毛(绒)及鞋类制品业;④木材加工及木、竹、藤、棕、草制品业;⑤造纸及纸制品业、印刷业和记录媒介的复制业;⑥石油加工、炼焦及核燃料加工业;⑦化学原料及化学制品制造业;⑧橡胶及塑料制品业;⑨非金属矿物制品业;⑩金属制品业;⑪机械制造业;⑫电气及电子机械器材制造业;⑬交通运输设备制造业;⑭其他制造业及废弃资源和废旧材料回收加工业。利用该数据库,我们测算了作为长三角制造业出口国内附加值替代变量的全国层面制造业出口国内附加值(见表 2-28)。

从表 2-28 的测算结果来看,可以得出以下几点基本结论:①在表 2-28 所测算的 14 个制造业部门中,具有持续显示性比较优势的主要集中在纺织及服装制造业,皮革、毛皮、羽毛(绒)及鞋类制品业,木材加工及木、竹、藤、棕、草制品业,其他制造业及废弃资源和废旧材料回收加工业以及非金属矿物制品业五大制造业部门。相对而言,上述五大制造业部门除了非金属矿物制品业外的四大部门,尤其是纺织服装业,是典型的劳动密集型部门,也是长三角地区长期以来依托"人口红利"所带来的低成本竞争优势而参与国际合作与竞争的关键所在。尽管从全球价值链的视角来看,正如国内的一些学者如裴长洪等[1]、张二

---

[1] 裴长洪,彭磊,郑文. 转变外贸发展方式的经验与理论分析——中国应对国际金融危机冲击的一种总结 [J]. 中国社会科学, 2011 (1): 77-87.

表 2-28　1995~2011 年基于附加值测算的长三角制造业出口 RCA 指数

年份 部门	1995	1996	1997	1998	1999	2000	2001	2002	2003	2004	2005	2006	2007	2008	2009	2010	2011
(3) 食品、饮料制造及烟草业	0.104	0.230	0.547	0.499	0.568	0.663	0.784	0.779	0.823	0.863	0.934	0.997	1.116	1.214	1.153	1.183	1.202
(4) 纺织及服装制造业	4.466	4.513	4.867	4.302	3.822	3.522	3.447	3.446	3.359	3.510	3.403	3.222	3.095	2.987	2.647	2.653	2.584
(5) 皮革、毛皮、羽毛(绒)及鞋类制品业	4.299	4.302	4.287	4.113	4.188	4.322	4.623	4.441	4.004	3.963	3.632	3.553	3.295	2.987	1.646	1.703	1.732
(6) 木材加工及木、竹、藤、棕、草制品业	1.703	1.684	1.651	1.598	1.582	1.590	1.604	1.433	1.205	1.153	1.115	1.125	1.049	1.033	1.066	1.083	1.089
(7) 造纸及纸制品业、印刷业和记录媒介的复制业	0.189	0.190	0.199	0.198	0.220	0.225	0.298	0.303	0.331	0.411	0.484	0.522	0.598	0.644	0.745	0.694	0.674
(8) 石油加工、炼焦及核燃料加工业	0.108	0.151	0.185	0.242	0.325	0.479	0.785	0.780	0.790	0.801	0.798	0.822	0.895	0.910	0.937	0.921	0.929
(9) 化学原料及化学制品制造业	0.529	0.528	0.527	0.529	0.531	0.527	0.523	0.531	0.538	0.523	0.508	0.538	0.569	0.573	0.576	0.573	0.569
(10) 橡胶及塑料制品业	0.762	0.793	0.823	0.813	0.823	0.914	0.965	0.933	0.947	0.908	0.910	0.913	0.936	0.952	1.040	1.021	1.024
(11) 非金属矿物制品业	0.792	0.835	1.044	1.094	1.129	1.216	1.542	1.588	1.685	1.603	1.526	1.684	1.867	1.513	1.256	1.287	1.366
(12) 金属制品业	0.529	0.699	0.832	0.824	0.851	0.794	0.750	0.851	0.879	0.824	0.815	0.832	0.843	0.853	0.895	0.914	0.922
(13) 机械制造业	0.700	0.722	0.777	0.753	0.769	0.733	0.746	0.752	0.765	0.763	0.778	0.769	0.775	0.780	0.785	0.796	0.813
(14) 电气及电子机械器材制造业	0.707	0.718	0.729	0.725	0.721	0.725	0.729	0.729	0.729	0.731	0.733	0.733	0.734	0.736	0.737	0.750	0.763
(15) 交通运输设备制造业	0.462	0.463	0.463	0.462	0.461	0.463	0.465	0.464	0.463	0.463	0.463	0.463	0.462	0.462	0.463	0.458	0.453
(16) 其他制造业及废弃资源和废旧材料回收加工业	1.548	1.493	1.392	1.383	1.385	1.211	1.191	1.114	1.106	1.073	1.096	1.088	1.050	1.056	1.087	1.062	1.037

资料来源：作者计算。

震[①]所指出的,所谓的一些劳动密集型制造业领域的"高端环节和阶段"仍然被发达国家跨国公司所垄断,长三角地区从事的主要还是劳动密集型制造业部门中"最为劳动密集型的生产环节和阶段"。但是本书认为,正是因为此类制造业具有典型的劳动密集型特征,从而在吸纳普通劳动者就业方面则具有巨大的"容量效应",因此,即便从企业层面来看附加值不高,但巨大的附加值总量创造效应,在产业层面上来看则会显示出显著的比较优势。这或许就是出现上述测算结果的理论逻辑所在。②在表2-28所报告的14个制造业部门中的造纸及纸制品业、印刷业和记录媒介的复制业,石油加工、炼焦及核燃料加工业,化学原料及化学制品制造业,交通运输设备制造业,橡胶及塑料制品业,机械制造业,电气及电子机械器材制造业等制造业部门,呈现显著的持续性比较劣势,则说明从附加值贸易的角度来看,长三角地区在这些制造业部门还没有取得比较优势。尽管从总值统计数据来看,长三角地区在此类制造业部门中似乎具有一定的国际竞争力,但传统视角下的竞争优势正是来自于总值核算法呈现的"统计幻象",无法真正揭示价值链分工的真实影响。应该说在这一类制造业部门中,相比前一类制造业而言,多数部门是具备资本密集型乃至知识和技术密集型特征的制造业部门,而在全球价值链分工模式下,长三角地区看似从事的是高端"产业",然而专业化的却又是低端环节。正是由于此类制造业部门在一定程度上具备资本密集型乃至知识和技术密集型特征,因此即便长三角地区专业化"低端环节和阶段",但相比前一类典型的劳动密集型制造业部门而言,其在吸纳总量就业方面可能要略微逊色,因而在产业层面上所创造的总量附加值也就有限。这或许正是从附加值层面来看呈现比较劣势的必然逻辑。③进一步地讲,从时间变动趋势来看,制造业部门中具有持续性比较优势的产业部门,其显示性比较优势指数一直较高,但是总体上呈现微弱的下降趋势;而在制造业部门中具有显著比较劣势的产业,部分产业部门的显示性比较优势指数总体呈现略微上升的发展态势,而部分产业部门的显示性比较优势指数则变化不大。这种时间变化趋势能够在一定程度上说明比较优势的动态化特征,从而也在一定程度上表明,从产业比较优势演进的角度来看,伴随长三角地区开放型经济发展,以及面临国际国内环境的深刻变化,长三角地区参与国际竞争与合作的比较优势正在悄然发生变化,更确切地说,长三角地区的比较优势正在朝着"升级"方向积极演进。总而言之,长三角地区制造业国际分工地位仍有待于进一步提高。

---

① 张二震. 中国外贸转型:加工贸易、"微笑曲线"及产业选择 [J]. 当代经济研究,2014 (7):14-18.

第三章 服务贸易发展与国际分工地位提升：理论机制

服务贸易发展究竟如何提升国际分工地位，或者是依托服务贸易发展是否存在着提升国际分工的作用机制，是一个首先需要在理论上予以明确的问题。这也是在长三角国际分工地位亟待提升的大背景下，极具理论意义的重要研究课题。鉴于此，本章力图对服务贸易发展促进国际分工地位的可能作用机制做一简要的理论探讨，并分别从服务出口和服务进口两种贸易"流向"，以及对服务业发展和制造业发展两个产业层面所可能形成的三个方面的作用机制进行相应的理论分析。

第一节 服务出口促进服务业发展的作用机制

实际上，有关开展对外贸易对产业发展的影响，自古典贸易理论以来就有着较为丰富的研究成果。甚至可以说，贸易对产业发展的影响可以从贸易对经济增长影响的理论探讨中得到充分认识，因为经济发展从中观层面来看，实质上就是产业发展。

一、传统贸易理论视角下的作用机制

贸易对经济增长的影响最初是由古典经济学家提出的。对此，经济学的开山鼻祖亚当·斯密从两个方面进行了深刻论述，一个就是所谓的"剩余产品出口"，另一个是后来被称为"斯密定理"的"劳动分工受限于市场规模"假说。"剩余产品出口"模型有一个重要的假定，就是一国在参与国际分工和贸易之前并没有处于完全就业状态，这也就意味着开展国际分工和贸易可能会使原本闲置的生产要素得到利用，这在客观上会促进一国产出的提高，或者说出口产业规模的扩大。而"斯密定理"则进一步认为，相比于封闭经济形态而言，开展国际分工和对外贸易能够突破一国国内市场规模的限制，或者说有了国际市场后能有效扩大一国面临的市场规模，而随着市场规模的不断扩大，其分工的范围和程度

就会不断扩大，不断细化的分工进一步促进出口产业生产率的提高，从而提高一国出口产业的产出能力。如果说，"剩余产品出口"模型还只是从"量"的角度探讨了开展国际分工和贸易对产业发展影响的话，那么，"劳动分工受限于市场规模"的"斯密定理"则同时从"量"和"质"两个方面论证了开展国际分工和贸易对产业发展的影响。

继亚当·斯密的"剩余产品出口"和"斯密定理"之后，大卫·李嘉图（1962）则认为，在封闭经济条件下，一国的产业增长或者说增长在边际报酬递减率的作用下将会放缓甚至出现停滞。而通过开展对外贸易，以及基于比较优势的分工原理，将本国比较劣势的食品等生活必需品以及原料转移从外国获得，就会阻止在本国发生作用的土地收益递减化倾向，促使本国出口部门的产业增长和发展。约翰·穆勒则进一步把出口贸易对产业增长影响的动态利益与交换所带来的静态利益进行了区分。他认为出口贸易所带来的动态利益突出体现在，通过分工和专业化可以推动出口部门生产过程的创新及其改良，进而提高劳动生产率。特别地，针对开展贸易对发展中国家的影响，穆勒指出：当进口贸易与出口产业发生关联时，特别是外国工艺技术的引进能够被本国出口部门所使用，也能够提高出口部门的资本收益率，从而外国资本及技术的引进使出口部门产出增长，且不仅仅依赖于本国居民的节约、精打细算以及资源约束。应该说，古典经济学家的这些思想为后来学者研究包括出口在内的贸易利益奠定了基石。在古典经济思想的影响下，罗伯特逊以及纳克斯等一些发展经济学家在考察贸易史基础上，于19世纪提出对外贸易是"经济增长发动机"的重要命题，这一命题认为，出口贸易可以通过如下几条重要途径来推动产业成长：①较高的出口水平意味着这个国家可以获得一定的进口用汇。通过资本货物的进口，节约了生产要素的投入量，提高工业的效益，促进产业增长。②出口增长也趋向于使出口贸易国将资源进行优化配置，换言之，基于比较优势的分工原理将资源配置到最有效的产业领域，即在具有比较优势的领域进行专业化生产和出口，就会提高出口产业部门的劳动生产率。③开展出口贸易能够突破本国市场规模的限制，从而使得出口国产业发展获取规模经济利益。开展出口贸易后，本国出口产业面临的市场就会由国内市场向国外市场延伸，国内外市场的加总比起单独狭小的国内市场，由于其更广阔的市场需求从而就能容纳得下出口产业的更大规模的生产。④开展出口贸易后，从竞争效应角度看，国际市场上更加激烈的竞争也会给一国的出口产业造成压力，以此降低成本，改良出口产品的技术水平和效率，并淘汰那些效率低下的出口产业。⑤伴随出口贸易或者说出口部门产业的发展，还会进一步对国内外投资产生鼓励作用，并刺激相关产业部门的发展，同时促进国外先进技术和管理知识的引进，进而进一步有利于出口部门的发展，产生一个良性的正反馈作用机制。

二、新贸易理论视角下的作用机制

相对于传统贸易理论而言，受产业组织理论以及内生增长理论的发展而推动的新贸易理论，同样对出口贸易影响产业增长问题进行过探讨。迪克西特和斯蒂格利茨于1977年发表的经典文章《垄断竞争和最优产品多样性》，首次将规模报酬递增和不完全竞争的市场结构形式化，并为新贸易理论和新增长理论解决了技术上的难题。20世纪80年代中期以来，以 Romer（1990）、Lucas（1988）等为代表的新增长理论，把技术变动作为推动生产率增长的核心因素。反映在国际经济学领域，就是人们开始意识到国际贸易作为国际知识传播的重要渠道。国际贸易通过"技术外溢"和外部刺激促进一国的技术变动和经济增长：一方面，不管什么技术都有一个外溢的过程，作为先进技术的拥有者，有时通过国际贸易有意无意地将技术传播到别的国家，使别国的生产者逐渐学会和掌握了这些技术；另一方面，国际贸易提供了更为广阔的市场、频繁的信息交流和更加激烈的竞争，迫使各国努力开发新技术、新产品。国际贸易与技术变动的相互促进关系将保证一国经济的长期增长。新贸易理论经济学家 Krugman 和 Helpman（1985，1991）则认为，国际贸易促进经济增长的主要渠道：一方面源于贸易带来的规模经济效应，另一方面来源于国际贸易可以通过促进国内资源在物资生产部门和知识产品生产部门之间的要素优化配置，进而促进经济增长。

三、产品内分工和贸易视角下的作用机制

20世纪90年代以来，全球分工和贸易发生了深刻变化，即国际分工从以往的以最终产品为界限向以产品价值增值为界限为主导转变，这就是学术界所谓的产品内国际分工和贸易。产品内国际分工和贸易的兴起对于传统贸易理论形成一定的冲击，同时也需要重新思考开展出口贸易对参与国的产业发展的长期影响。在产品内国际分工条件下，出口贸易将不再是以往"独立"的生产和出口行为，换句话说，一国出口品种往往富含着来自其他国家和地区的进口中间产品。这也就意味着一国出口产业的扩张不仅取决于本国的现有要素禀赋状况，能够进口哪种中间投入产品以及何种层次的中间投入品等，对出口部门产业扩张同样具有重要影响。当然，从另外一个层面上说，出口产业的发展也在一定程度上内生了对进口中间品的需求，从而使进口中间品反过来影响着出口产业发展。基于产品内国际分工理论，已有研究在理论上主要从两个方面考虑中间品进口对出口产业发展的影响，一是中间产品数量的增加，二是中间产品质量的提高。由于新的中间投入品的产生一般来说总是研发投入的结果，因此，在产品内国际分工条件下，

开展出口贸易就会通过进口这些中间品而享受到他国和地区原始创新成果,这必然会提高出口部门的生产率,促进出口部门产业增长。

由于基础的静态贸易模型是 2×2 模型,而要扩展到动态贸易模型则至少需要涉及对两个部门的产业增长的处理。在产品内国际分工条件下,出口贸易的本质发生了变化,贸易品的生产和交换(特别是中间品)实际上更多地可以看作是"外包",因此其静态的贸易模型至少涉及三种产品,这在技术上处理起来较为复杂,况且即便采用最简单的三种产品简化模型,其中也要涉及两种中间产品,但中间产品与最终产品相比是否具有相同性质,从而可以以相同的技术进行处理其实也不能确定。所以如果遵循传统的开放增长模型处理方法,对包括中间品在内的贸易模型处理是十分困难的。而近期有关中间品外包模型的一些研究处理启示我们,可以避开中间投入品环节,即中间产品如何定价,如何发生国际交换,一概忽略,而仅仅考虑给定的初始要素禀赋,以及生产多少最终产品。基于这种思路和方法,我们将产品内国际分工条件下的"出口"视为外生变量,通过中间投入品的进口从而对生产函数产生影响,进而产生各种类型的技术进步,从动态角度看必然会改变出口产业增长的原来状态。

假设某一产品出口国的初始要素禀赋有两种生产要素:资本(记为 K)和劳动(记为 L),生产一种产品(记为 Y),则相应的生产函数可表示为:

$$Y = F(K, L) \tag{3-1}$$

由于中间投入品可以在国际市场上自由交换,因此在产品内国际分工条件下,这个国家将会以本国具有"比较优势"的生产阶段和环节,去交换本国具有"比较劣势"的生产阶段和环节,如此,便会形成生产成本的下降,也可以说产出增长能力的提高。如果仍然沿用初始的禀赋表示,先假设"中间产品进口"构成劳动的节约,相当于一种劳动节约型的技术进步,那么生产函数相应地将转变为:

$$Y = F(K, A(t) \cdot L) \tag{3-2}$$

资本 K 的动态方程可表示为:

$$\dot{K} = sF[K, L \cdot A(t)] - \delta K \tag{3-3}$$

其中,δ 代表折旧率,方程(3-3)两边同除以 L,便有人均资本 k 的动态方程:

$$\dot{k} = sF[k, A(t)] - (\delta + n)k \tag{3-4}$$

与初始的索洛模型相比较,方程(3-4)多出了一项 A(t),如果将 A(t) 视为一个常数,那么容易理解,F(K, A(t)·L)大于 F(K, A(t)),这也就意味着这个动态方程将存在一个"稳态"。与初始的索洛模型比较,换言之,与不参与"外包"贸易相比较,"外包"贸易会导致"稳态"的人均资本以及人均产出等变量提高,其作用大致相当于储蓄率的一次性提高,具体可如图3-1所示。

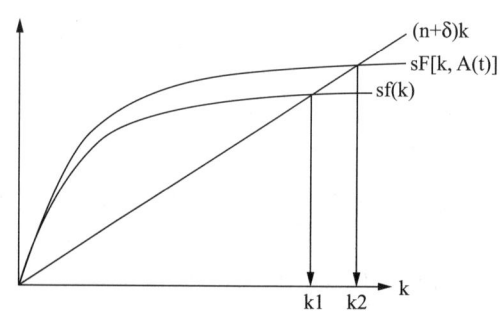

图3-1 索洛模型在"外包"贸易条件下的扩展(劳动增进型)

将 A(t) 视为一常数,其实质仅仅反映的是国际贸易交换效应。然而,在新经济增长理论诞生之后,国际经济学家们逐步开始意识到,国际贸易同样是知识传播和扩散的重要渠道。如果考虑到国际贸易的这种溢出效应,显然我们有理由相信,A(t) 会随着时间演进而变化,更确切地说,$\dot{A}(t)$ 会以大于0的状态而发生变化。如此,"外包"贸易对生产函数的影响就相当于产生了一个劳动增进型的技术进步。假设 $\dot{A}(t)$ 的增长率为 x,容易证明如式(3-4)所示的动态方程仍然存在着"稳态"。而在稳定状态下,人均产出和人均资本将以固定速度增长。由于可以假定规模报酬不变,则平均产品的表达式还可以表示为 F[1, A(t)/k],显然,只有当 k 和 A(t) 以同样的速度 x 增长时,稳态增长率才可能保持不变。由人均产出表达式 kF[1, A(t)/k] 可知,人均产出也将以 x 的速度保持增长。

由以上的分析可见,如果把产品内国际分工条件下基于"外包"的对外贸易,看作是一种劳动增进型技术进步的话,那么尽管这种技术进步是外生的,相关产业也会找到一种持续增长的理由。

下面我们再考虑资本增进型的情况,则生产函数相应地转变为:

$$Y = F(A(t) \cdot K, L) \qquad (3-5)$$

则资本 K 的动态方程可重新表示为:

$$\dot{K} = sF[A(t) \cdot K, L] - \delta K \qquad (3-6)$$

其中,δ 表示折旧率,同样地,两边同除以 L 便可得到人均资本 k 的动态方程:

$$\dot{k} = sA(t)f(k) - (\delta + n)k \qquad (3-7)$$

显然,如果 A(t) 可视为一常数的话,那么"稳态"下的人均产出和资本都将大于初始索洛模型中的值,基于"外包"贸易的作用同样也是相当于一次性地提高储蓄率。如果 A(t) 会随着时间演进而变化,更确切地说,A($\dot{t}$) 大于 0 时,则方程(3-7)就不存在一个稳定的状态,严格来说,这并不是一个"合格"的增长方程①。但人均资本和人均产出却都可以获得持续增长,无法看到其收敛特征。从图 3-2 来看,由于 A(t) 以一定的速度在增加,显然,sA(t)f(k) 与(n+δ)k 的交点就会一直向右侧移动,并不存在稳态。由此可以说明的是产业增长的持续非收敛性。

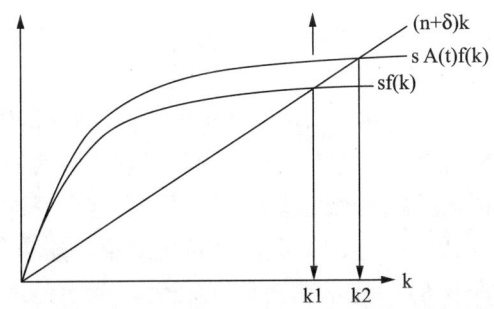

图 3-2 索洛模型在"外包"贸易条件下的扩展(资本增进型)

四、基于贸易的技术扩散作用机制

实际上,除了前文所述的笼统机制外,出口贸易对产业发展的促进作用更重要的是依托国际贸易这一重要渠道而产生的技术扩散作用。针对国际贸易所带来的技术扩散,我们既可以从国际贸易理论对技术扩散的传统理论解释中得到认识,也可以进一步在产品内国际分工条件下进行微观分析。

(一)传统国际贸易理论对技术扩散的机制分析

传统的国际贸易理论并没有对国际贸易和技术扩散之间的关系展开直接研究。西方新古典经济学也把技术视为外生变量,这种主导思维反映在新古典国际贸易理论那里,就是只看重商品的跨国交换,以及跨国交换所带来的资源优化配置和福利水平的提高。由于国际贸易的起因众多,因此,除了经典的比较优势、要素禀赋等理论外,国际经济学家也尝试从其他方面来寻找国际贸易的起因。其中就包括从技术差距的角度来解释其对国际贸易的影响。尽管诸如此类的理论研

---

① 巴罗,萨拉伊马丁. 经济增长 [M]. 北京:中国经济科学出版社,2000:39.

究目的并不在于探讨国际贸易对技术跨国扩散的影响,而只是更注重于对某些贸易现象进行"真实写照",但通过梳理和分析相关理论,也可以从中看到技术通过商品跨国流动而在国际传播和扩散的基本事实。

传统国际贸易理论有一个重要假设,那就是各国都有能力生产相同的产品,其差别主要在于生产率方面的不同。但在实践中,国际贸易通常也呈现如下现象,即发达国家经常出口一些发展中国家无法生产的产品,这种贸易形式显然与传统贸易理论的假定不符,也难以用传统贸易理论加以解释。鉴于此,波斯纳(1961)提出的"技术差距论"就力图解释上述国际贸易现象。波斯纳认为,诸如上述贸易现象产生的原因,主要是因为客观上贸易伙伴国之间存在技术差距,换言之,国与国之间的技术差距是国际贸易的一个非常重要的起因。但由技术差距所导致的贸易,会伴随着产品进出口而使得技术差距在不断地缩小。具体而言,伴随贸易的开展,进口国在技术传播和扩散中逐渐掌握技术,并进行模仿生产,伴随生产规模的扩大最终成为产品出口国。尽管波斯纳的研究并无意奠定基于国际贸易的技术传播与扩散的研究基础,但事实上这个理论的确默认了通过国际贸易而实现的技术在国际传递的事实,更确切地说,这也的确"隐含"在波斯纳模型之中。继波斯纳的"技术差距论"之后,美国经济学家弗农(1966)提出了"产品生命周期理论",进一步指出从产品生命周期看,一项产品的技术发展大体会经历创新、成熟和标准化三个阶段。其中,在技术创新阶段,技术创新国在生产与出口上具有绝对垄断地位;在技术成熟阶段,产品生产技术会随出口而出现传播和扩散,而产品进口国能较为快速地模仿并掌握技术以进行生产和出口;在技术标准化阶段,产品生产技术已在全球范围内得到广泛传播和扩散,创新国技术本身的原有垄断优势彻底丧失,也就意味着新产品的技术相应地完成了其生命周期。产品生命周期理论所描述的三个阶段,表明了伴随产品出口所带来的技术跨国传播和扩散。实际上,波斯纳与弗农的贸易理论一起可以解释发展中国家依托国际贸易而不断实现技术进步和产品升级的可能,而其中,依托产品跨国流动所实现的技术扩散和传播起到了关键作用。

依托国际贸易实现了技术的跨国传播和扩散,确实是实践中普遍存在的事实,然而,技术的跨国传播和扩散究竟是通过什么途径来实现的?对此,传统的贸易理论并没有给予回答,而只是把技术跨国传播和扩散简单地视为既定事实。

伴随着罗默和卢卡斯等经典论文的发表,经济学家开始试图打开"技术"这个长期以来一直被视为外生变量的"黑箱",从而将技术作为"内生"变量来看待,据此来解释持续性的长期的经济增长问题。新经济增长理论在"技术"问题的处理上,对新古典理论的发展具有十分重要的意义,也表现在新古典经济增长理论的各个分支上,就是运用建模技术上的突破和思想上的新认识来发展本学科。具体到国际贸易领域而言，赫尔普曼等学者通过构建将技术内生化的贸易模型，揭示了技术通过国际贸易进行传播和扩散的重要性。具体说来，国际贸易会通过以下四条渠道发挥技术传播和扩散作用：第一，国际贸易可以使得贸易参与国有机会接触到更多的中间产品和机器设备，尽管这些中间品可能存在着垂直差异，但彼此间可以相互替代，换言之，使用质量更高的中间产品替代之前质量相对较低的中间产品，可以提升原来所产产品的品质和价值。例如，发展中国家大量生产的笔记本电脑，如果没有 Intel 公司生产的 CPU，很难想象电脑的质量究竟将会怎么样。第二，国际贸易可以提供一种技术交流的平台和渠道，通过开展国际贸易可以学习国外更为先进的产品设计，包括产品设计理念、先进的管理经验和知识、先进的市场开发经验等，而诸如上述各方面中的任何一方面，实际上都可以使出口企业更好地利用全球资源，更好地进行生产组织，从而提高企业的生产能力和生产效率。为什么相对于不可贸易品部门而言，出口部门通常具有较高的劳动生产率？实际上这一问题的答案很大程度上就是出口贸易部门往往面临着更为激烈的国际竞争，以及在竞争中的相互模仿、学习，即学术界所揭示的所谓"出口中学习"效应。第三，依托国际贸易，后进国家不仅可以复制先进国家的技术从而缩短技术研发的时间和路径，而且还可以对复制的技术加以改造以适合本地需要。世界经济发展史表明，许多后起国家均是通过国际贸易带来的技术模仿行为从而实现经济快速增长的。例如"二战"后的日本以及一些新兴经济体等均有这样的技术学习经历和过程。第四，开展国际贸易可以学习到国外技术的企业，通过产业间的关联效应，从而把技术传播给其他相关企业，从而提高了整个产业的技术水平和发展能力。

伴随人们对新经济增长理论了解的加深，相应地，关于国际贸易技术溢出效应的经验研究开始涌现。较早且较为有影响的研究当属 Coe 和 Helpman（1995）[1]的研究论文，其研究加深了人们对国际贸易技术扩散的认识，该文的核心观点认为，低知识存量国家从高知识存量国家进口，前者的生产率通常能够得到快速提高，这说明以国际贸易为渠道可以实现知识从先进国家向落后国家的传递。Coe 等（1997）[2] 在随后开展的进一步实证研究中，在扩大了样本范围后也得到了类似的结论，即他们对发达国家与 77 个欠发达国家之间贸易的技术扩散效应进行分析发现，发达国家向欠发达国家通过国际贸易存在着显著的技术扩散和传播效应。实际上，通过国际贸易而实现的技术传播和扩散不仅取决于技术和知识来源

---

[1] Coe, David and Elhanan Helpman. International R&D Spillovers [J]. Europ. Econ. Rev, 1995, 39: 5 + 859 – 887.

[2] Coe, D., E. Helpman, and A. Hoffmaister. North—South Spillovers [J]. Economic Journal, 1997 (107): 134 – 149.

国的知识存量状况，对于技术模仿而言其自身的"吸收能力"同样重要，而"吸收能力"显然与该国自身的知识存量是有关的，也是和该国的人力资本状况有关的，对此，Keller（2004）① 的研究给予了极为深刻的分析。

综合以上分析来看，国际贸易理论对国际技术扩散的传统解释基本可以概括为以下两点：一是技术通过国际贸易而产生的传播和扩散是客观存在的，二是技术更容易从知识存量相对较高的国家向知识存量相对较低的国家溢出。

（二）产品内国际分工条件下技术扩散的微观机制

全球价值链的快速发展引起了学术界高度而广泛的关注，研究成果随之不断涌现。尤其是进入 21 世纪以后，Ernst 和 Kim（2002）发表的论文②，阐述了产品内国际分工所引发的国际生产组织从传统跨国企业模式，向"全球生产网络"形式的深刻变化，并且认为生产的国际化更加有利于知识从上游向下游的传播和扩散，或者说知识和技术更有利于从核心企业向其他外围企业传播和溢出。Ernst 和 Kim（2002）发表的论文尽管很难称得上是一篇经济学论文，但该文所提及的有关知识和技术传递的渠道和途径则可以为进一步认识技术和知识在产品内国际分工条件下的传播和扩散机制提供一些借鉴。

Ernst 和 Kim（2002）首先对全球生产网络（Global Production Network）进行了界定，应该说，其所使用的概念含义与我们今天研究的国际生产分割（产品内分工）所描述的其实正是同一现象，只不过，他们主要是从管理学组织结构的视角来分析和看待这一现象。他们认为，全球生产网络究其本质其实是企业在组织方式上的一种创新。众所周知，自科斯提出"企业的性质"这一论断以来，学术界在界定市场与企业之间的界限时基本上都是采用"二分法"。然而，20 世纪 90 年代以来所出现的一些重要组织形式，却难以用"二分法"来界定其边界，即出现了一些似企业又似市场、非企业也非市场的"第三种组织形态"。"全球生产网络"即是这样的一种特殊组织形态，在"全球生产网络"这一组织内部，既不完全是"商品契约"也不完全是"要素契约"在维持着其内部关系。当然，这并非本书关注的重点，因此不拟过多讨论。此处我们想要说明的是，这种组织模式的创新可能意味着技术的跨国传播和扩散方式因此会发生改变。

Ernst 和 Kim（2002）通过借用 Polanyi（1962）③ 提出的隐性知识（Tacit Knowledge）和显性知识（Explicit Knowledge）的概念，论述了技术和知识通过全

---

① Keller. Wolfgang. International Technology Diffusion [J]. Journal of Economic Literature, XLⅡ, 2004: 752 – 782.

② Ernst Dieter and Linsu Kim. Global Production Networks, Knowledge Diffusion, and Local Capability Formation [J]. Research Policy, 2002（31）: 1417 – 1429.

③ Polanyi, M. Personal Knowledge: Towards a Post – critical Philosophy [M]. University of Chicago Press, Chicago, 1962.

球生产网络进行传播和传递的渠道和方式。具体而言：第一，作为价值链的管理和组织者的核心企业，为了确保整个产品的生产过程能够得以顺利完成，通常会把中间品生产所需要的诸如生产质量手册、产品与工艺设计图纸、产品和服务标准、设备使用资料乃至培训讲稿等文献资料，教授给加工企业的相关工作人员，而加工企业的相关工作人员则可以通过对显性知识的解读，从而将其转变为自己的隐性知识。通常而言，加工企业的相关工作人员吸收这些显性知识，并能够很好地将其效应运用到生产实践当中是存在一定困难的，这主要是因为，在具体的实践过程中，想要把显性知识转化为具体操作技能，通常是需要大量隐性知识的。然而，在全球生产网络中，处于全球价值链核心地位的企业，为确保最终产品的顺利生产，必须要保证这个转化过程的顺利实现。因此在这一意义上来说，有点类似于在同一个企业的内部进行的知识和技术的传播和扩散。

第二，本地化过程会有利于本地企业提升生产能力和水平。在产品内国际分工体系下，尽管加工企业可以获得价值链上核心企业所授予的生产质量手册、产品与工艺设计图纸、产品和服务标准、设备使用资料乃至培训讲稿等一系列文献资料。但是，由于各个民族的差异十分巨大，因此，如果不做出本地化改造而"全盘移植"可能是难以成功的，甚至是难以想象的。尤其是一些在对人的管理和使用上，特别需要考虑本土化特点。如此，整个过程才使加工企业在真正意义上了解和掌握核心企业的隐性知识。这个过程通常会在价值链上核心企业和加工企业的互动中完成，在这期间核心企业所提供的便利尤为重要。

第三，处于全球价值链核心地位的企业为了顺利完成隐性知识的转移，通常还会安排与其对接的加工企业相关工作人员，到自己企业进行考察并接受系统学习和培训，通过考察、学习和培训，这些加工企业的相关人员便具有了与委托企业相关人员的接触和交流机会，从而为加工企业相关工作人员直接吸收隐性知识提供了便利化和可能的重要渠道。同样，在核心企业委托加工的生产过程中，核心企业甚至还为加工企业提供现场技术指导等活动。应该说，与显性知识相比，这些隐性知识的获取对于加工企业而言是至关重要的，例如，所有的电脑生产商可能都知道电脑主要是由哪些部件组成的，但是，若想真正能够生产出高品质和高性能的电脑，能及者可能只有那么几家企业。

第四，"干中学效应"以及"学习动态化"会有助于加工企业不断进步。在参与全球产品的生产过程中，由于国际市场需求的不断升级以及出于维持国际市场竞争力的需要，产品生产的部件或者说环节和阶段也需要不断加以改进以适应"新需要"。在此过程中，作为全球价值链上核心企业的委托加工方和加工企业的技术人员，都会在生产过程中持续地实现隐性知识积累，在特定条件下或者说机会成熟条件下，相关管理人员和技术人员的隐性知识就会通过建立操作规程、写工作总结、完善管理制度等一系列方式演变为显性知识。这个过程是加工企业取得"干中学效应"以及"学习动态化"的过程。

第五,学习提升型的人力资源积累会有助于加工企业不断实现技术进步等。实际上,在任何知识的创造、扩散和转化过程中,最为重要的一个环节就是企业人员不断学习和实践的过程。所有源自外部的知识最终都需要通过学习和实践才能真正成为个人的生产技能,而具体的生产技能往往需要企业人员将显性知识转化为隐性知识。从产品内分工实践角度看,这个过程其实就是加工企业人力资源不断得到提高的过程,换言之,就是从核心企业传播和扩散来的知识内化到加工企业个人的过程。

除了上述经典文献外,现有的一系列研究均已表明,在产品内国际分工条件下,生产的国际分割对于加工企业尤其是对于发展中国家的加工企业而言,一方面,接受作为全球价值链上核心企业的委托加工方的加工委托,有接受知识传递和传播的源头,另一方面,在融入到具体的全球生产过程中,可以在真正意义上实现"干中学",并且是核心企业指导下的"干中学"。况且,从动态变化的角度看,尤其是从技术动态发展的角度看,加工方也可以不断地跟随核心企业而跟踪、模仿、吸收前沿技术。

第二节 服务进口促进服务业发展的作用机制

自20世纪90年代以来,在越来越多的"服务品"变得可贸易的同时(可称之为服务贸易的"全球化"),"服务品"的全球价值链拓展也得到了快速发展(可称之为服务品的"碎片化")。尤其是伴随国际生产分割技术的快速进步以及信息通信科技的突飞猛进和广泛应用,以及由此推动的国际服务品产品内分工快速发展背景下,如同制造业的全球非一体化生产一样,服务业也是一个"碎片化"快速发展的行业,从而使得服务品的不同阶段和环节被日益分解,并被配置和分散到具有不同比较优势的国家和地区。而从投入—产出的角度看,实际上服务业"两化"趋势的发展就意味着服务提供流程的上游环节,可能成为服务提供流程的下游阶段和环节的重要投入,也可以理解为某些阶段的服务出口可能内含着来自其他国家和地区的服务进口。因此,在服务业"全球化"和"碎片化"的重要发展趋势下,服务进口对一国服务业发展的影响,除了传统机制外,更重要的是通过投入—产出关系而产生深刻影响。因此,本节力图从两个层面对服务进口促进服务发展进行分析,即进口的传统作用机制,以及"两化"趋势下新的作用机制。

一、服务进口促进服务业发展的传统作用机制

虽然针对进口贸易促进产业发展的机制,理论界尚未进行过完整系统的研究,但是,在经典的国际贸易理论发展的既有文献中,各种贸易理论都从某些特定角度涉及了进口贸易对产业发展的影响。而且,随着实践的发展,学者们对其中的作用机制分析,也经历了一个由简单到复杂、从低级到高级的不断发展演进的过程。综合现有研究,进口对一国或地区相关产业成长至少存在以下几个方面的作用机制。

第一,进口贸易可以突破供给约束,从而促进相关产业成长。一个国家或地区的产品生产会涉及多种生产要素的投入,但是任何一个国家或地区都不可能拥有所有产品生产所需的所有生产要素,某些生产要素的短缺就会造成相关产业成长的瓶颈。而通过进口国内短缺的原材料、能源、关键设备等要素,就可以缓解国内资源能源等要素约束的压力,弥补国内生产要素的供应缺口,从而能够促进相关产业成长(任若恩,2011①)。

第二,进口贸易可以创造有效需求,从而促进相关产业成长。实际上,林德的重叠需求理论揭示了这样一个道理,即一国厂商总是追随和生产本国具有代表性的需求,而本国非代表性需求由于规模较小,往往无法通过本国厂商的生产得以满足。那么,如果没有进口贸易,显然,这一部分的潜在需求就难以形成最终的消费支出,从而难以促进相关产业成长。但是通过进口国外的商品尤其是进口国外的新产品,会培育国内消费者对该种商品的需求,需求的规模会因此而从无到有、从小到大。当需求达到一定规模时,巨大的市场规模就会刺激本国厂商尝试该种商品的生产,与此同时,从商品互补的角度来看,还会带动对国内其他相关产品的消费需求,进而促进相关产业成长。

第三,进口贸易可以推动产业结构升级,从而促进相关产业成长。国际贸易理论早已指出,贸易的基础是分工,而分工的基础则是比较优势。因此,很大一部分进口贸易的实质就是放弃本国比较劣势产品和产业,从而可以将生产要素配置到更为有效率的具有比较优势的产品和产业之中,进而起到提升产业结构、促进相关产业成长的作用。不仅如此,在资源优化配置进而促进相关产业成长的同时,由于通过进口可以获得较本国更为先进的技术设备等,从而有助于提高生产力,并且随着本国对引进技术设备的逐步消化、吸收以及模仿创新等,可以进一步提高劳动生产力、降低生产成本。总之,进口贸易可以在加快一国产业结构升级中推动相关产业成长。

---

① 任若恩. 净出口促 2010 年中国经济增长高于 2009 年 [J]. 中国社会科学报,2011 (1).

第四，进口贸易可以促进技术进步，从而促进相关产业成长。在所有影响相关产业成长的因素中，技术要素对相关产业成长的作用具有主导性、长期性和可持续性。在当今的国际贸易中，技术贸易已经成为重要的内容之一。联合国科学技术委员会的统计数据表明，20世纪70年代初期，全球技术转让贸易额不足100亿美元，而到了90年代中期就已经突破1000亿美元，到2000年则更是增长到2085亿美元，2005年高达4168亿美元，大体表现出每五年翻一番的增长趋势。对于任何一个国家来说，通过进口获得技术，可以节省时间和研发资源，并加速本国的技术进步进而促进经济的发展。总之，进口贸易可以通过多种作用机制而促进相关产业成长，忽视这一点，难免得出令人费解直至错误的结论和说法，因此，不能将宏观经济恒等式的统计意义直接等同于经济内涵的解释。

上述作用机制是基于现有经典国际贸易理论的一个一般性解释，其适用性不仅在于制造业，同样也使用于服务业。因此，从服务进口的角度看，上述四个方面的重要作用机制显然有利于进口国相关服务业的发展。

二、价值链视角下的新作用机制

在全球价值链的分工模式下，服务进口促进服务业的发展，其作用机制更多地体现在投入—产出关系上，这是新国际分工模式下可能具有的新作用机制。鉴于此，本节再力图从理论上明晰服务进口对服务产业发展的影响。为了进一步加深服务进口对服务业发展的影响，我们此处的分析采用服务贸易自由化作为服务进口的替代变量，因为服务进口的发展往往取决于服务贸易自由化水平；服务发展我们采用服务出口的技术复杂度作为替代变量，因为从全球价值链的角度看，服务发展已然具有了外向化发展特征，尤其是从"全球化"角度看，服务产出和提供更多的是满足全球需求。贸易自由化影响服务出口技术复杂度的微观机制。现有经济理论表明，高效高质的服务投入会通过投入—产出联系而有效降低企业成本，尤其是对于技术复杂度相对较高的产品生产企业而言，情况尤为如此。从服务贸易角度来看，服务贸易自由化显然不仅有利于一国服务生产和提供企业以更低的价格、更便捷的方式获取服务投入品，而且还可以面临更多的选择或者说获取更优质服务投入的机会，从而对服务提供的技术复杂度具有重要的提升作用。

（一）简单假设

（1）具有不同生产率水平的异质性出口企业生产异质性最终服务品 ϑ，我们用 Q_ϑ 表示异质性服务提供 ϑ 的技术复杂度，用 A_ϑ 表示企业的生产率水平。对于任意一种异质性最终服务提供 $\vartheta \in \Omega$（其中 Ω 表示异质性服务提供集合），均由相应的一个特定企业进行生产，即每个企业都是异质性服务提供的单种服务生产企业。

（2）假设企业在生产过程中使用具有连续统的中间投入服务，为分析方便起见，我们用 $i \in [0, 1]$ 表示连续统中间投入服务品按其技术含量进行的排序，即 $i = 0$ 表示连续统中技术含量最低的中间投入服务品，而 $i = 1$ 则表示连续统中技术含量最高的中间投入服务品，并且以 q_i 表示第 i 种中间投入服务品的技术含量。

（3）最终服务提供的技术复杂度与中间投入服务品的技术含量之间存在着一一对应的关系，即我们可以用 $q_{i\vartheta}$ 来表示企业生产技术复杂度为 Q_ϑ 的最终服务提供所采用的中间投入服务品 i 的技术含量水平，并且用参数 α_i 表示最终服务提供技术复杂度 Q_ϑ 对中间投入服务品 i 技术复杂度的敏感程度。

（4）假设本国（发展中国家，以 H 表示）和外国（发达国家，以 F 表示），由于经济发展水平的差距，在中间投入服务品的供给上具有不同的比较优势。借鉴 Schott（2004）①、Hummels 和 Klenow（2005）② 的研究思路，发达国家在技术含量较高的中间投入服务品生产上具有成本优势，而发展中国家则在技术含量相对较低的中间投入服务品生产上具有成本优势。由此，我们可以用式（3-8）表示生产异质性服务提供 ω 所采用的中间投入服务品 i 的单位成本：

$$c(q_{i\omega}) = x_c + y_c q_{i\vartheta}^2 \quad c \in [H, F] \tag{3-8}$$

其中，x_c 表示服务提供品质为"0"的投入品成本，y_c 表示成本如何随着投入品技术含量的变化而变化。为了表示发展中国家和发达国家在中间投入服务品方面的成本差异，在式（3-8）中有 $x_H < x_F$ 并且 $y_H > y_F$。换言之，发展中国家在低技术含量中间投入服务品上具有成本优势，即 x_H 比较低，但与此同时却面临着较高的 y_H 值，即随着技术含量的提高，其成本会上升得更快。发达国家的情形则恰恰相反。

（二）出口需求

假定国际市场上的代表性消费者在一系列差异化最终服务提供 $\vartheta \in \Omega$ 上安排其消费结构，并且假定消费者偏好满足不变替代弹性（CES）的消费函数形式，沿用 Chaney（2005），并将异质性最终服务品 ϑ 的技术复杂度纳入其中，则消费者需求偏好可表述为：

$$U = \left[\int_{\vartheta \in \Omega} (Q_\vartheta a_\vartheta)^{\frac{\sigma-1}{\sigma}} d\vartheta \right]^{\frac{\sigma}{\sigma-1}} \tag{3-9}$$

---

① Schott, P. K. Across-Product versus-within-Product Specialization in International Trade [J]. Quarterly Journal of Economics, 2004, 119 (2): 647-678.

② Hummels, D. and P. J. Klenow. The Variety and Quality of a Nation's Exports [J]. American Economic Review, 2005, 95 (3): 704-723.

其中，Q_ϑ 表示异质性服务提供 ϑ 的技术复杂度，a_ϑ 表示消费者对异质性服务提供 ϑ 的消费需求量，Ω 表示异质性服务提供集合，$\sigma > 1$ 表示内含技术复杂度的异质性服务提供间的替代弹性。以 p_ϑ 表示异质性服务提供 ϑ 的出口价格水平，则所有异质性服务提供的价格指数 P 可表述为：

$$P \equiv \left[\int_{\vartheta \in \Omega} \left(\frac{Q_\vartheta}{p_\vartheta} \right)^{\sigma-1} d\vartheta \right]^{\frac{1}{1-\sigma}} \quad (3-10)$$

由效用最大化 maxU(·) 或者消费成本最小化可知，国外消费者对本国异质性服务提供的需求为：

$$a_\vartheta = Q_\vartheta^{\sigma-1} \left(\frac{p_\vartheta}{P} \right)^{-\sigma} X \quad (3-11)$$

根据式 (3-9) 可知国外消费者对本国异质性服务提供出口的消费需求会随着异质性服务提供技术复杂度的提高而增加。

对于本国异质性服务提供出口企业而言，总收益可表示为：

$$R_\vartheta = p_\vartheta \cdot Q_\vartheta^{\sigma-1} \left(\frac{p_\vartheta}{P} \right)^{-\sigma} \times X = Q_\vartheta^{\sigma-1} \left(\frac{p_\vartheta}{P} \right)^{1-\sigma} \cdot X \quad (3-12)$$

(三) 生产与出口

遵循前文假定，$q_{i\vartheta}$ 表示单个中间投入服务品 $i \in [0, 1]$ 的技术含量水平，以用于生产异质性服务提供 ϑ。每一种中间投入服务品 i 都代表过程中一个特定的生产环节，则异质性服务提供 ϑ 的技术复杂度 Q_ϑ 可表示为：

$$Q_\vartheta = \left(\int_0^1 \alpha_i q_{i\vartheta}^\rho di \right)^{\frac{\rho}{\rho-1}} \quad (3-13)$$

其中，ρ 表示不同中间投入服务品之间的替代弹性。ρ 越小，表明技术含量之间的互补性越强，反之则相反。借鉴 Kremer (1993)① 关于服务提供质量的研究思路，我们假设 $0 < \rho < 1$ 以表示中间投入服务品在技术含量方面的"互补性"，即具有更高技术含量的中间投入服务品 i 在一定程度上可以"弥补"其他低技术含量的中间投入服务品，从而在整体上提升异质性服务提供的技术复杂度。参数 α_i 表示最终服务提供的技术复杂度 Q_ϑ 对中间投入服务品 i 技术含量的敏感程度。

内含技术复杂度的异质性服务提供 ω 单位生产成本函数可表示为：

$$C(Q_\vartheta) = C(\{q_{i\vartheta}\}) = \frac{1}{A_\vartheta} \int_0^1 c(q_{i\vartheta}) di \quad (3-14)$$

相应地，异质性服务提供 ϑ 生产企业的利润可表示为：

$$\pi_\vartheta = [p_\vartheta - C(Q_\vartheta)] a_\vartheta \quad (3-15)$$

---

① Kremer, M. The O-Ring Theory of Economic Development [J]. Quarterly Journal of Economics, 1993, 108 (3): 551–575.

将式 (3-14) 及式 $a_\vartheta = Q_\vartheta^{\sigma-1}\left(\dfrac{p_\vartheta}{P}\right)^{-\sigma} X$ 代入式 (3-15) 则有:

$$\pi_\vartheta = \left[p_\vartheta - \dfrac{1}{A_\vartheta}\int_0^1 c(q_{i\vartheta})di\right]Q_\vartheta^{\sigma-1}\left(\dfrac{p_\vartheta}{P}\right)^{-\sigma} X \tag{3-16}$$

(四) 最优化

由于本国 H 和外国 F 在不同中间投入服务品上具有不同的成本优势, 即当 $x_H < x_F$ 并且有 $y_H > y_F$ 时, 如果中间投入服务品可贸易, 那么本国异质性服务提供 ϑ 生产和出口企业在中间投入服务品的选择上存在一个临界点 q^*, 当 $q_{i\vartheta} \le q^*$ 时, 即 $x_H + y_H q_{i\vartheta}^2 \le x_F + f + y_H q_{i\vartheta}^2$ 时 (其中, f 表示因为存在服务贸易进口管制而导致的额外成本), 企业的最优选择是从本国购买中间投入服务品; 反之, 当 $q_{i\vartheta} \ge q^*$ 时, 即 $x_H + y_H q_{i\vartheta}^2 \ge x_F + f + y_H q_{i\vartheta}^2$ 时, 异质性服务提供 ϑ 生产企业将从国外进口中间投入服务品 i。从敏感程度的角度说, 所有低于 $i < i^*$ 的都将在国内市场采购, 而所有 $i > i^*$ 的中间投入服务品都将从国外市场采购。这就意味着成本函数可重新写为:

$$C(\cdot) = \dfrac{1}{A_\vartheta}\left[\int_0^{i^*} c_H(q_{i\vartheta})di + \int_{i^*}^1 c_F(q_{i\vartheta})di\right] \tag{3-17}$$

相应地, 异质性服务提供 ϑ 生产企业的利润可重新表示为:

$$\pi_\vartheta = \left[p_\vartheta - \dfrac{1}{A_\vartheta}\left(\int_0^{i^*} c_H(q_{i\vartheta})di + \int_{i^*}^1 c_F(q_{i\vartheta})di\right)\right]Q_\vartheta^{\sigma-1}\left(\dfrac{p_\vartheta}{P}\right)^{-\sigma} \tag{3-18}$$

不难证明, $\partial\pi_\vartheta/\partial i^* < 0$, 即随着 i^* 值的提高, 异质性服务提供 ϑ 生产企业的利润会随之下降, 反之, 随着 i^* 值的下降, 异质性服务提供 ϑ 生产企业的利润会随之提高。如此, 伴随着服务贸易自由化的发展, 或者说随着 f 值的下降, 由 $x_H + y_H q_{i\vartheta}^2 = x_F + f + y_H q_{i\vartheta}^2$ 所决定的临界值 q^* 会不断趋于下降, 也即更多的具有相对较高技术含量的中间投入服务品将会从国外购买, 从而实现更高的利润水平。此外, 以 Q_ϑ 为自变量对式 (3-18) 求偏导容易看出, $\partial\pi_\vartheta/\partial Q_\vartheta > 0$, 即异质性服务提供生产企业会因为最终服务提供的技术复杂度提高而提升其利润水平。由此, 结合式 (3-13) 和式 (3-1) 不难推断, 随着服务贸易自由化的发展, 本国可以在成本不变条件下使用进口的技术含量相对较高的中间投入服务品, 替代技术含量相对较低的国内中间投入服务品, 从而实现异质性服务提供的技术复杂度提升, 即本国出口品的技术复杂度的提升。

如果我们将异质性服务提供技术复杂度的变化看作是服务提供"种类"变化的话, 那么上述效应可以看作是出口服务提供技术复杂度提升的"扩展边际"作用机制。从而, 我们可以得到命题1。

命题1: 对于异质性服务提供出口企业而言, 伴随服务贸易自由化的发展, 其出口服务提供技术复杂度会通过扩展边际而提升。

进一步地，结合式（3-1）可知，伴随异质性出口服务提供技术复杂度的提升，国外的消费需求数量也会随之上升，从而提高了异质性服务提供出口企业的出口数量，进而在整体上提升本国出口品的技术复杂度。这一效应可以看作是出口服务提供技术复杂度提升的"集约边际"作用机制。于是，我们可以得到命题2。

命题2：服务贸易自由化的发展，在提高异质性服务提供出口企业的服务提供技术复杂度的同时，能够促使国外消费者对本国异质性服务提供出口需求数量的增长，进而使得本国出口技术复杂度会通过集约边际而提升。

简言之，由命题1和命题2可知，服务贸易自由化发展不仅可以提升异质性服务提供出口企业的技术复杂度，还可以因此扩大异质性服务提供的出口需求规模。因此，服务贸易自由化的不断推进通过出口扩展边际和出口集约边际两个方面提高一国的出口品技术复杂度。

第三节 服务贸易提升制造业国际分工地位的理论机制

前两节分别从服务出口和服务进口的角度，理论分析了其对服务业发展的促进作用，换言之，分别从服务出口和服务进口的角度探讨了其提升服务业国际分工地位的理论机制。当然，服务出口和服务进口不仅对服务业国际分工地位提升具有重要的影响，对制造业国际分工地位的变化同样具有重要影响。这是因为，伴随着当前社会分工的不断细化，服务尤其是生产者服务与制造业之间融合发展的趋势越来越强，融合的程度越来越深，作为中间投入品的生产者服务对制造业效率水平以及制成品技术复杂度具有极为重要的影响。因此，如果服务出口和服务进口对服务业发展具有重要促进作用的逻辑成立的话，那么，从服务业尤其是生产者服务业和制造业的关系上来看，服务出口和服务进口显然对制造业发展乃至国际分工地位的提升同样也具有促进作用。由于前文已经理论分析了服务出口和进口对服务的促进作用，因此，我们只需要进一步分析服务业发展对制造业发展的促进作用乃至对国际分工地位的提升作用，便能在理论上推导出，服务出口和服务进口对制造业国际分工地位的提升作用。

一、基本假定

为了构建理论模型分析生产者服务业发展，对制造业发展尤其是制造业效率提升所具有的可能促进作用，我们在此先做一些与常规理论研究较为一致的理论假设。首先，我们假定生产函数满足柯布—道格拉斯生产函数形式，但与传统的柯布—道格拉斯生产函数略微不同的是，除了传统的资本和劳动这两种投入要素外，我们加入了第三种生产要素投入，那就是作为中间投入的生产者服务，从而将柯布—道格拉斯生产函数进行了简单的拓展。其次，假定生产者服务提供满足垄断竞争的分析框架。如果我们用 A 代表各种中间服务投入的组合，即有下式成立：

$$A = \left\{ \int_0^n [x(i)]^{1-1/\sigma} di \right\}^{1/(1-1/\sigma)} \tag{3-19}$$

其中，σ 表示各种中间服务投入之间的替代弹性，并且满足 $\sigma > 1$，n 表示制造业生产过程中所使用的各种生产者服务的类别。

生产函数为包括中间服务投入在内的柯布—道格拉斯生产函数形式：

$$Y(L, A, K) = B(L^\beta A^{1-\beta})^\alpha K^{1-\alpha} \tag{3-20}$$

因此，劳动投入可以有两种用途，一种用途是用来生产最终产品，另一种用途是用来提供最终产品所需要的中间投入服务——生产者服务。

二、模型分析

在标准垄断竞争分析框架内，垄断竞争的服务提供企业，实行边际成本定价策略，并且市场的自由进出入保证其均衡时的利润水平为0。因此，达到均衡状态时每种服务的边际成本加成（Mark-up）应该等于生产者服务之间替代弹性 σ 的倒数。因此，生产者服务的价格水平可表示为：

$$p = \frac{mc}{1 - 1/\sigma} \tag{3-21}$$

其中，p 表示生产者服务的价格水平，mc 表示生产者服务业的边际成本。在传统的垄断竞争分析框架基础之上，我们引进了反映技术进步等能够引起服务效率提高的参数 s，假设生产者和提供 x 单位的生产者服务所需要的劳动投入为 $sx + v$ 单位，这里 v 相当于以劳动投入所衡量的从事生产者服务提供所需要的固定投入成本，假定单位劳动的报酬可表示为 w，$mc = sw$，单个企业均要实现其利润最大化，即 $\max \pi = px - w(sw + v)$，则均衡时利润水平可表示为：

$$\pi = px - w(sw + v) = \frac{1}{\sigma - 1} wsx - wv \tag{3-22}$$

在垄断竞争的理论分析框架内，由于服务市场的可自由进出入，因此均衡时利润为零，即 $\pi = 0$，于是则有：

$$x = \frac{v(\sigma - 1)}{s} \tag{3-23}$$

根据前述设定的柯布—道格拉斯生产函数式（3-20），最终产出中由劳动者占有的份额为α，这就意味着那些直接从事最终产出的劳动者所得份额应该为αβ，即 wL = αβY(L, A, K)，分配给劳动以外的所有份额应为 1 − α。在产出的分配过程中，除了用于分配个别资本应得份额外，所有剩余产出均为劳动者所得，假定在生产过程中总的劳动投入数量为 N，那么 wN = αY(L, A, K)。据此可见，L = βN，则剩下的 (1 − β)N 部分的劳动全部从事生产者服务的生产和提供。

$$n = \frac{N(1-\beta)}{sx+v} \quad (3-24)$$

将式 (3 − 23) 代入式 (3 − 24) 可以得到：

$$n = \frac{(1-\beta)}{\sigma} \frac{N}{v} \quad (3-25)$$

由式 (3 − 25) 可见，伴随生产者服务的劳动投入数量的增加，生产者服务提供的专业化程度会不断加深，其规模也就不断增加。假定所有生产者服务提供和生产均具有对称性，那么由式 (3 − 19) 可以得到：

$$A = n^{1/(1-1/\sigma)} x \quad (3-26)$$

每种生产者服务生产和提供投入的单位劳动为 sx，而生产者服务提供的种类共有 n 种，因此劳动总投入数量为 nsx。如果我们用生产者服务业的人均产出来表示其劳动生产率的话，那么有：

$$R_A = S/nsx = n^{(\frac{1}{\sigma-1})}/s \quad (3-27)$$

由于 σ > 1，则由式 (3 − 27) 求偏导可知：$\frac{\partial R_A}{\partial n} > 0$。

据此我们可以看出，一方面，由于技术进步等因素的作用，直接通过参数 s 的下降而作用于生产者服务业，从而提高生产者服务业的效率水平。另一方面，伴随着国际贸易开展以及市场规模的不断扩大，由此所带来的规模经济作用，即规模收益递增提升了生产服务业的自身产出效率。当然，我们更为关心的是生产者服务业发展对制造业效率提升的影响，为了考察其效应，此处，我们不拟直接分析其对制造业产出水平的影响，而是着重分析单位制造业产出所需耗费的成本变动，以此明晰其效率变化情况，因为通常而言，单位成本的下降也就意味着产出效率的提升，反之则反是。为了分析之便，我们可以假定生产一单位的最终产品所需要的资本数量是既定的，并且假定资本价格也是外生给定的。如此，我们就可以不用考虑资本成本的变动从而将分析简化。在只考虑生产者服务投入和劳动投入两种投入的简单情形下，那么单位产量的成本构成将分别为劳动者工资 w 以及投入的生产者服务成本 P，即：

$$Y(L, A) = L^\beta A^{1-\beta} \quad (3-28)$$

$$\text{Min } C(w, P) = wL + PA \quad \text{s.t. } Y(L, A) = 1$$

由一阶最优条件可以推导出其成本函数为:

$$C(w, P) = \frac{1}{\beta}\left(\frac{1-\beta}{\beta}\right)w^\beta P^{1-\beta} \tag{3-29}$$

我们用 p_i 表示某种生产者服务的价格,依据所谓的对称性及前文有关分析,在均衡状态下,每种服务的价格水平可表示为 $p = \mu w$,则生产者服务总的价格指数可表示为:

$$P(n, p) = (np^{1-\sigma})^{1/(1-\sigma)} = n^{1/(1-\sigma)}p = n^{1/(1-\sigma)}\frac{sw}{1-1/\sigma} \tag{3-30}$$

将式 (3-30) 代入成本函数式 (3-29),则有:

$$C(w, P) = \frac{1}{\beta}\left[\frac{\beta\sigma}{(1-\beta)(\sigma-1)}\right]^{1-\beta} n^{-\left(\frac{1-\beta}{1-\sigma}\right)} w \tag{3-31}$$

对式 (3-31) 求偏导可得:

$$\frac{\partial C(w, P)}{\partial n} = \frac{1-\beta}{n(1-\sigma)}C(w, P) \tag{3-32}$$

由于 $\sigma > 1$ 且 $\beta < 1$,可知式 (3-32) 小于零,即: $\frac{\partial C(w,P)}{\partial n} < 0$。

三、命题假说及推论

基于以上分析,我们可以得出如下命题假说:

命题假说:作为制造业的高级要素投入,生产者服务业的生产规模扩大能够有效降低制造业的单位生产成本,直接提高制造业的生产效率和产业国际竞争力。

结合本章第一节和第二节理论分析所得的基本结论,即服务出口和服务进口能够有效促进服务业(包括生产者服务业)的发展,那么,如果我们将服务出口和服务进口统称为服务贸易自由化的话,我们可以得到如下推论:

推论1:服务贸易自由化促进了生产者服务业专业化分工和规模的扩大,从而对生产者服务业自身效率的提高,乃至国际竞争力和国际分工地位的提升,都有着极为重要的促进作用。

推论2:服务贸易自由化发展能够降低制造业单位生产成本或者说提高制造业生产效率,进而提升其国际竞争力和分工地位。

由此可见,服务贸易自由化发展在推动服务出口和服务进口发展的同时,由于服务业专业化尤其是生产者服务业专业化分工和规模的扩大,一方面会促进自身生产规模的不断扩大和效率水平的不断提升,另一方面也作为制造业的重要中间投入,从而有效地降低了制造业的生产成本。

第四章 服务出口促进长三角国际分工地位提升的现实效应

在第三章,我们从理论上分析了服务贸易发展,包括服务出口贸易和服务进口贸易,以及对国际分工地位提升的可能作用机制。这种促进作用机制既包括服务出口贸易和服务进口贸易对服务业自身发展的作用,也包括服务出口贸易和服务进口贸易通过服务业发展而促进制造业国际分工地位的提升。然而,前文所述理论分析主要还停留在逻辑上的推演,还缺乏有说服力的实证支撑。鉴于此,我们将基于长三角服务贸易发展的特征事实,以及服务业国际分工地位和制造业国际分工地位的变迁情况,对前述理论推演进行逻辑一致性计量检验。由于国际分工地位变迁既表现在服务业方面,也表现在制造业方法方面,而从流向上来看,导致国际分工地位变迁的服务贸易既包括服务出口也包括服务进口。为此,我们可以从两种贸易"流向"的角度,分别分析其服务业发展和制造业发展两个产业层面的影响,或者说国际分工地位变迁的影响。本章首先计量分析长三角服务出口贸易发展对国际分工地位提升的影响,下一章再专门分析长三角服务进口贸易发展对国际分工地位提升的影响。

第一节 长三角服务出口的服务业发展带动效应

前文分析了服务进口、出口对提升国际分工地位的理论机制,本章我们利用长三角层面的经验数据,对服务出口是否促进了长三角服务业发展问题进行计量检验。由于长三角是我国开放型经济发展"排头兵"地区,因而对长三角经验作出分析不仅具有一定的代表性,而且所得结论对全国也有着重要的借鉴意义。根据前文分析,我们着重从两个方面进行考察:一是服务出口贸易是否促进了服务业发展或者说三产结构的优化;二是服务出口贸易是否有利于制造业转型升级。本节先计量分析前一个问题,即长三角服务出口贸易是否促进了服务业发展。

一、研究设计

(一) 模型介绍

向量自回归(Vector Autoregression, VAR)是基于时间序列数据统计性质而建立的计量模型,而不是以经济理论为基础来描述变量之间的经济关系。其显著特征就是把系统中每一内生变量,看作是系统中所有内生变量滞后值的函数进行模型构造,从而将单变量向量自回归模型推广到由多变量时间序列变量组合而成的"向量"自回归模型。客观而言,向量自回归模型的构造推动了经济系统的动态性分析广泛应用。向量自回归模型常用来描述随机扰动项,或者说一个信息对变量系统的动态冲击,因此,本书试图采用向量自回归模型来研究长三角服务出口贸易对长三角服务业发展变化的动态影响。

模型的一般表达式为:

$$y_t = A_1 y_{t-1} + \cdots + A_p y_{t-p} + B_1 x_t + \cdots + B_r x_{t-r} + \varepsilon_t \quad (4-1)$$

其中,y_t 表示 m 维内生变量向量;x_t 表示 d 维外生变量向量;A_1, $\cdots$, A_p 以及 B_1, $\cdots$, B_r 则表示待估计的参数矩阵,外生变量和内生变量分别有 p 和 r 阶滞后期;ε 代表随机扰动项,不能有自相关,也不能与模型右边的变量相关,但同期之间可以相关。

(二) 指标选取与数据说明

此处研究对象为长三角服务贸易出口与服务业国际分工地位之间的互动关系。因此在指标的选取上,主要包括两个方面的测度问题:一是能够反映服务出口贸易的测度指标,二是能够反映长三角服务业发展水平的测度指标。至于服务出口贸易水平的测度指标,目前理论和实践部门采用的测度方法较多,比如服务贸易外贸依存度,或者采用服务出口贸易额,或者采用服务出口渗透率等。借鉴现有文献的大多处理方法,我们采用服务出口贸易额(记为 EX)以及服务业利用外资产业渗透率(记为 FDI)两种测度指标,作为服务出口贸易发展的替代变量,可以进行综合对比分析。选择这两种测度指标作为替代变量的合理性在于,正如 WTO 服务贸易总协定对服务贸易的界定,服务业利用外资也是服务贸易的一种,何况,在跨国公司主导的全球价值链分工体系下,服务业利用外资通常也具有出口平台型特征。因此,同时采用这两种测度指标进行综合对比分析,所得结果可能更为可靠和稳健。所谓服务出口贸易渗透率,即为服务出口贸易总额与服务业总产值之比,而所谓服务业利用外资产业渗透率,即为服务业利用 FDI 与服务业产业增加值之比。至于长三角分工地位的测度指标,目前有关分工地位的测度指标在理论和实证研究中也没有形成统一认识和标准的测度方法。基于产业结构转型升级的视角,我们也采用两种测度指标作为反映长三角国际分工地位变迁的替代变量：一是第三产业增加值占地区生产总值的比重（记为SR），这反映三产结构的变化，或者说长三角服务出口贸易是否有利于长三角产业结构的"软化"，即服务业的发展，从而在一定程度上能够说明服务出口贸易是否提升了长三角国际分工地位。二是服务业劳动生产率（记为LP），以反映服务业发展的"质量"状态，从而可以从"质"的角度表明长三角服务业国际分工地位状况，其测度指标采用三次产业增加值与三次产业从业人员数之比表示。实际上，服务业劳动生产率反映的不仅是长三角产业自身结构是否优化的问题，而且在目前全球高端产业竞争日益"白热化"的背景下，长三角服务业劳动生产率的变化情况，在一定程度上能够说明在服务业领域长三角靠什么来参与国际竞争与合作，从而能够说明长三角国际分工地位的变化。

囿于数据的可获得性，我们将样本区间设定在2001～2013年，所采用的数据均为年度数据，服务出口贸易额、服务进口贸易额以及三次产业增加值和GDP总值数据均来自于历年《上海统计年鉴》《江苏统计年鉴》《浙江统计年鉴》以及江苏省商务厅、浙江省商务厅提供的部分研究数据。各原始变量的统计性描述如表4-1所示。

表4-1 各原始变量的统计描述

变量	出口渗透率（EX）	FDI产业渗透率（FDI）	服务业占比（SR）	服务业劳动生产率（LP）
均值	0.085484	0.038267	0.425799	7465.32
中值	0.061615	0.039890	0.411411	7201.08
最大值	0.213148	0.047407	0.491264	9613.56
最小值	0.034066	0.025769	0.381085	6210.69
标准差	0.055347	0.006894	0.036103	10992.31

二、实证分析

（一）平稳性检验

VAR模型要求序列是平稳的，因此，应先检验序列的平稳性，以防止出现伪回归现象，因为C. J. Granger和Newbold通过多次模拟分析，发现非平稳的时间序列变量之间经常发生伪回归现象而造成所得结论失效的不良结果。此处采用ADF（Augment Dickey – Fuller）单位根检验方法对各时序变量进行平稳性检验。检验时，根据每个序列的时序图确定检验类型，再根据赤池信息准则（Akaike Information Criterion，AIC准则）和施瓦茨准则（Schwarz Criterion，SC准则）自动确定滞后阶数，检验结果如表4-2所示。

第四章 服务出口促进长三角国际分工地位提升的现实效应

表4-2 平稳性检验结果

变量	截距	时间趋势	滞后阶数	ADF值	1%临界值	5%临界值
EX	有	无	1	4.421053	-4.242057	-3.207078
FDI	有	有	3	-2.568625	-5.945290	-3.867265
SR	有	无	1	-1.768197	-3.998739	-3.111812
LP	有	有	0	-2.782192	-4.775647	-3.999340
ΔEX	有	无	0	0.156692	-5.311739	-4.121812
ΔFDI	无	无	0	-2.728349	-5.785535	-4.005933
ΔSR	无	无	1	-2.592460	-4.098489	-3.151109
ΔLP	无	无	0	-3.845550	-5.798019	-4.008114
d(ΔEX)	无	无	3	-4.745345	-5.850076	-4.017515
d(ΔFDI)	有	无	2	-4.032114	-5.283219	-3.042447
d(ΔSR)	无	无	1	-4.922221	-5.362214	-4.072465
d(ΔLP)	有	有	1	-4.053730	-5.989696	-3.522715

注：Δ表示变量的一阶差分，d(Δ)表示变量的二阶差分。

由表4-2可以看出，各变量的原始序列都是非平稳序列，经过二阶差分后变为平稳序列，即各原变量序列都是I(2)序列。

（二）协整检验

由于变量服务贸易渗透率变量、服务业利用外资产业渗透率变量、服务业产值比重变量以及服务业劳动生产率变量都是二阶单整序列，以此满足协整性检验。因此，进行进一步的协整检验，以确定时间序列变量之间是否存在某种长期稳定的关系。EG两步法只适合于双变量的协整检验，在对两变量或多变量方程组中的一组变量进行协整检验时，Johansen的检验方法要优于EG两步法。所以，我们用Johansen检验方法来确定模型中的协整向量个数。此外，目前在进行协整检验的滞后期选择上存在一个尴尬的局面，既要考虑所选的滞后期能够反映所构造模型的动态特征，又要考虑所选择的滞后期能使模型有足够数目的自由度。囿于本书样本空间有限，在AIC信息准则和SC准则的基础上，我们选择的滞后期为2。采用Johansen(1991)极大似然法检验各个变量之间是否存在协整关系，结果如表4-3所示。

表4-3 Johansen 协整检验结果

变量	Hypothesized No. of CE（s）	Eigenvalue	Trace Statistic	0.05 Critical Value	Prob. **
变量 EX、SR	None*	0.894973	26.558162	15.649657	0.000808
	At most 1	0.197778	2.421229	3.879881	0.122715
变量 FDI、SR	None*	0.867790	21.936958	15.649657	0.005151
	At most 1	0.014162	0.156891	3.879881	0.700435
变量 EX、LP	None*	0.996945	54.319850	15.649657	0.000000
	At most 1*	0.649302	10.399617	3.879881	0.001313
变量 FDI、LP	None*	0.773013	16.535952	15.649657	0.037168
	At most 1	0.038325	0.429786	3.879881	0.519342

由表4-3的检验结果可以看出，在以服务出口贸易产业渗透率和服务业产业增加值占比变量的VAR模型中，至少存在1个协整关系，即变量EX和SR之间存在着长期稳定的关系；在以服务业利用外资产业渗透率和服务业产业增加值占比变量的VAR模型中，至少存在1个协整关系，即变量FDI和SR之间存在着长期稳定的关系；在以服务出口贸易产业渗透率和服务业劳动生产率变量的VAR模型中，至少存在两个协整关系，即变量EX和LP之间存在着长期稳定的关系；在以服务业利用外资产业渗透率和服务业劳动生产率变量的VAR模型中，至少存在1个协整关系，即变量FDI和LP之间存在着长期稳定的关系。

（三）Granger因果关系检验

当然，协整检验的结果只是说明变量各种组合之间，即服务出口贸易产业渗透率和服务业产业增加值占比变量之间、服务业利用外资产业渗透率和服务业产业增加值占比变量之间以及服务业利用外资产业渗透率和服务业劳动生产率变量间存在着长期的均衡关系，但是就各组变量之间的因果关系，或者说哪个变量的变动是另外一个变量变动的原因，仍需进一步检验。格兰杰（Granger）因果检验是一种用于考察序列x是否是序列y产生原因的方法，如果序列x是序列y的格兰杰成因（Granger Cause），必须满足两个条件：第一，x应该有助于预测y，即先估计当前的 y 值被其自身滞后期取值所能解释的程度,然后引入序列 x 的滞后值应当显著提高 y 被解释的程度;第二,y 不应当有助于预测 x,其原因是如果 y 也有助于预测 x,则很可能存在另外一些因素,它们既是引起 x 变化的原因,也是引起 y 变化的原因。一般地,在 VAR 模型中,还应该考虑到问题的另一方面,即序列之间是否存在单向或者双向因果关系。由于格兰杰的检验结果对滞后长度的变化比较敏感,即选择的滞后长度不同可能会得到不一致的结果。因此,在检验的过程中应选取多个不同的滞后期,若检验的结果一致,则得出的结论较为可信。此处检验选取了两个滞后期,检验结果如表 4-4 所示。

表 4-4 Granger 因果关系检验结果

滞后期:1			
Null Hypothesis:	Obs	F - Statistic	Prob.
SR 不是引起 EX 的格兰杰原因	12	2.11159	0.07742
EX 不是引起 SR 的格兰杰原因		0.97628	0.04613
LP 不是引起 EX 的格兰杰原因	12	0.31720	0.08435
EX 不是引起 LP 的格兰杰原因		2.44809	0.04980
SR 不是引起 FDI 的格兰杰原因	12	0.06110	0.80131
FDI 不是引起 SR 的格兰杰原因		0.80251	0.03109
LP 不是引起 FDI 的格兰杰原因	12	0.33837	0.56747
FDI 不是引起 LP 的格兰杰原因		4.70178	0.04673
滞后期:2			
Null Hypothesis:	Obs	F - Statistic	Prob.
SR does not Granger Cause EX	11	3.70160	0.08732
EX does not Granger Cause SR		0.93518	0.03950
LP does not Granger Cause EX	11	2.06321	0.20345
EX does not Granger Cause LP		4.97029	0.04188
SR does not Granger Cause FDI	11	12.42658	0.00713
FDI does not Granger Cause SR		0.19489	0.02614
LP does not Granger Cause FDI	11	0.05018	0.94149
FDI does not Granger Cause LP		7.89365	0.02020

从表 4-4 的检验结果来看,在滞后期为 1 的情况下,SR 和 EX 之间互为因果关系,即服务出口贸易产业渗透率与服务业产业增加值占比之间存在着双向因果关系;LP 和 EX 之间互为因果关系,即服务出口贸易产业渗透率与服务业劳动

生产率之间也存在着双向因果关系；SR 和 FDI 之间存在着单向因果关系，即服务业利用外资产业渗透率是服务业产业增加值占比的 Granger 原因，但服务业产业增加值占比不是服务业利用外资产业渗透率的 Granger 原因；类似地，LP 和 FDI 之间存在着单向因果关系，即服务业利用外资产业渗透率是服务业劳动生产率的 Granger 原因，但服务业劳动生产率不是服务业利用外资产业渗透率的 Granger 原因。在滞后期为 2 的情况下，SR 和 EX 之间存在着单向因果关系，即服务出口贸易产业渗透率是服务业产业增加值占比的 Granger 原因，但服务业产业增加值占比不是服务出口贸易产业渗透率的 Granger 原因；LP 和 EX 之间互为因果关系，即服务出口贸易产业渗透率与服务业劳动生产率之间也存在着双向因果关系；SR 和 FDI 之间存在着双向因果关系，即服务业利用外资产业渗透率和服务业产业增加值占比之间互为 Granger 原因；LP 和 FDI 之间存在着单向因果关系，即服务业利用外资产业渗透率是服务业劳动生产率的 Granger 原因，但服务业劳动生产率不是服务业利用外资产业渗透率的 Granger 原因。综上可见，尽管在滞后期为 1 和滞后期为 2 的情况下，Granger 因果关系检验结果并不完全相同，但其共同点是：服务出口贸易产业渗透率是服务业产业增加值占比的 Granger 原因；服务业利用外资产业渗透率是服务业产业增加值占比的 Granger 原因；服务出口贸易产业渗透率是服务业劳动生产率的 Granger 原因；服务业利用外资产业渗透率是服务业劳动生产率的 Granger 原因。上述所得结果并不难理解，在开放经济条件下，服务贸易的发展会对服务业产生反向拉动作用，这是许多理论和实证研究都已经证实的，而基于长三角数据的实证检验也印证了这一点，则说明在一定程度上扩大服务业开放有利于推动以服务业产业增加值占比所表示的产业结构的优化升级。而从服务业利用外资的角度来看，其对服务业的发展显然具有直接的拉动作用。如同长三角制造业迅猛发展是与"外资嵌入"密不可分一般，服务业利用外资也会对服务业发展起到积极的推动作用。因此，从上述意义来说，扩大服务业开放对服务业自身发展和规模扩张具有极为关键的意义。而从服务业劳动生产率所表示的制造业先进性来看，服务贸易的发展以及服务业利用外资同样对其产生了积极影响，也就说，继续扩大服务开放领域是有利于长三角先进制造业发展的。

（四）脉冲响应函数分析

对于 VAR 模型，其一个重要方面是系统的动态特征，即每个内生变量的变动或冲击对它自己及所有其他内生变量产生的影响作用。这可以通过脉冲响应函数（Impulse Response Function，IRF）加以刻画。脉冲响应函数描述了来自随机扰动项的一个标准差大小的新息冲击，对变量自身以及其他变量当前和未来取值的影响，它能够很形象地刻画出变量之间动态作用的路径变化。根据 VAR 模型滞后长度的选择标准,我们建立了一个滞后阶数为2的VAR(2)模型。进行脉冲响应函数分析的前提条件是VAR模型必须具备稳定性,也就是说,VAR模型的特征方程根的倒数全部落在单位圆内。为此,我们首先对VAR(2)模型的稳定性进行检验,结果表明VAR模型是稳定的,可以进行进一步的脉冲响应函数分析。图4-1至图4-4均是基于VAR(2)模型采用正交化方法和Cholesky分解技术模拟的脉冲响应函数图。图中横轴表示信息冲击作用的滞后期数,此处单位为年,纵轴表示因变量对解释变量的响应程度,实线表示随着预测期数的增加,脉冲响应函数的计算值,虚线表示在相应脉冲响应图像加或者减两倍标准差的偏离带,在模型中将信息冲击作用的滞后期设定为5年。此处,我们最为关心的是服务出口贸易产业渗透率、服务业利用外资产业渗透率与服务业增加值占比及服务业劳动生产率之间的关系,所以我们没有考虑服务出口贸易产业渗透率和服务业利用外资产业渗透率变量之间的相互冲击及脉冲响应问题。

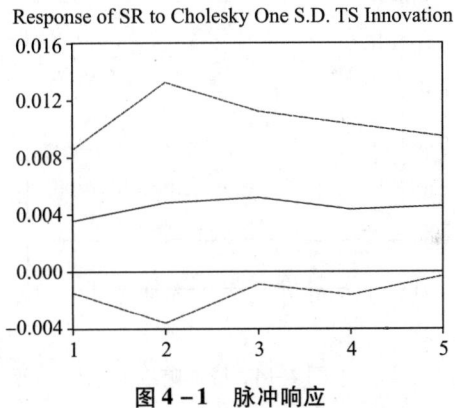

图4-1 脉冲响应

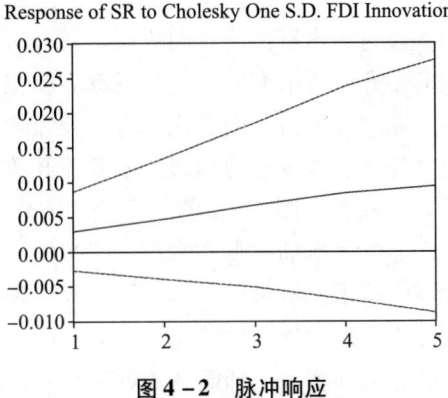

图4-2 脉冲响应

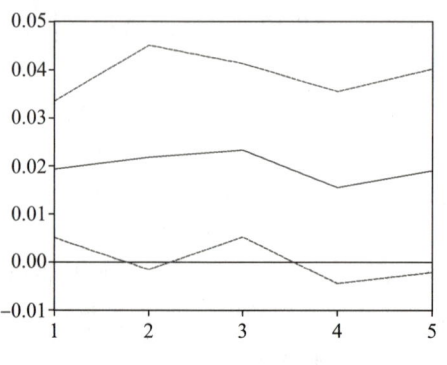

图4-3 脉冲响应

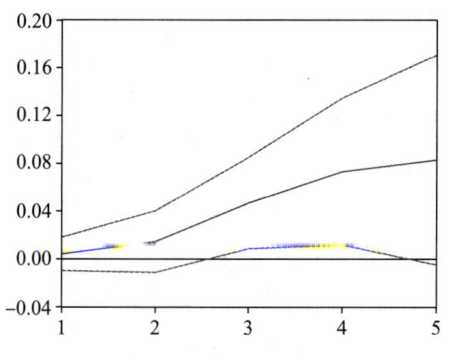

图4-4 脉冲响应

图4-1的结果表明,服务业产业增加值占比对来自服务出口贸易产业渗透率的信息冲击在开始的一段时间内有一个正向效应,而且这个正向效应在第2期达到最大,随后这种效应便开始逐渐衰减,这种现象表明服务业贸易产业渗透率的变化的确对于服务业产业增加值占比的变化具有显著影响,且这种影响是正向的。换言之,以服务业贸易产业渗透率为标志的服务业开放度的提高,对于服务业发展的反向拉动作用是存在的。图4-2的结果表明,服务业产业增加值占比对来自服务业利用外资产业渗透率的信息冲击在一开始的一段时间内就有一个正向效应,且这种正向效应有着不断持续扩大的作用。这一现象表明,服务业利用外资额的增加对于服务业产业增加值占比的提高具有正向作用,且这种作用具有持久性。这一点也是比较容易理解的,即服务业利用外资作为服务业开放度的重要标志之一,其与服务贸易的最大区别在于,服务贸易可能是一种短暂影响或者

说具有即时性,而服务业利用外资,作为一种产业的存在和发展,更具有持续性特征,因此,与图4-1相比,服务业利用外资对服务业增加值所产生的影响可能更大,也更持久。

图4-3的结果表明,服务业劳动生产率对来自服务出口贸易产业渗透率的信息冲击在开始的一段时间内有一个正向效应,但在第3期的时候这种正向效应逐步弱化,随后在一个低水平的层次上呈现平稳发展。显然,这一点与前文采用服务业产业增加值占比作为分工层次和水平的替代变量进行分析时所得结果极为相似。服务贸易的发展具有即时效应,但这种效应的持久性不强。当然,这种持久性不强的原因也可能在于服务出口贸易对服务业劳动生产率的提高,尤其是对高端生产者服务业的带动作用还不明显,结合前文的分析可知,长三角服务业开放度"滞后"于制造业的对外开放,因此在开放度较为滞后的情况下,对服务业劳动生产率变化的传导作用尚不明显,是可以理解的。与之相比,图4-4的结果表明,服务业劳动生产率对来自服务业利用外资产业渗透率的信息冲击在开始的一段时间内就有一个正向效应,且这种正向效应随着时间的推移在不断放大,由此可见服务业利用外资对服务业劳动生产尤其是高端生产者服务业的积极推动作用。

三、简要结论及启示

面临国内国际环境深刻变化后的"新常态",我国开放型经济正面临着极其严峻的挑战,其国际分工地位亟待提升。而如何切实有效地推动开放型经济转型升级,为开放型经济注入和释放新的动力、活力,已经成为事关我国经济乃至社会发展的最重要、最紧迫的课题。本节的研究认为,解决这一问题的重要思路之一就是扩大我国服务业对外开放,特别是大力发展服务出口贸易。在第三章分析服务出口贸易促进国际分工地位提升(即服务业发展)的理论机制基础上,利用我国开放型经济发展具有典型代表意义的长三角地区的经验数据,实证检验了服务出口贸易对国际分工地位提升的现实效应。综合利用协整检验、Granger因果关系检验、脉冲响应函数分析、方差分解分析等计量方法进行实证检验结果总体表明,服务出口贸易的发展的确有利于以长三角为代表的以及以产业结构优化升级为表现的我国国际分工地位的提升。

相对于制造业领域的开放而言,我国服务业开放程度还远远不够。而从全球范围看,服务业开放是大势所趋,当前服务业"全球化"和"碎片化"的深入演进,给我国扩大开放促进服务业发展提供了难得的机遇。通过扩大服务业对外开放,推动我国服务业发展和服务业转型升级,并由此引领生产服务业的高端化发展,对于提升我国国际分工地位,再创我国开放型经济发展的新一轮辉煌,有着极为关键的意义。

第二节 长三角服务出口的制成品出口技术含量提升效应

前文的理论分析已经表明,服务出口贸易的发展不仅对于服务业国际分工地位可能具有重要影响,而且从服务业和制造业的关系来看,对于制造业国际分工地位提升同样具有深刻影响。对此,本节再利用长三角的经验数据,从实证层面检验服务出口贸易发展是否对制造业国际分工地位产生了重要影响。由于长三角地区的制造业国际分工地位,从规模角度来看近年来其迅速"提升"已是可观察到的客观事实,对此,我们无须进行进一步分析,此处我们将着重从制成品"出口技术含量"变迁的角度,来经验分析服务出口贸易发展对长三角国际分工地位变迁的影响。

一、文献回顾

自20世纪90年代以来,伴随金融、信息和通信技术的突飞猛进和广泛应用,以及全球服务贸易规则的实行,世界服务贸易取得了迅猛发展,全球贸易结构呈现向服务贸易倾斜的发展趋势,从而激发了学者们对服务贸易及其相关问题的热烈讨论。而针对服务贸易自由化影响出口品品质的研究,从现有文献来看,其直接研究还较为缺乏。但是现有关于服务贸易进口可能影响制造业技术进步的研究,能够为我们提供一些间接的认识。

针对服务贸易进口对制造业技术进步的理论研究方面,Segerstorm 的研究指出[①],作为中间投入的服务品进口会与当地要素发生关联,进口的服务品将更具"地方化"和"适宜性"特征,从而能够促进进口国制造业的技术进步。Hoekman 的研究也持有类似的观点[②],其研究指出,服务业是一国制造业国际竞争力的重要源泉,因此,对于服务业发展水平较为落后的经济体来说,可以通过进口服务或引进服务业 FDI 来保障制造业发展过程中的生产者服务的有效供给,并进而促进制造业效率水平的提升。Lennon 等则进一步认为[③],服务尤其是作为中间

---

① Segerstorm, Paul S. The Long – Run Growth Effects of R&D Subsidies [J]. Journal of Economic Growth, 2000, 5 (3): 277 – 305.

② Hoekman, Bernard. Trade in Services, Trade Agreements and Economic Development: A Survey of the Literature [Z]. CEPR Discussion, 2006.

③ Lennon, S. Information Components of Apparel Retail Websites: Task Relevance Approach [J]. Journal of Fashion Marketing and Management, 2007, 11 (4), 494 – 510.

投入的生产者服务的固有特征,往往需要进口国其他生产要素投入和互动才能产生应有的作用,而由互动效应所产生的技术溢出将会更加明显,进而促进制造业技术进步和效率提升。Langhammer① 和 Markusen② 等则从分工演进的视角,指出服务贸易对制造业效率提升具有的重要作用,他们的研究认为,作为生产投入的服务贸易进口,由于更为细化和更为深化的专业化分工,不仅能够使其作为中间品的种类得以增加,其质量也会不断上升,进而对制造业效率提升具有重要的推动作用。Park③、Anderson④ 以及 Raff 和 Ruhr⑤ 等学者研究指出,当越来越多的服务变得可贸易时,服务业和制造业在跨国、跨区域上的空间分布联动效应也就会越来越强,服务贸易进口因此可以推动下游制造业的技术进步和生产效率水平的提升。伍华佳和张莹颖⑥、庄丽娟⑦等国内学者的研究认为,服务贸易进口可通过人力资本效应、物质资本积累效应、制度变迁效应等一系列作用机制,促进进口国制造业技术进步和生产效率水平提升。但是,也有学者持相反的观点,认为服务贸易进口并非一定意味着能够产生显著的技术外溢效应,在某些情况下反而有可能会对进口国自身技术研发产生"挤出"效应,进而对制造业技术进步和生产效率水平提升产生阻碍作用⑧。

针对服务贸易进口对制造业技术进步的实证研究方面,Arnold 等⑨利用捷克服务业 FDI 作为商业存在式服务进口的替代变量,并据此实证分析了其对制造业企业效率提升的影响,结果发现服务贸易进口对制造业效率提升具有显著的促进

---

① Langhammer R. J. Service Trade Liberalization as a Handmaiden of Competitiveness in Manufacturing [R]. Kiel Working Paper, 2006 (1293).

② Markusen, J. R. Trade in Producer Services and in Other Specialized Intermediate Inputs [J]. The American Economic Review, 1989, 79 (1): 85 – 95.

③ Park S. C. Measuring Tariff Equivalents in Cross – Border Trade in Services, Korea Institute for International Economic Policy [R]. Working Paper, 2002, 2 (15).

④ Anderson, M. Co – location of Manufacturing & Producer Services: A Simultaneous Equation Approach [R]. Working Paper, 2004.

⑤ Raff H., Ruhr M. Foreign Direct Investment in Producer Services: Theory and Empirical Evidence, Applied Economics Quarterly, 2007, 53 (3): 299 – 321.

⑥ 伍华佳, 张莹颖. 中国服务贸易对产业结构升级中介效应的实证检验 [J]. 上海经济研究, 2009 (3).

⑦ 庄丽娟. 国际服务贸易与经济增长的理论和实证研究 [M]. 北京: 中国经济出版社, 2007.

⑧ Baier S. L. and Bergstrand J. H. The Growth of World Trade: Tariffs, Transport Costs and Income Similarity [J]. Journal of International Economics, 2001, 53 (6): 59 – 71.

⑨ Arnold, Jens, Javorcik, Beata S., Mattoo, Aaditya. Does Services Liberalization Benefit Manufacturing Firms? Evidence from the Czech Republic [R]. Policy Research Working Paper Series 4109. The World Bank, 2007.

效应。Francois 和 Woerz①选取了 OECD 国家为研究对象，实证研究结果表明，服务贸易进口对具有不同要素密集度特征的制造业具有差异影响，具体而言，服务贸易进口能够显著地促进技术密集型制造业技术进步和效率提升，而对劳动密集型制造业却存在着显著的负面影响。国内学者蒙英华和尹翔硕②利用中国数据实证研究了生产者服务贸易进口对中国制造业效率的可能影响，研究结果发现，生产者服务贸易进口对技术密集型和资本密集型制造业效率提升，具有显著的促进作用，与此同时，具有不同要素密集度特征的生产者服务，其进口对制造业效率水平产生的影响也不尽相同。Sherman Robinson 等③利用跨国截面数据进行的实证研究表明，发展中经济体从发达经济体进口服务产品，往往能够有助于发展中经济体获取信息和先进技术，从而推动制造业技术进步和效率水平提升，但这种效应却并不存在于发达经济体从发展中经济体进口服务贸易的情形。尚涛和陶蕴芳④从生产性服务贸易开放与制造业国际竞争力关系角度开展的实证研究表明，中国生产性服务贸易开放程度的提高对各制造业生产部门国际竞争力水平的不断提升具有显著促进作用。

现有研究对于我们深化认识服务出口贸易对制成品出口技术含量水平的影响，无疑具有重要的参考价值和意义，但仍有进一步拓展的必要和空间，这突出表现在：尽管现有研究从理论和实证两个层面，均涉及服务贸易进口对制造业技术进步和效率提升等可能产生的影响，但是这些研究并没有区分制造业技术进步和出口技术含量提升，换言之，直接研究其对制成品出口技术含量提升的文献达极为鲜见。鉴于此，本节将利用长三角地区层面的经验数据，对服务出口贸易与长三角制成品出口技术含量之间的关系进行初步探讨。

二、研究设计

前文关于服务出口贸易发展影响制造业的理论机制分析，主要还是停留在理论逻辑上的推演，缺少来自长三角地区经验的实证检验。本节及以下部分的内容，旨在利用长三角层面的经验数据，对前文理论假说进行经验验证，以进一步明晰服务出口贸易是否显著影响了长三角地区制成品出口的技术含量。

---

① Francois, J. F., Woerz, J. Producer Service, Manufacturing Linkages, and Trade [N]. Tinbergen Institute Discussion Paper, 2007.
② 蒙英华，尹翔硕. 生产者服务贸易与中国制造业效率提升 [J]. 世界经济研究，2010 (7).
③ Sherman Robinson, Zhi Wang. Will Marin. Capturing the Implications of Services Trade Liberalization [J]. Economic Systems Research, 2002, 3 (1): 3–33.
④ 尚涛，陶蕴芳. 中国生产性服务贸易开放与制造业国际竞争力关系 [J]. 世界经济研究，2009 (5).

(一) 被解释变量及其测度

本书着重研究服务出口贸易对长三角地区制成品出口技术含量水平的影响，不言而喻，制成品出口技术含量水平即为被解释变量（记为 ES）。针对如何测算出口品技术含量问题，现有研究使用的主要测度指标包括单位价值、出口品价格水平以及出口技术含量水平[1][2][3]。相比较而言，出口技术含量水平是一个更为合理的指标，关于出口技术含量水平的测度，Hausmann 等较早地提出了两步计算法[4]。此后虽然有很多学者根据不同的研究需要，对上述测算出口技术含量水平方法进行了各种改进，例如，Xu 根据产品质量对产品技术含量水平进行了调整[5]；杜修立和王维国以产品的总生产在世界的分布为权重，而不是以产品的总出口在世界的分布为权重，计算出口技术含量水平[6]；姚洋和张晔则进一步区分了出口品的国内技术含量问题[7]；等等。但总体而言，各种方法仍各有利弊。鉴于此，本书仍采用 Hausmann 等（2007）的测度方法测度中国出口品技术含量水平，以作为出口品质的替代变量。在出口技术含量水平的测算步骤上，第一步首先测度每一种可贸易商品的技术含量指数（Technological Sophistication Index, TSI），其计算公式如下：

$$\text{TSI}_k = \sum_j \frac{z_{jk}/Z_j}{\sum_j (z_{jk}/Z_j)} Y_j \qquad (4-2)$$

其中，TSI_k 即为制成品 k 的技术含量指数。z_{jk} 即为第 j 个国家制成品 k 的出口额，Z_j 则为第 j 个国家所有制成品的出口总额，Y_j 为第 j 个国家的人均收入水平，通常以人均 GDP 表示。在测算出每种制成品技术含量指数后，第二步再通过以下公式计算出一国制成品总体出口技术含量水平：

$$\text{ES} = \sum_k \frac{z_k}{Z} \text{TSI}_k \qquad (4-3)$$

其中，ES 即为一国出口品品质水平指数，z_k 为该国制成品 k 的出口额，Z 为该国所有制成品的出口总额，TSI_k 为制成品 k 的技术含量指数。

---

[1] Fontagne, L., M. Freudenberg, G. Gaulier. Specialization Across Varieties and North – South Competition [J]. Economic Policy, 2008, 23 (1).

[2] Shi Bingzhan. Extensive Margin, Quantity and Price in China's Export Growth [J]. China Economic Review, 2011 (22): 233 – 243.

[3] Xu Bin. The Sophistication of Exports: Is China Special? [J]. China Economic Review, 2003, 21 (3): 482 – 493.

[4] Hausmann, Ricardo, Hwang, Jason., Rodrik, Dani. What You Export Matters [R]. NBER Working Paper, December, 2005 (11905).

[5] Xu Bin. Measuring the Technology Content of China's Exports [R]. Working Paper at CEIBS, 2006.

[6] 杜修立, 王维国. 中国出口贸易的技术结构及其变迁: 1980—2003 [J]. 经济研究, 2007 (7).

[7] 姚洋, 张晔. 中国出口品国内技术含量升级的动态研究 [J]. 中国社会科学, 2008 (2).

(二) 解释变量及其测度

在解释变量的选取上,本书着重关注服务出口贸易发展水平(记为 FS)。关于服务出口贸易发展水平的测度问题,是当前学术界研究中的一个难点,因为相比货物贸易自由化的衡量,服务出口贸易发展水平很难找到一个相对统一的衡量指标,如前文所述,目前学术界使用的既包括服务出口总额,也包括服务出口占服务业增加之比等。综合并借鉴现有文献的做法并且与前文的研究逻辑保持一致,此处我们继续采用服务贸易产业渗透率作为服务出口贸易发展水平的替代变量,即采用服务业 FDI 利用额和服务贸易出口额之和与服务业行业总产值之比,作为服务出口贸易发展水平的替代变量。

除了本书最为关注的服务出口贸易发展水平变量外,现有研究文献表明(Wang et al., 2007; Amiti et al., 2008; Xu et al., 2009; 王永进等, 2010; 孟祺, 2013),制造业利用外资(记为 FDIM)、融入产品内国际分工程度(记为 SPE)、基础设施(记为 INF)、制造业行业的研发投入(记为 RD)、制造业行业的人力资本(记为 HU)以及经济发展水平(记为 GDP)等,也是影响制成品出口技术含量的可能因素。其中,制造业利用外资额为制造业利用外资存量额(单位为亿美元),融入产品内国际分工程度变量,本书借鉴 Yeats[①] 的方法并进行适当改进,即采用中间产品进出口额占本国进出口总额比重表示;基础设施变量采用全国铁路营业里程和公路营业里程之和表示;制造业行业的研发投入采用样本期内制造业行业研发投入经费与总产值之比表示;制造业行业的人力资本采用样本期内制造业行业研发人员全时当量(人年)与全部从业人员年平均人数之比表示;经济发展水平以人均 GDP 表示。据此,考虑到数据的可获性以及计量分析的可行性,本书设定如下线性模型进行计量分析。

$$\ln ES_t = \alpha_0 + \alpha_1 FS_t + \alpha_2 \ln FDIM_t + \alpha_3 SPE_t + \alpha_4 \ln INF + \alpha_5 RD_t + \alpha_6 HU_t + \alpha_6 \ln GDP_t + \varepsilon_t \qquad (4-4)$$

其中,ln 为自然对数符号,为了减轻数据的波动性而又不影响计量结果,我们对部分变量进行了对数化处理。为了避免可能的伪回归和内生性问题,我们运用 VAR 模型来估计上述计量模型,数据年份为 1983~2012 年。

(三) 数据来源及说明

本书计算长三角地区出口技术含量水平作为制成品出口技术含量水平的替代变量,所使用的贸易数据来自于联合国 COMTRADE 原始数据库中 HS92 六位数分类贸易统计数据,以及《中国海关统计年鉴》数据;人均 GDP 数据则来自于世界银行 WDI 数据库、历年《上海统计年鉴》《江苏统计年鉴》和《浙江统计

---

① Alexander J. Yeats. Just How Big is Global Production Sharing? [A] //Arndt, S. W. and H. Kierzkowski. Fragmentation, New Production Patterns in the World Economy [Z]. 2001: 108-143.

年鉴》；计算服务出口贸易变量使用的服务贸易出口数据、服务业利用 FDI 额数据以及服务业行业总产值数据，同样来自于历年《上海统计年鉴》《江苏统计年鉴》和《浙江统计年鉴》；制造业行业利用外资额、铁路营业里程和公路营业里程、制造业行业研发投入经费与行业总产值、行业研发人员全时当量（人年）与全部从业人员年平均人数也来自于历年《上海统计年鉴》《江苏统计年鉴》和《浙江统计年鉴》；而测度长三角地区融入产品内国际分工程度变量所使用的中间产品进出口额，来自于《中国海关统计年鉴》数据。

三、实证分析

由于时间序列数据的经济变量大多具有非平稳性特征，因此，为能反映上述 8 个变量之间的真实关系，我们首先对上述时间序列的经济变量进行平稳性检验，如果这些变量同阶单整，则可以进一步进行协整性检验，以确定这些变量之间是否具有长期的稳定关系，为后面的向量误差修正模型奠定基础。

（一）单位根检验

在此，对上述时间序列变量的平稳性采用 ADF（Augment Dickey – Fuller）单位根检验。在检验过程中，依据各时间序列变量的趋势图确定其有无截距项和时间趋势，而最佳滞后期的确定以 AIC 为准则，检验结果如表 4 – 5 所示。

表 4 – 5 单位根检验结果

变量	截距	时间趋势	滞后阶数	ADF 值	1%临界值	5%临界值
$lnES_t$	有	有	2	-2.17	-4.00	-3.04
FS_t	无	有	1	0.12	-3.44	-2.62
$lnFDIM_t$	有	有	2	-1.47	-3.73	-3.01
SPE_t	有	有	3	-2.15	-4.16	-3.88
$lnINF_t$	无	无	2	-1.37	-3.15	-2.33
RD_t	有	无	1	-2.16	-4.37	-3.73
HU_t	无	有	2	-0.15	-2.13	-2.00
$lnGDP_t$	有	有	2	-3.05	-4.30	-3.38
$\Delta lnES_t$	无	无	0	-5.13***	-3.60	-2.15
ΔFS_t	有	有	2	-4.04**	-4.33	-3.62
$\Delta lnFDIM_t$	有	无	0	-3.82***	-3.73	-2.86
ΔSPE_t	有	无	2	-5.13***	-3.81	-3.04

续表

变量	截距	时间趋势	滞后阶数	ADF 值	1%临界值	5%临界值
$\Delta \ln INF_t$	无	无	1	-5.36***	-3.31	-2.41
ΔRD_t	有	无	1	-3.61**	-3.93	-3.02
ΔHU_t	有	无	2	-4.18***	-3.59	-2.72
$\Delta \ln GDP_t$	无	无	2	-3.66**	-4.25	-2.21

注：***和**分别表示1%和5%的显著性水平，Δ表示一阶差分。

由表4-5的检验结果可知，各原始变量均存在单位根，经过一阶差分后，各变量至少在5%的显著性水平下拒绝存在单位根的原假设，即各原变量序列均为一阶单整序列，满足进行进一步协整检验的要求。

（二）协整分析

目前，在进行协整检验的滞后期选择上存在一个尴尬局面，因为滞后期的选择既要考虑能否反映所构造模型动态特征，又要考虑能否使模型有足够数目的自由度。囿于本书样本空间有限，基于SC准则和AIC信息准则基础，我们最终选择的滞后期为2，并采用Johansen极大似然法检验各个变量间是否存在协整关系，结果如表4-6所示。

表4-6 Johansen 协整检验结果

协整假定数	特征值	迹统计量	临界值（5%）	概率**
None**	0.938336	106.4809	60.06141	0.0000
At most 1**	0.848987	64.69013	40.17493	0.0000
At most 2**	0.759082	36.33429	24.27596	0.0010
At most 3**	0.599981	14.98481	12.32090	0.0175
At most 4	0.079	1.241	4.129	0.309

注：**表示5%的显著性水平。

表4-6的检验结果表明，每一个 VAR 系统中变量间均存在至少1个协整关系，这说明制成品出口技术含量水平、服务出口贸易、制造业利用外资额、融入产品内国际分工程度、基础设施、制造业行业的研发投入、制造业行业的人力资本以及经济发展水平，在样本期内存在长期均衡关系。以最大特征值所对应的协整关系作为变量间的长期均衡关系，对协整向量作正则化处理，得到 $\hat{\alpha}$ =（1，-2.89，-0.43，-0.30，-0.22，-0.41，-3.11，-0.11，-9.1），其相应的协整关系为：

$$\ln ES_t = 2.89 FS_t + 0.43 \ln FDIM_t + 0.30 SPE_t + 0.22 \ln INF_t +$$
$$(5.37^{***})\ (15.21^{***})\ (2.69^{**})\ (6.03^{***})$$
$$0.41 RD_t + 3.11 HU_t + 0.11 \ln GDP_t + 9.1$$
$$(2.35^{**})\ (2.11^{**})\ (4.16^{***})\ (17.23^{***}) \qquad (4-5)$$

括号内的数字表示各系数估计值的 t 统计量，*** 和 ** 分别表示在 1% 和 5% 显著性水平下拒绝系数为 0 的原假设。从模型（4-5）可以看出，长期而言，变量 FS、lnFDIM、SPE、lnINF、RD、HU、lnGDP 的系数符号为正且至少在 5% 的显著性水平下对变量 lnES 具有显著影响。

（三）Granger 因果检验

实证模型（4-5）较好地度量了制成品出口技术含量水平变量与其他变量之间的相关程度及其方向，但还不足以说明变量之间的因果关系，也难以解释制成品出口技术含量水平变动的原因。为此，我们进一步采用 Granger 因果检验法，以明晰样本期间长三角地区制成品出口技术含量水平与其他变量之间的因果关系，具体检验结果如表 4-7 所示。

表 4-7 长三角制成品出口技术含量水平与其相关变量的 Granger 因果检验

变量	原假设	观测点	F 统计值	概率
lnES、FS	FS 不是 lnES 的 Granger 原因	28	6.28	0.003
	lnES 不是 FS 的 Granger 原因	28	1.21	0.386
lnES、lnFDIM	lnFDIM 不是 lnES 的 Granger 原因	28	3.84	0.022
	lnES 不是 lnFDIM 的 Granger 原因	28	0.79	0.684
lnES、SPE	SPE 不是 lnES 的 Granger 原因	28	5.21	0.012
	lnES 不是 SPE 的 Granger 原因	28	2.03	0.201
lnES、lnINF	lnINF 不是 lnES 的 Granger 原因	28	5.36	0.008
	lnES 不是 lnINF 的 Granger 原因	28	1.39	0.413
lnES、RD	RD 不是 lnES 的 Granger 原因	28	4.97	0.002
	lnES 不是 RD 的 Granger 原因	28	1.28	0.357
lnES、HU	HU 不是 lnES 的 Granger 原因	28	3.97	0.043
	lnES 不是 HU 的 Granger 原因	28	1.86	0.516
lnES、lnGDP	lnGDP 不是 lnES 的 Granger 原因	28	4.59	0.018
	lnES 不是 lnGDP 的 Granger 原因	28	5.12	0.013

表 4-7 的 Granger 因果检验结果表明，至少在 5% 的显著性水平下，长三角地区制成品出口技术含量水平与服务出口贸易、制造业利用外资额、融入产品内

国际分工程度、基础设施、制造业行业的研发投入、制造业行业的人力资本存在着单向因果关系，或者说后六个变量的变动可引致长三角地区制成品出口技术含量水平的变化；长三角地区制成品出口技术含量水平与以人均GDP表示的经济发展水平之间存在双向因果关系。

综合表4-6协整检验和表4-7Granger因果检验结果可知，长期而言，服务出口贸易发展对长三角地区制成品出口技术含量水平提升具有显著影响，与此同时，制造业利用外资额的扩大、深度融入国际分工、完善基础设施、研发投入增加、人力资本以及经济发展水平的提高，均对长三角地区制成品出口技术含量水平提升具有显著促进作用。

FS_t的系数为2.89，意味着在保持其他条件不变的情况下，服务出口贸易每绝对提高一个单位，制成品出口技术含量水平将相对提高2.89个单位，即服务出口贸易的发展会有利于制成品出口技术含量水平的提升。这一结果符合前文理论分析的预期。由于受到经济发展水平的现实制约以及长期以来对服务业不够重视，长三角地区服务业的发展水平总体而言比较落后，因此伴随长三角地区工业化进程的不断推进从而对服务的需求日益旺盛，长三角地区服务出口贸易进程改革促进了服务贸易进口增加更加迅猛，长三角地区服务贸易连年逆差就是明证。尤其是我国在加入WTO后的大背景下，随着"入世"承诺的逐步兑现，长三角地区的服务贸易开放程度得到了很大提高。服务贸易开放程度的提高，在促进地区服务业发展的同时，也扩大和改善了服务贸易的规模与结构。尤其是服务贸易进口结构的不断改善，对于促进制造业效率提升和技术进步，进而制成品出口技术含量水平的提升，具有显著的积极影响。

就其他影响因素而言，$lnFDIM_t$的系数估计值为0.44，说明制造业行业利用外资额每增加1%，会导致制成品出口技术含量相应地提高1%。其中的作用机制可能不仅在于外资企业的进入产生了广泛的溢出效应，从而促进了长三角地区制造业效率水平的提高和技术进步，还因为进入长三角地区的外资企业往往拥有更为先进的技术和更高的生产率，从而对长三角地区制成品出口技术含量的整体提升具有直接效应。现有的文献已经表明，进入包括长三角地区在内的中国外资企业平均而言，其生产率水平和技术水平要高于国内本土企业（Du，2011[①]）。从上述意义来说，本书的研究结论与现有文献具有内在的一致性。变量SPE_t的系数估计值为0.31，这一结果意味着融入产品内国际分工程度的加深，更具体地说，中间产品进出口额占进出口总额比重每绝对地提高1个单位，会导致制成品出口技术含量相对地提高1个单位。实际上，在产品内国际分工体系下，由于一

---

① Julan Du. Do Domestic and Foreign Exporters Differ in Learning by Exporting? Evidence from China [C]. Paper for CEDR – HSE 4th Joint Conference, 2011.

国制成品出口往往内含大量的进口中间投入品,因此,一国制成品出口技术含量的提升可能是使用了技术含量水平较高的进口中间产品的结果。如 Johnson 等[①]和 Theodore H. Moran[②] 的研究发现,在全球价值链分工模式下,发展长三角地区出口的高技术含量水平产品,表面上是由发展长三角地区自己生产,但实质上其中主要的高技术含量部分则产自于发达国家。这一情形其实正是长三角地区对外贸易发展实践的真实写照。$lnINF_t$ 的系数估计值为 0.21,这一结果意味着基础设施的完善,对于长三角地区制成品出口技术含量的提高,具有显著的积极促进作用,这一点也是与现有文献研究结论一致的(王永进等,2010)。变量 RD_t 和 HU_t 的系数估计值分别为 0.43 和 3.12,且均在 5% 的显著性水平下具有显著影响,说明研发投入比例的提高和人力资本状况的改善对制成品出口技术含量提高具有积极的促进作用。这一点也是与通常的理论预期是一致的。变量 $lnGDP_t$ 的系数估计值为 0.01,表明经济发展水平对制成品出口技术含量同样具有显著的正向影响,换言之,人均 GDP 每提高 1 个百分点,制成品出口技术含量会相应地提高 0.12 个百分点。这一点与现有关于人均 GDP 与一国制成品出口技术含量研究文献所揭示的现象,也是一致的(Hausmann et al., 2007)。

四、简要结论及启示

自 20 世纪 90 年代以来,伴随包括长三角地区在内的中国出口贸易"井喷式"增长,包括长三角地区在内的中国制成品出口技术含量水平也有了迅速提升,甚至远远超越了同等收入水平的国家。对此,现有文献主要从 FDI、中间产品进口、基础设施等不同角度实证探讨了其可能的影响因素(Wang et al., 2007;Amiti et al., 2008,Xu et al., 2009;王永进等,2010;孟祺,2013),而从服务出口贸易角度开展的研究却极为鲜见。从国际产业演化趋势和发展规律来看,制成品出口结构和技术含量水平升级有赖于生产者服务业的支撑和引领。然而,在服务业"全球化"和"碎片化"的发展趋势下,服务业发展不仅取决于本土资源情况,还取决于服务贸易发展所带来的促进机遇。换言之,服务出口贸易投入服务业增长对制造业转型升级可能产生重要的引领作用。那么,在此背景下,我们能否利用全球产业结构的现行比较优势,抓住全球服务贸易发展的重要契机,或者说,以服务出口贸易服务于长三角地区制成品出口技术含量水平提升

---

① Johnson, Robert C. and Guillermo Noguera. Accounting for Intermediates: Production Sharing and Trade in Value – Added, Manuscript [D]. Dartmouth College, 2009.

② Theodore H. Moran. Foreign Manufacturing Multinationals and the Transformation of the Chinese Economy: New Measurements, New Perspectives [R]. Peterson Institute for International Economics Working Paper Series WP11 – 11, April 2011.

的现实需要？针对这一重要命题，在前述理论分析的基础之上，本节又从实证层面上给予了回答。

鉴于此，本书采用了服务贸易出口渗透率和服务业 FDI 产业渗透率，作为服务出口贸易的替代变量，并借鉴 Hausmann 等（2007）的测度方法，测算了 1983~2012 年长三角地区制成品出口技术含量水平，据此实证研究了服务出口贸易对长三角地区制成品出口技术含量水平提升的可能影响。实证检验结果表明，服务出口贸易发展对长三角地区制成品出口技术含量水平提升具有显著影响，这说明，不断推进的服务出口贸易改革对于出口技术含量水平提高具有较好的解释力。与此同时，我们的研究还发现，制造业 FDI、融入产品内国际分工程度、基础设施、制造业行业研发投入、制造业行业人力资本以及经济发展水平等，均对出口技术含量水平具有显著影响。

本书研究所得结论具有重要的政策含义。目前，在资源环境约束日益强化，"人口红利"逐渐式微，在传统低成本优势正被销蚀的态势下，成功突围全球价值链锁定实现出口技术含量水平提升，需要发挥生产者服务的支撑和引领作用。然而，在目前长三角地区服务业发展相对滞后进而难以发挥支撑和引领作用的大背景下，可以通过不断地推进服务贸易改革，抓住全球服务贸易发展的重要契机，从而"借力"全球产业结构的现行比较优势，更具体地说，通过大力发展服务出口贸易，"借力"发达经济体在服务业方面的比较优势，助推中国制成品出口技术含量水平的不断提升。总体而言，本书为长三角地区推进服务出口贸易的改革，提升制成品技术含量水平，提供了实证方面的支撑。

第五章 服务出口提升分工地位：基于"稳增长"作用分析

服务贸易出口对提升国际分工地位的影响，可能还在于服务出口更加具有"稳增长"作用。在中国制造业出口增速面临快速下行的巨大压力下，能否依托服务出口重塑"稳增长"动力源，成为理论和实践部门亟待回答的重要课题。对这一问题的回答，更能体现出服务出口是否具有提升国际分工地位的作用，鉴于此，考虑到数据的可得性及其研究的可行性，本章从增加值这一真实出口增长角度，运用 WIOD 最新发布的投入产出表，分别计算了中国和 43 个其他样本经济体 2000~2014 年的出口增加值、出口总额和出口附加值率等相关数据，通过行业层面和国别层面的比较研究发现：①与制造业相比，虽然传统总值核算法下中国服务业出口不到制造业的 25%，但增加值层面的出口却已达制造业的 80% 左右，且从发展趋势看，制造业出口附加值呈下降趋势而服务业出口增加值却呈上升趋势。②从国际比较来看，无论基于传统总值核算还是增加值核算，中国服务出口占总出口比重低于各主要经济体甚至是全球平均水平。③从细分行业看，中国服务出口部门"缺失"过多，存在着结构严重失调问题。据此所形成的基本判断是，从增加值角度看，服务出口相对制造业出口确实具有"逆势飞扬"态势，而差距的存在说明中国服务出口确实具有巨大的提升空间，只要战略得当，服务出口能够成为"稳增长"的潜在动力源。由于长三角地区是中国开放型经济最为发达的地区，因此，上述研究结论对长三角地区具有一定的适用性。本章研究不仅为稳出口探寻了可能路径，也为中国外贸向服务贸易方向转型发展战略提供了一定依据，为如何通过服务业发展提升长三角国际分工地位提供了一定依据。

第一节 服务出口与稳增长：全球价值链新视角

改革开放以来尤其是加入 WTO 以来，通过充分利用本国低端要素优势和全球经济繁荣下的强劲国际市场需求，中国在融入全球价值链分工体系中实现了出口贸易的井喷式增长（吴福象和刘志彪，2009①）。联合国贸发会议的统计数据显示，1978 年中国货物出口额占全球出口市场的比重不足 1%，到了 2016 年这一比重上升到超过 13% 的水平，成功实现了从国际经济学意义上的"小国"向"大国"的华丽转变。虽然近年来中国出口在国际市场上的份额占比仍呈微弱上升之势，但自 2008 年全球金融冲击以来，在全球贸易增长深陷"低迷泥沼"的大背景下，中国出口增速也出现了断崖式下跌，从以往的两位数超高速增长，跌入中低速乃至负增长通道。中国商务部的统计数据显示，以美元计价的 2012 ~ 2016 年我国出口增长率分别为 7.92%、7.82%、6.10%、- 3.05% 和 - 7.70%，不仅远低于以往的高速增长率，甚至跌到了 GDP 增速之下。实际上，正如任志成等（2017）的研究指出②，在经历了危机冲击后 2009 年出口贸易的大幅衰退后，2010 年和 2011 年中国出口增长虽然出现了名义上的暂时反弹，但考虑到 2009 年出口基数的大幅下降，因而本质上仍然是出口增速的下降。中国出口贸易增长出现的"乏力"现象，引起了理论和实际工作部门的极大担忧，因为在出口是驱动经济增长的一支重要力量甚至可以说是驱动经济增长"发动机"的基本共识下，中国外贸"增速下降"乃至出现负增长，这意味着出口贸易对经济发展的作用和贡献将随之下降。因此，如何重塑出口竞争新优势，稳定出口增长，成为当前中国外贸转型发展面临的重要课题。

在全球经济进入深度调整的背景下，与货物出口贸易增长的低迷状态相比，包括中国在内的全球服务出口却呈现出"逆势飞扬"的增长趋势。世界贸易组织（WTO）的统计数据表明，2010 ~ 2014 年，全球服务出口增长率分别为 9.18%、12.43%、2.81%、6.41%、6.91%，远高于同期货物出口增长率。具体到中国而言，近年来相比货物出口的"乏力"，服务出口同样出现逆势强劲增长态势。中国商务部的统计数据显示，2010 ~ 2014 年中国服务出口增长率分别为 45.51%、12.73%、4.62%、7.21%、7.6%，也高于同期货物出口增长。可能正因如此，有学者研究认为，在全球货物贸易增长巅峰已过的新平庸时代（Hoekman，2015③），服务贸易被寄予带动全球贸易增长"新引擎"的厚望。然而不幸的是，2015 年和 2016 年全球服务出口增长率分别降至 - 5.65%、0.36%，其中中国服务出口增长率也相应地降至 - 0.72% 和 - 4.41%。据此不免会提出这样的一个问题：服务出口能够成为稳定中国出口增长的动力源吗？对这一问题的

---

① 吴福象，刘志彪. 中国贸易量增长之谜的微观经济分析：1978 ~ 2007 [J]. 中国社会科学，2009（1）：70 - 83.

② 任志成，刘梦，戴翔. 价值链分工演进如何影响贸易增长：现象、理论及模拟 [J]. 国际贸易问题，2017（2）：119 - 130.

③ Hoekman B. (ed.). The Global Trade Slowdown: A New Normal? [M]. A VoxEU eBook, London: CEPR Press and EUI, 2015.

回答,不仅是从特定视角探寻中国出口稳增长的对策举措,同时也是为以服务出口为主要内容和方向之一的中国外贸转型发展需求提供现实依据,因此本章研究具有较强的政策含义。

第二节 研究方法与数据

针对本章所提出的上述问题,不仅要看到服务出口增长的趋势及其可持续性,更要明晰服务出口的真实增长水平,本章力图在后一个问题上做出初步探讨。因为在全球价值链下,贸易存在着"重复统计"问题,因而具有"名义增长"即传统总值核算法下的增长,以及"真实增长"即当前流行的贸易增加值核算法下的实际增长。当前对服务出口的认识和判断仍然是基于传统总值核算法的分析和解读,且容易形成"偏误"。鉴于此,本章从出口附加值核算角度,对中国服务出口增长进行两个方面的比较分析:一是与中国制造业出口增加值进行比较,以明晰服务业出口与制造业出口之间的相对地位及其变化趋势,了解服务出口相对制造业出口是否真的具有"逆势飞扬"的态势;二是与全球各主要国家的服务出口增加值进行比较,以明晰中国服务出口增加值所处地位、存在的差距以及进一步提升的空间。据此对服务出口能否成为稳定中国出口贸易增长的动力源问题,做出初步的判断分析。

一、测算方法

基于本章的研究需要,这里首先要解决的问题就是服务出口国内增加值的核算。针对出口国内附加值的测算,正成为当前国内外学术界研究全球价值链的一个热点。目前,针对出口国内附加值的测算较多,并大体分为两类。一类测度方法是利用企业微观数据对出口增加值进行分解和测算,代表性的研究如 Upward 等(2013)[1]、张杰等(2013)[2]、高敏雪和葛金梅(2013)[3]、郑丹青和于津平(2014)[4]等学者的经典文献。但基于微观企业层面的研究并未从产业层面对出口国内附加值进行直接测度。近年来,随着价值链数据库的不断完善,部分文献

---

[1] Upward, R., Z. Wang and J. Zheng. Weighing China's Export Basket: The Domestic Content and Technology Intensity of Chinese Exports [J]. Journal of Comparative Economics, 2013 (2): 527 – 543.

[2] 张杰,陈志远,刘元春. 中国出口国内附加值的测算与变化机制 [J]. 经济研究, 2013 (10): 124 – 137.

[3] 高敏雪,葛金梅. 出口贸易增加值测算的微观基础 [J]. 统计研究, 2013 (10): 8 – 15.

[4] 郑丹青,于津平. 中国出口贸易增加值的微观核算及影响因素研究 [J]. 国际贸易问题, 2014 (8): 3 – 13.

开始从产业层面测度出口国内附加值,如张芳(2011)[①]、Koopman 等(2010)[②]、罗长远和张军(2014)[③] 等经典研究文献。但基于全球加重了数据库进行的测度分析,大多聚焦于制造业出口,鲜有对服务出口国内增加值进行测算和比较的,而且不同测度方法也是略有差异的。相对而言,Koopman 等(2012)[④] 提出的国内出口增加值(DV)计算方法更具合理性,且目前被学术界采用得较为普遍。本章的研究也借鉴这一方法。根据 Koopman 等(2012)提出的国内出口增加值(DV)计算方法,假设有 N 个国家 G 个行业,经济体 t 的 DV 的计算公式如下:

$$DV_t = V_t(I - A_{tt})^{-1} E_{t*}, \quad t = (1, 2, \cdots, N) \tag{5-1}$$

其中,DV_t 为国家 t 中 G 个行业出口国内增加值的 $G \times 1$ 维列向量,I 为 $G \times G$ 的单位矩阵。V_t 为国家 t 的增加值率对角矩阵,V_t 的对角线元素分别为 t 国 G 个行业的直接出口增加值率,其余元素皆为 0,其矩阵形式如下:

$$V_t = \begin{bmatrix} v_t^1 & 0 & \cdots & 0 \\ 0 & v_t^2 & \cdots & 0 \\ \vdots & \vdots & \ddots & \vdots \\ 0 & 0 & \cdots & v_t^G \end{bmatrix} \tag{5-2}$$

式(5-1)中的 A_{tt} 为国家 t 的国内投入产出矩阵,A_{tt} 的 i($i=1, 2, \cdots, G$)行中的各列元素表示对应列的部门生产一单位产出使用的来自国内 i 部门的投入量,A_{tt} 的 j($j=1, 2, \cdots, G$)列中的各行对应的元素表示对应行的国内部门在生产一单位 j 时作为中间品被投入的量,A_{tt} 的矩阵形式为:

$$A_{tt} = \begin{bmatrix} a_{11} & a_{12} & \cdots & a_{1G} \\ a_{21} & a_{22} & \cdots & a_{2G} \\ \vdots & \vdots & \ddots & \vdots \\ a_{G1} & a_{G2} & \cdots & a_{GG} \end{bmatrix} \tag{5-3}$$

式(5-1)中的 E_{t*} 为国家 t 中 G 个行业出口的 $G \times 1$ 维列向量,E_{t*} 的计算公式如下:

$$E_{t*} = \sum_{h \neq t}^{N} E_{th} = \sum_{h \neq t}^{N} (A_{th} X_h + Y_{th}) \tag{5-4}$$

[①] 张芳. 针对加工贸易之非竞争型投入产出表的编制与应用分析 [J]. 统计研究, 2011 (8): 73 - 79.

[②] Koopman, R., W. Powers, Z. Wang, and S. - J. Wei. Give Credit Where Credit is due: Tracing Value Added in Global Production Chains [R]. NBER Working Paper, 2010 (16426).

[③] 罗长远, 张军. 附加值贸易: 基于中国的实证分析 [J]. 经济研究, 2014 (6): 4 - 17.

[④] Koopman, R., W. Powers, Z. Wang, S. - J. Wei. Tracing Value - added and Double Counting in Gross Exports [R]. NBER Working Paper, 2012 (18579).

其中，Y_{th}（t，h=1，2，…，N）表示经济体 h 对经济体 t 的最终产品吸收，因此 Y 矩阵每行元素加总是对应国家最终需求的 G×1 维列向量，A_{th} 是经济体 h 生产中使用的经济 t 中间品的 G×G 投入产出系数矩阵。

将 DV_t 和 E_{t*} 中代表服务业的对应行相除即可得到对应行的服务业部门的出口附加值率，将 DV_t 和 E_{t*} 中所有对应服务业行业加总后相除即可得到服务业整体出口的国内增加值率。制造业对应的出口增加值率按照与服务业相同的计算方法即可计算得出。

二、数据来源及说明

目前在各主要国际组织构建的全球价值链基础数据库中，欧盟支持的 11 个机构联合体开发的世界投入产出数据库（WIOD），不仅在行业分类上更为细致，而且在时间序列上连续性也更强，因而在实际研究中被较为普遍地采用。本章研究所采用的基础数据也来源于 WIOD 数据库。需要说明的是，WIOD 发布的世界投入产出表有两个版本，其中一个版本是 2013 年发布的 1995~2011 年世界投入产出数据，另一个版本是 2016 年新发布的 2000~2014 年的世界投入产出数据。2016 年发布的最新版世界投入产出表，除了对往年数据进行年度上的更新外，还将世界投入产出表的部门数由原来的 35 个细分至 56 个①（其中代码 C23~C56 共 34 个行业为服务业行业），国家（地区）增加到 44 个②，表格的制定方式也

---

① 行业代码及行业名称：C1 作物及畜牧生产、狩猎及相关产业，C2 林业及伐木业，C3 渔业及水产养殖业，C4 采掘业，C5 食品、饮料及烟草业，C6 纺织、服装及皮革业，C7 木材加工（家具除外）及木、竹、藤、棕、草制品业，C8 造纸及纸制品业，C9 印刷及出版业，C10 炼焦及石油业，C11 化工产品制造业，C12 医药制品业，C13 橡胶及塑料制品业，C14 其他非金属矿物制品业，C15 基本金属制品业，C16 金属制品业（机械设备除外），C17 计算机、电子及光学设备制造业，C18 电气设备制造业，C19 机械设备制造业，C20 小汽车、拖车、半挂车制造业，C21 其他运输设备制造业，C22 家具制品及其他制造业，C23 机械和设备的维修和安装，C24 电、煤气、蒸汽和空调供应，C25 水收集、处理和供应，C26 污水、垃圾收集、处理和处置、材料回收再利用活动和其他废物管理服务，C27 建筑业，C28 批发和零售贸易业和修理汽车和摩托车业，C29 批发贸易行业（除了机动车和摩托车），C30 零售贸易行业（除了机动车和摩托车），C31 陆运及管道运输业，C32 水运行业，C33 航空运输业，C34 物流仓储行业，C35 邮政快递业，C36 住宿和餐饮服务业，C37 出版业，C38 传媒业，C39 通信业，C40 计算机编程、咨询和相关活动和信息服务业，C41 金融服务业（除了保险和养老资金），C42 保险、再保险和养老资金（除了强制性社会保障），C43 金融保险辅助行业，C44 房地产业，C45 总部的法律和会计活动和管理咨询活动，C46 建筑和工程活动技术测试和分析，C47 科学研究和发展，C48 广告和市场研究，C49 其他专业、科学技术与兽医行业，C50 管理和支持服务活动，C51 公共管理和国防、强制性社会保障，C52 教育行业，C53 医疗和社会工作行业，C54 其他服务业，C55 自给自足的家庭生产服务活动，C56 不受管辖的组织和机构的服务活动。

② 44 个国家（地区）：澳大利亚、奥地利、比利时、保加利亚、巴西、加拿大、瑞士、中国、塞浦路斯、捷克、德国、丹麦、西班牙、爱沙尼亚、芬兰、法国、英国、希腊、克罗地亚、匈牙利、印度尼西亚、印度、爱尔兰、意大利、日本、韩国、立陶宛、卢森堡、拉脱维亚、墨西哥、马耳他、荷兰、挪威、波兰、葡萄牙、罗马尼亚、俄罗斯、斯洛伐克、斯洛文尼亚、瑞典、土耳其、中国台湾、美国、其他地区。

由原来的每国一表,变更为每年一表的统一制表格式。因此采用 2000~2014 年的世界投入产出数据进行测算,所得结果将更加准确、细致,且对服务出口国内增加值变化的研究也更加具有时效性。

第三节 测算结果及分析

一、中国出口国内增加值:服务业与制造业的比较

在全球价值链分工条件下,无论是货物贸易还是服务贸易,实际上都存在重复的统计问题,因而也就存在着实际的增长问题。因此,在货物出口尤其是制造业出口疲迷的背景下,服务出口增长能否弥补制造业出口增长下滑,从而成为出口稳增长可能的动力来源,需要从出口附加值层面对真实出口情况进行比较分析。为此,按照前文介绍的方法,首先测算了 2000~2014 年中国服务业和制造业的出口增加值和出口附加值率,所得结果与服务业和制造业的出口总值一并绘制成图 5-1。

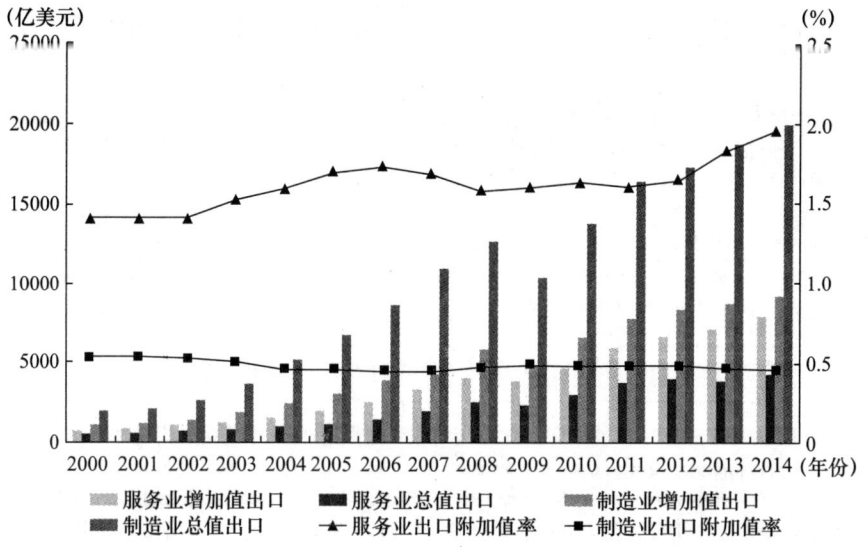

图 5-1 2000~2014 年中国服务业与制造业出口总值、增加值与附加值率

资料来源:作者计算。

基于图 5-1 显示的结果,可以对制造业出口和服务业出口进行两个方面的

对比分析，一是对比中国服务业出口的国内附加值创造能力相对于制造业出口的国内附加值创造能力，究竟谁处于相对优势地位；二是服务业出口的国内附加值创造能力与制造业出口的国内附加值创造能力相比，在演变趋势上是否具有明显的差异性。从图5-1显示的结果来看：第一，无论是从出口总值角度看，还是从出口国内附加值角度看，制造业相对于服务业均处于主导地位，即在样本期内的任何年份，制造业出口总值和附加值都要高于服务业。但是，如果仅仅观察出口总值的话，制造业相对于服务业的优势十分显著，甚至可以说具有压倒性优势；然而，如果比较出口国内附加值的话，尽管制造业相比服务业仍然占据领先地位，但优势的显著性已经大大减弱，其差距已不是十分明显。换言之，从出口附加值的真实角度看，服务业和制造业之间的差距远没有从出口总值这一表象上的差距大。第二，从变化趋势看，服务业出口附加值虽然一直低于制造业出口附加值，但是二者相对距离正在变得越来越小，换言之，服务业出口附加值对制造业出口附加值的确呈现出"赶超"之势。更具体地看，同期内中国服务业的出口总量一直低于制造业，大约仅相当于制造业的1/4，然而，从出口附加值层面看，两者之间在2014年相差已经不到10%。第三，在全球价值链条件下，基于总值核算法的制造业乃至整体出口存在严重的高估，但这种高估现象并不存在于服务业中。实际上从图5-1显示的结果看，中国服务业创造的出口附加值就远高于其所对应的出口总值，这形成了一个明显的真实出口与名义出口之间的"倒挂"现象。更进一步地，从图5-1右坐标标示出口附加值率折线可以看出，2000~2014年中国服务业的出口附加值率一直高于100%，而同期制造业对应的出口附加值却一直处于50%左右的水平（该数据在表5-1中将被呈现）。此外，从对应于图5-1右坐标的附加值率折线的发展趋势还可以看出，中国制造业的出口附加值率在2000~2014年的15年间，总体上呈现出了下降趋势，而与之截然不同的是，服务业的出口附加值率却呈现出了快速上升的趋势。基于上述比较研究可以做出的基本判断是，在制造业出口增速下滑背景下，服务出口具有成为增长新引擎的潜在动力。

为了从更加详细的角度凸显出中国服务业相对中国制造业"以小博大"的真实出口增长能力，本章将计算获得的中国服务业与制造业的出口增加值、出口总值和出口附加值率的对比情况，报告于表5-1之中。

表5-1前三列报告的结果分别是服务业增加值出口额、制造业增加值出口额以及服务业增加值出口额与制造业增加值出口额之比。与前三列的呈列逻辑一致，中间三列和后三列分别比较的是两个行业的总值出口和出口附加值率。从表5-1中可以看出，2014年中国服务业的总值出口仅是制造业总值出口的20.26%，但同年服务业出口附加值却是制造业出口附加值的85.96%，也就是说，

服务贸易发展与长三角国际分工地位变迁研究

表5-1　2000~2014年中国服务业与制造业出口额对比　　　单位:%

年份	增加值出口			总值出口			出口附加值率		
	服务业	制造业	服务/制造	服务业	制造业	服务/制造	服务业	制造业	服务/制造
2000	34.67	50.22	69.03	20.13	76.05	26.47	141.31	54.18	260.82
2001	36.07	49.56	72.79	21.11	75.06	28.12	141.50	54.67	258.84
2002	37.09	49.15	75.46	21.20	75.16	28.21	141.79	53.01	267.50
2003	34.50	51.40	67.13	17.46	79.27	22.03	152.85	50.16	304.74
2004	33.57	52.15	64.36	15.74	81.89	19.22	158.56	47.34	334.93
2005	33.23	51.45	64.58	14.45	83.21	17.36	170.39	45.80	372.02
2006	33.53	51.62	64.96	14.32	83.95	17.05	173.29	45.50	380.90
2007	34.60	51.24	67.52	15.20	83.37	18.23	167.97	45.35	370.41
2008	34.72	49.96	69.49	16.77	81.71	20.52	156.61	46.26	338.56
2009	37.23	49.20	75.67	18.55	80.12	23.15	160.56	49.13	326.82
2010	36.81	49.60	74.22	17.64	81.05	21.76	162.63	47.69	341.05
2011	37.24	48.78	76.34	18.25	80.43	22.69	159.86	47.52	336.42
2012	38.62	48.17	80.16	18.72	80.13	23.36	164.52	47.94	343.20
2013	38.87	47.41	81.98	17.04	81.82	20.83	182.50	46.36	393.63
2014	39.81	46.31	85.96	16.66	82.24	20.26	195.19	46.00	424.30
2000~2014 增长率	14.83	-7.79	24.53	-17.22	8.14	-23.45	38.13	-15.09	62.68

资料来源:作者计算。

2014年服务业利用仅相当于制造业出口总量20.26%的出口份额,创造出了相当于制造业增加值出口总量85.96%的出口增加值,服务业的出口附加值率达到了制造业的4.24倍之多。从趋势来看,2000年中国服务业在总值出口中的份额为20.13%,到了2014年服务业的总值出口份额仅剩下16.66%,相对于2000年下降程度为17.22%。与此形成鲜明反差的是服务业在增加值出口中的份额2000年为34.67%,到了2014年服务业的增加值出口份额并没有随着服务业出口份额的下降而下降,反而上升到了39.81%,出口附加值率也因此提升到了62.68%。而制造业在2000~2014年除了传统总值核算法下的出口份额上升以外,其他各方面指标全线倒退。从表5-1的数据分析可以看出,中国制造业和服务业在传统总值核算法下,出现了发展上的严重不均衡,但在真实出口层面即出口增加值层面上又出现了严重的"反转"。就目前而言,国内服务业的发展显然滞后于制造业,但在这种相对不平衡的发展过程中,从出口贸易角度看,服务业反而出现了"肌肉生长快于体量生长"的现象。其中可能的原因一方面是由于服务业的开放程度依然不足,另一方面是服务的可贸易性本身还不如制造业那么强,因此服务业的出口大多只能通过嵌入制造业的方式来完成。当然,这一结果同时也说明了生产性服务业作为制造业中间投入而加入价值链的重要发展方式。对于上述判断,我们测算了2000~2014年中国制造业出口内含的服务增加值占比,并将该占比指数与服务业增加值出口占比间的关系绘制成如图5-2的散点图,初步结果显示,二者之间呈现出非常显著的正向关系。也就是说,通过内含于制造业而实现的服务增加值出口,是服务出口贸易的一个重要方式和一条重要路径。

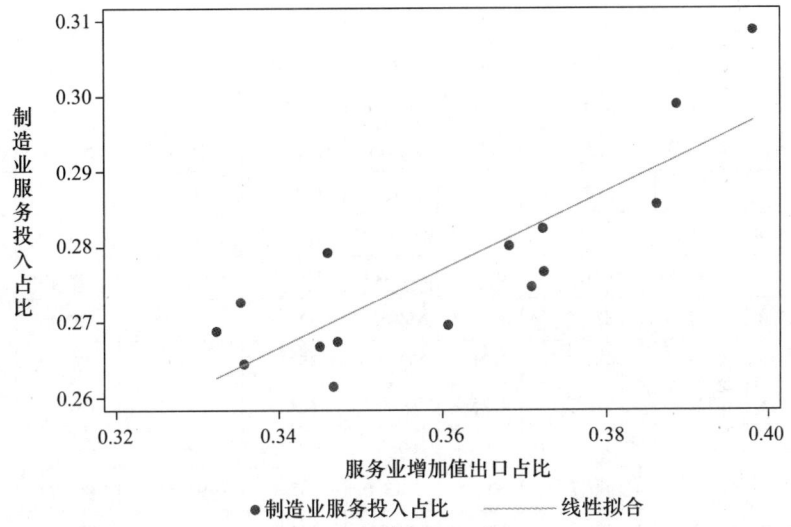

图5-2 中国制造业服务投入占比与服务业增加值出口占比关系的散点线性拟合

二、服务出口增加值的细分行业分析

虽然在总值核算法下中国服务业在出口占比不高的情况下,仍然带来了近乎翻倍的真实出口增长,但是由于受制于经济发展阶段、要素禀赋结构等现实因素影响,服务业发展滞后的总体情形下必然会存在着一些结构上的问题。而上文从整体层面对服务业进行数据分析,除了能够看出中国服务业出口发展中的占比失调外,同时由于观察角度的单一,因而很难看出服务业出口存在的结构性等深层次问题。为了深入了解中国服务业出口的细分行业状况,本章将按照WIOD分类中服务业对应的34个部门,将其相应的总值出口和附加值创造数据计算结果报告于表5-2中，以此细分行业层面来分析中国服务业融入全球价值链分工体系中可能存在的问题。

表5-2 中国服务业34个部门出口总值、出口增加值与出口附加值率

单位：百万美元，%

行业代码	出口			出口增加值			出口附加值率		
	2000年	2014年	2000~2014年增长率	2000年	2014年	2000~2014年增长率	2000年	2014年	2000~2014年增长率
C23	0	0	0	0	0	0	0	0	0
C24	554.2	3127.8	464.4	5545.8	46413.8	736.9	1000.78	1483.92	38.3
C25	45.1	175.7	290	336.8	1628.4	383.4	747.46	926.60	10.6
C26	29.3	1636.1	5488.3	223.8	3083.6	1277.6	764.58	188.48	-88.4
C27	942.7	14233.3	1409.8	667.0	8506.0	1175.2	70.75	59.76	-156.9
C28	0	0	0	0	0	0	0	0	0
C29	15229.8	155596.9	921.7	18713.9	231366.1	1136.3	122.88	148.70	-60.4
C30	3150.7	32189.2	921.7	3871.4	47864.0	1136.3	122.88	148.70	-60.4
C31	3132.0	28507.0	810.2	8994.3	65408.0	627.2	287.18	229.45	-54.9
C32	5090.6	29914.6	487.6	5121.1	23207.2	353.2	100.60	77.58	-122.3
C33	3727.8	22922.9	514.9	2225.8	9562.3	329.6	59.71	41.72	-197.6
C34	0	3940	583598170.6	152.4	16087.4	10457.9	22570014.57	408.31	-100
C35	359.6	577.8	60.7	331.5	2213.0	567.7	92.17	382.99	207.0
C36	3196.4	9157.1	186.5	3303.8	22942.5	594.4	103.36	250.54	45.6
C37	0	0	0	0	0	0	0	0	0
C38	0	0	0	0	0	0	0	0	0
C39	708.5	1620.3	128.7	2773.4	15973.7	476.0	391.45	985.84	126.3
C40	534.4	14081.0	2534.9	531.6	8628.3	1523.2	99.47	61.28	-138.9
C41	32.2	2455.8	7515.0	6964.1	109848.2	1477.3	21594.69	4473.08	-79.7
C42	69.1	4737.7	6757.2	973.7	6991.9	618.0	1409.36	147.58	-96.6
C43	0	0	0	0	0	0	0	0	0
C44	0	0	-11206.8	2038.5	37520.4	1740.6	—	—	—
C45	8026.1	63777.1	694.6	5562.6	65798.4	1082.9	69.31	103.17	-95.4
C46	0	0	0	0	0	0	0	0	0
C47	0	409.2	6094853.0	86.4	9401.0	10778.2	—	2297.60	

续表

行业代码	出口			出口增加值			出口附加值率		
	2000年	2014年	2000~2014年增长率	2000年	2014年	2000~2014年增长率	2000年	2014年	2000~2014年增长率
C48	0	0	0	0	0	0	0	0	0
C49	0	3.0	22738.3	455.7	14964.8	3184.1	—	499842.32	—
C50	0	2806.8	2646808219.4	73.8	3577.6	4749.1	69571878.48	127.46	-100
C51	202.4	1040.2	413.9	90.3	5507.4	6001.8	44.60	529.46	863.0
C52	96.4	721.5	648.6	464.9	3722.0	700.6	482.32	515.84	-13.8
C53	0	710.6	1489179.9	249.0	1505.7	504.6	—	211.90	—
C54	7590.5	9766.5	28.7	4744.3	27059.8	470.4	62.50	277.07	183.3
C55	0	0	0	0	0	0	0	0	0
C56	0	0	0	0	0	0	0	0	0

注："0"表示该部门几乎未能以直接或间接的形式融入全球价值链中或是即便融入产值小到难以统计或不存在该行业，本章将其定义为"缺失"；"—"表示中国的该部门为净进口部门。

资料来源：作者计算。

首先，从表5-2的部门数据可以看出，在细分行业层面，中国服务业参与全球价值链分工发展服务出口贸易，存在的最为严重的问题就是部门缺失。在WIOD对服务业的34个部门分类中中国缺失的部门数量达到了9个之多，分别为：机械和设备的维修和安装（C23）、批发和零售贸易业和修理汽车和摩托车业（C28）、出版业（C37）、传媒业（C38）、金融保险辅助行业（C43）、建筑和工程活动技术测试和分析（C46）、广告和市场研究（C48）、自给自足的家庭生产服务活动（C55），不受管辖的组织和机构的服务活动（C56）。虽然这些部门缺失但并不能表示对应部门在一个国家就并不存在，如C55和C56，但是可以肯定的是一个国家缺失的服务业部门必定是那些没能够成功融入全球价值链，或者即便融入但未能形成显著市场化运作规模从而导致数据无法统计的部门。

不过这种部门缺失严重的现象也并非只出现在了中国，实际上中国服务业部门缺失数在本章测算涉及的44个样本经济体中只是排在了第三位，排在前五位的国家分别是：第一位的俄罗斯有16个部门、第二位的印度有11个部门、第三位的中国有9个部门、并列第三位的印度尼西亚有9个部门以及第五位的巴西有8个部门。由此可以看出服务业缺失部门较多的国家都是发展中国家。在发达国家中，服务业部门缺失最多的澳大利亚也仅仅缺失了6个部门。显然，上述情形在一定程度上反映了经济发展的程度和阶段,在发展中国家和发达国家对服务业参与全球价值链分工具有不同的影响,这也同当前全球服务业格局是相一致的,即发展中国家在服务业总体发展相对滞后的同时,许多部门仍然无法参与全球价值链分工体系,而发达国家由于服务业上的显著优势,更有能力参与全球价值链分工体系从而发展服务出口贸易。

其次,中国服务业参与全球价值链分工除存在部门缺失严重的问题外,现存的25个服务部门发展状况也是严重不均衡的。比如,2000~2014年出口增长最快的管理及服务支持业(C50)出口增长了2640多万倍,几乎属于是从零起步,而增长最为缓慢的其他服务业(C54)在15年间出口仅增长了28.7%(同期内中国的整体贸易出口增长了8.26倍,整体制造业出口增长了9.01倍)。2000~2014年中国出口增速高于制造业出口增长的部门有12个,而剩下的13个部门的出口增速都低于中国整体贸易的出口增速。对于部分高增长的服务出口部门而言,对中国服务业反向拉动的作用是极大的。中国服务出口增长最快的5个服务部门:管理及服务支持业(C50),物流仓储行业(C34),科学研发行业(C47),医疗和社会工作行业(C53),其他专业、科学技术与兽医业(C49),都是在出口中需要"补短板"的部门,随着这些部门出口的快速增长,原本中国进口大于出口的服务业部门到了2014年就只剩下了房地产业(C44)。如果将中国服务业部门总值出口增长率从高到低进行排序,还可以发现,2000~2014年总值出口快速增长的部门,出口增加值也在同步快速地增长,与此同时,这些部门对应畸高的出口附加值率却出现了快速回调的情况。这种情况在某种程度上正是说明了我国服务出口贸易起步较晚,发展速度相对较快的事实特征。因为起步较晚、基数较小,在发展速度较快的情况下,增长乃至出口附加值率出现畸高就不难理解了。而伴随着快速增长及基数的不断扩大,畸高的出口附加值率出现回调便成自然结果。

对于内部结构失调问题,我们以2014年的数据为例可以进行进一步的直观观察。图5-3显示了2014年中国融入全球价值链的25个服务业行业总值出口和附加值出口的分布情况。从图5-3可以看出,中国服务业已经融入全球价值链的25个部门无论是在出口量上还是在增加值出口量上,在不同部门间的分布都极度不均衡。2014年C29批发贸易行业(除了机动车和摩托车)与C45总部的法律、会计和管理咨询服务业两个部门的服务出口几乎占到了总服务出口的一半;而出口增加值则主要来自于C29批发贸易行业(除了机动车和摩托车)和C41金融服务业(除了保险和养老资金),其他行业贡献的差距甚远。

通过对以上各种现象的观察和分析,可以确认,中国服务业虽然增加值增长迅猛,但由于服务业发展受到各种因素的制约,比如要素禀赋结构、管理体制存

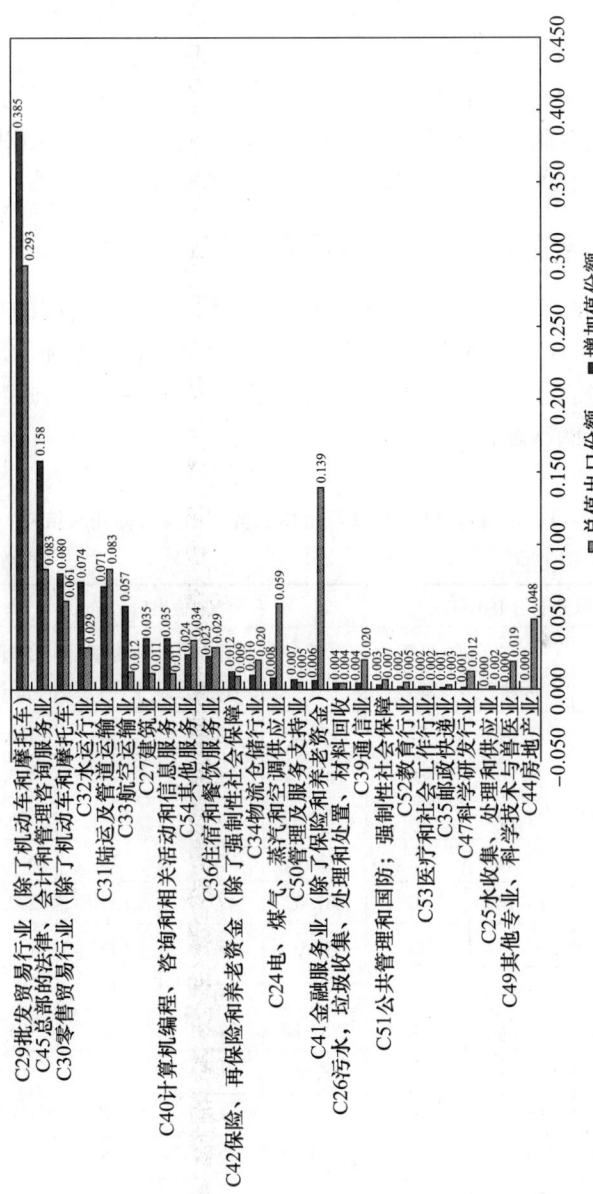

图 5-3 2014年中国融入全球价值链的25个服务业行业总值出口和附加值出口

在的问题、开放程度不足等,使得其规模扩张与实践需求之间出现量的不匹配,尤其是内部结构不完善和部门比例失衡的现象和结果,也的确给服务业的发展带来了诸多不利影响。当然,上述现象并非是中国特例,其他国家的服务业发展状况尤其是其他发展中国家具有某种相似性。因为上文中在对不同国家缺失部门进行比较时,就曾提到部门严重缺失的现象在发展中国家中出现得相对普遍,因此仅通过缺失部门的比较还不能判断中国服务业出口存在的问题。因此,本章有必要对中国服务业出口附加值指标进行全面的国际比较,以明晰中国服务出口增加值所处的地位、存在的差距以及可能存在的进一步提升空间。

三、中国服务业出口增加值的国际比较

为了进一步明晰中国服务出口增加值与全球各主要国家之间的相对地位,本章将计算出的44个样本经济体2014年的服务业总值出口、增加值出口、出口附加值等相关数据进行了整理,并将主要结果报告于表5-3,据此对中国服务业出口状况进行初步的国际比较。

表5-3 2014年44个样本经济体服务业相关指标测算结果

单位:亿美元,%

国家或地区	服务业总值出口			服务业增加值出口			服务业其他指标	
	出口量	出口份额	份额排名	出口量	出口份额	份额排名	出口附加值率	缺失部门数
澳大利亚	777.76	27.08	27	1190.01	49.49	30	153.01	6
奥地利	617.36	29.26	24	700.74	54.49	24	113.50	1
比利时	1512.38	39.49	13	1352.13	70.25	6	89.40	1
保加利亚	114.79	36.21	18	113.92	63.19	13	99.24	2
巴西	382.26	14.14	40	887.02	42.57	37	232.05	8
加拿大	1349.01	23.94	30	1861.13	44.36	35	137.96	5
瑞士	1710.56	48.52	8	1629.11	64.29	10	95.24	6
中国	4041.08	16.66	38	7887.82	39.81	39	195.19	9
塞浦路斯	81.98	87.71	3	58.69	91.14	2	71.59	1
捷克	255.16	15.79	39	352.78	44.13	36	138.26	1
德国	3454.72	20.54	35	5760.54	49.68	29	166.74	1
丹麦	853.58	50.12	7	605.19	59.93	19	70.90	1
西班牙	1065.11	27.38	26	1490.26	58.77	22	139.92	1
爱沙尼亚	65.90	36.08	19	59.55	62.19	16	90.36	2

第五章 服务出口提升分工地位：基于"稳增长"作用分析

续表

国家或地区	服务业总值出口			服务业增加值出口			服务业其他指标	
	出口量	出口份额	份额排名	出口量	出口份额	份额排名	出口附加值率	缺失部门数
芬兰	226.96	22.59	31	323.52	52.85	26	142.54	1
法国	2812.43	37.02	16	3381.61	65.45	9	120.24	1
英国	4149.77	55.21	4	4121.48	71.13	5	99.32	1
希腊	289.76	51.50	6	287.19	78.86	4	99.11	1
克罗地亚	91.38	39.27	14	98.60	62.73	14	107.91	1
匈牙利	252.58	21.69	33	240.59	47.47	31	95.25	1
印度尼西亚	122.56	5.82	43	366.85	21.39	44	299.31	9
印度	1142.38	30.92	23	1601.72	59.41	20	140.21	11
爱尔兰	1422.78	54.15	5	813.83	63.78	12	57.20	1
意大利	1064.70	18.09	36	2168.74	52.58	27	203.69	1
日本	1462.41	17.89	37	2722.28	44.75	34	186.15	5
韩国	980.75	14.05	41	1612.18	38.48	41	164.38	3
立陶宛	117.11	35.79	20	120.80	61.65	17	103.15	1
卢森堡	1099.68	92.85	1	357.84	93.86	1	32.54	1
拉脱维亚	67.96	46.17	11	65.76	68.02	8	96.77	1
墨西哥	212.80	5.78	44	727.75	30.50	43	341.99	2
马耳他	118.24	88.11	2	38.76	86.74	3	32.78	1
荷兰	2714.43	47.20	9	2392.62	69.10	7	88.14	2
挪威	416.58	22.14	32	475.48	32.22	42	114.14	1
波兰	834.04	33.14	21	963.58	58.79	21	115.53	1
葡萄牙	279.59	36.48	17	305.33	64.14	11	109.21	1
罗马尼亚	361.86	46.60	10	332.44	62.61	15	91.87	2
俄罗斯	1533.67	31.06	22	2024.67	47.28	32	132.01	16
斯洛伐克	202.92	24.71	28	210.21	54.42	25	103.59	2
斯洛文尼亚	85.42	27.72	25	90.02	50.10	28	105.39	1
瑞典	889.62	37.80	15	961.74	60.10	18	108.11	2
土耳其	311.64	12.48	42	759.40	45.87	33	243.68	8
中国台湾	760.85	20.57	34	798.54	39.73	40	104.95	1
美国	7801.97	40.49	12	9645.36	57.89	23	123.63	1
其他地区	9192.73	23.98	29	11246.52	40.03	38	122.34	2

资料来源：作者计算。

· 125 ·

通过观察表5-3中的数据可以发现，中国的服务业出口总值虽然仅次于美国和英国排在了世界第三位，但是中国服务业出口在总值出口中的份额却远远地落后于美国、英国等发达国家，与诸如印度、土耳其等发展中国家相比，也是远远滞后的，甚至比世界其他地区的均值还要低，排在了44个样本经济体的第38位。此外，包括中国在内的制造业大国，不仅在传统总值核算法下服务出口份额排名出现较低的现象，在增加值出口上同样出现上述现象。由此可见，中国服务业发展在整体经济中确实存在着比例失调问题，对制造业依赖程度相对较高而服务业发展相对不足，致使无论是服务总值出口还是服务出口附加值，在总出口中所占比重在样本经济体中排名都相对较低。当然，这种经济结构上的相对失衡更确切地说是制造业和服务业融入全球价值链分工体系的发展程度失衡，与其他各主要国家相比存在差距，也在一定程度上说明了，提升中国服务出口占比，大力发展服务出口增加值所具有的广阔空间。

对表5-3最后两列报告的结果进行进一步观察还可以发现，服务出口附加值率靠前的阵营几乎完全由发展中国家和部分发达国家中的制造业大国组成。从上文对中国数据的分析可以知道，这种出口附加值畸高，实际上是由于服务业发展相对滞后，起步较晚且发展速度相对较快所导致的。由于起步晚、底子薄，加之要素禀赋和体制机制等方面的制约，服务业部门的国际竞争力严重不够，导致开放程度不够，难以融入全球价值链分工体系，因此服务业的发展更多的是置于和局限于国内市场，通过嵌入制造业和第一产业的方式间接出口到国外。这种发展模式和路径在数据上的体现就是服务业增加值出口远高于服务业总值出口。不过针对服务出口附加值畸高的现象，虽然也部分存在于作为制造业强国的发达经济体，但是与发展中国家可能还是有所不同。德国、日本和韩国等发达国家中的制造业之强，更多地缘于发达的生产性服务业支撑，也就是说，许多高端生产性服务业作为中间投入而附着于制成品，最终同样表现为较高的服务出口附加值率。这一点与发展中国家是截然不同的。如果说发展中国家是因为服务业开放不足和竞争力不够，只能表现为部分服务环节被动地进入制成品形成间接出口的话，那么发达国家已经到了依托高端生产性服务业发展强大的制造业，从而形成了间接出口的局面。总之，虽然二者结果较为相似，但却有着本质的不同。

第四节 服务出口促进稳增长：结论与启示

2008年全球金融危机冲击之后，全球经济进入深度调整期，在此背景下，全球制成品出口贸易也从以往的高速增长进入到中低速乃至负增长的"新平庸"

发展期。由于相对于制成品出口增长而言，20世纪90年代以来全球服务出口增长稍优于制成品出口增长的表现，在危机冲击后进一步"逆势飞扬"，比制成品表现出更优异的出口增长成就，因而也被学术界寄予全球贸易新一轮增长"新引擎"的厚望。中国制成品和服务出口基本上保持了与全球较为一致的发展趋势。较为一致的观点认为，在新一轮产业革命和技术革命爆发之前，货物尤其是制成品出口高速增长的动力机制难以重拾，具体到中国而言，加之国内生产要素成本上升等因素，制成品出口增长遭遇了显著的"天花板"约束效应。因此，依托服务出口能否成为"稳增长"的动力源，是中国制成品出口增速下滑背景下理论和实践部门亟待回答的重要问题。

在全球价值链分工条件下，传统总值核算法并不能揭示出口增长的真实情况，因此基于传统总值核算法得出的所谓服务出口增长"新引擎"的判断，需要从出口增加角度重新认识。鉴于此，本章借鉴Koopman（2012）的出口附加值测算方法，运用WIOD最新发布的投入产出表，分别计算了中国和43个其他样本经济体的2000~2014年的出口增加值、出口总量和出口附加值率等相关数据，以此对中国服务出口增长进行重新测算，并在与制造业出口增长比较分析及与全球主要经济体服务出口增长比较分析中发现：①中国服务业在出口中的占比过低，但贡献却被严重低估，服务业利用不到制造业1/4的出口份额，创造了总增加值出口中近40%的增加值，其"四两拨千斤"的增加值创造能力非常显著。并且从发展趋势角度看，与制造业出口附加值呈下降趋势不同，服务出口增加值呈上升趋势。②从与其他经济体的比较来看，虽然总值出口在全球已经进入前三，但却存在两个方面的滞后性。一是中国服务业出口占比相对较低，甚至低于部分发展中国家和全球平均水平；二是服务出口国内增加值率相对较高，服务本身出口竞争优势尚不明显。上述差异性在揭示中国服务业发展相对滞后、国际竞争力有待提升的同时，也说明了从出口市场来看，中国服务业还有广阔的发展空间。③从服务业内部看，中国服务业融入全球价值链还很不完善，服务业缺失部门过多，且不同服务部门的出口份额结构严重失调，这是中国服务业没有得到充分发展的典型表现和结果。

在中国外贸亟待转型发展的大背景下，本章研究所得结论具有明显的政策含义。发展服务贸易是中国外贸转型发展的重要方向和内容之一。而本章研究在一定程度上证实，只要战略得当，依托服务出口确实能够成为中国出口"稳增长"的动力源。改革开放以来，囿于发展阶段和现实要素禀赋约束，在融入全球价值链的发展初期，为了充分发挥比较优势，快速实现经济增长，我国开放型经济发展主要发生在制造业领域，且具有"单兵突进"的特点。同时，服务业开放和发展相对不足。将政策和有限的资源向制造业倾斜，在全面而深度融入全球价值链分工体系中,中国的确获得了制造业的大发展。但目前制造业出口扩张遇到了显著的"天花板"约束效应,继续发挥"出口驱动经济增长"的重要机制和作用,应充分重视贸易发展进入新阶段后的服务出口重要战略地位。换言之,利用服务业部门"四两拨千斤"的附加值创造能力,在制造业引擎已经难以拉动中国出口这艘大船时,依托来自服务业的新动力,不但可以保证中国出口贸易后续平稳增长,还能实现贸易结构的优化升级,实现制造业出口和服务出口的协调发展。当然,如何推进中国服务业进而服务出口增长,是一个有待深入研究的大课题。

第六章 服务进口促进长三角国际分工地位提升的现实效应

上一章我们从服务出口的角度,分析了服务贸易发展对长三角国际分工地位变迁的现实影响。本章我们再从服务进口的角度,计量分析服务贸易发展对长三角国际分工地位变迁的现实影响。

第一节 长三角服务进口促进服务出口技术复杂度的实证分析

在第四章分析服务出口促进长三角服务业发展的现实效应时,我们主要是从服务业发展规模或者说从三产结构优化层面,以及服务业劳动生产率层面进行了实证分析。当然,反映国际分工地位变迁的不只是服务业规模及劳动生产率等,以服务业发展为基础的出口技术复杂度其实更能反映在当前全球价值链分工模式下,服务业国际分工"质"的地位。因此,与前一章从服务出口角度分析略微不同的是,本节从服务进口角度分析其对长三角服务业国际分工地位的现实影响效应,主要是从长三角服务出口技术复杂度角度展开,以进一步体现服务贸易发展如何在"质"的层面上提高长三角服务业的国际分工地位。

一、文献回顾

近年来,经济学家们在关注出口"量"问题的同时,出口技术复杂度日益成为国际经济领域中研究的前沿。但是综观现有文献,直接涉及服务贸易出口技术复杂度的研究却还十分薄弱,针对服务贸易出口技术复杂度影响因素的分析,更属罕见。尽管如此,现有关于货物贸易特别是制成品出口技术复杂度的相关研究所取得的丰富成果,在一定程度上与本书研究具有相关性,并能为本书研究提供一些有益的启发。综合来看,从制成品出口技术复杂度视角,尤其是针对中国制成品出口技术复杂度问题开展的国内外研究,主要集中于下述几个方面。

首先,针对出口技术复杂度的测度方法,最早可追溯到 Michaely(1984)的研究①，即一种产品出口技术复杂度被定义为所有产品出口国的人均 GDP 加权平均，而权重即为每个国家该种产品出口额占全球出口额的比重。这一测度方法几乎忽略了所有"小国经济"的影响。Hausmann 等（2005）对此方法进行了改进，可谓在出口产品品质和技术水平的测度方面做出了实质性突破乃至真正的开创性研究②。其核心思路是基于李嘉图比较优势理论的内在逻辑，首先测度每种可贸易品的技术复杂度，即以显示性比较优势指数为权重而测度各国的人均 GDP 的平均值，然后以此为基础，再以每种可贸易品出口额占该国出口总额之比为权重计算出所有出口品技术复杂度的平均值，作为一国制成品出口的整体技术复杂度（EXPY）。此后，许多学者基于不同视角的研究需要对上述测度指标进行了不断修正和完善。例如，Schott（2007）为了克服 EXPY 指标"绝对值"估算的局限性，提出了所谓出口相似度指数（Export Similarity Index，ESI）用于测度制成品出口技术复杂度③；而杨汝岱等（2008）④ 在上述指标的基础之上，构建了所谓"有限赶超指数"来测度制成品出口技术复杂度；Xu（2007）⑤ 则同时考虑出口商品附加值等级和出口商品异质性等级而构建了所谓的"出口技术含量指数"（TCE）。这些研究是把产品技术含量作为一个整体来考察的，没有将国内生产完成的技术含量从整个产品的技术含量中分离出来，因此无法计算国内成分对出口产品技术复杂度的贡献。最值得一提的是，上述（包括各种修正后）方法均是从整体上来测度一国出口技术复杂度，没有将国内生产完成的技术复杂度从整个产品的技术含量中分离出来，因而也就无法测度国内成分对出口技术复杂度的真正贡献。而国内学者姚洋和张晔（2008）⑥ 则克服这一重要缺陷，基于中国投入产出表，首次提出了"国内技术含量"并构建了相应的测量指标。

其次，在测度指标包括各种修正指标提出后，学术界对出口品技术复杂度问题尤其是中国制成品出口技术复杂度的测算进行了大量分析，并得出了两种截然不同的结论。一部分研究文献认为，中国出口产品的技术复杂度近年来得到了迅速提升（Xu & Lu，2009）。例如，Rodrik（2006）⑦ 利用 Haussmann 等（2005）构建的出口技术复杂度测算指标（EXPY），测度了中国制成品出口技术复杂度水

---

① Michaely, M. Trade, Income Levels, and Dependence [M]. North – Holland, Amsterdam, 1984.

② Hausmann, R., Huang, Y. and Rodrik, D. What You Export Matters [R]. NBER Working Paper, 2005 (11905).

③ Schott P. The Relative Sophistication of Chinese Exports [J]. Economic Policy, 2007, 23 (53): 5 – 49.

④ 杨汝岱, 姚洋. 有限赶超与经济增长 [J]. 经济研究, 2008 (8).

⑤ Xu, B. Measuring China's Export Sophistication [R]. Working Paper, China Europe International Business School, 2007.

⑥ 姚洋, 张晔. 中国出口产品国内技术含量升级研究——来自全国、江苏和广东的证据 [J]. 中国社会科学, 2008 (2)。

⑦ Rodrik, D. What's so Special about China's Exports [R]. NBER Working Paper, 2006 (11947).

平，结果发现，中国制成品出口技术复杂度水平大约相当于人均收入3倍于中国的国家出口技术复杂度，远远超出了同等经济发展水平国家的出口技术复杂度水平，甚至与发达经济体出口技术复杂度趋近；Wang 等①采用计算出口技术含量差异度方法，比较了中国和部分发达经济体的出口商品构成状况，指出中国制成品出口技术含量与世界上最发达的经济体制成品出口技术含量的相似度已非常之高；而 Lemoine 等②采用类似的方法研究则进一步指出，中国自 2004 年就已经超过美国并成为全球高科技产品出口的"最大国"。其他学者诸如樊纲等③、Gaulier 等④以及 Bensidoun⑤ 等的研究，也得出了与上述极为相似的结论。但另一部分研究文献则认为，近年来中国出口技术复杂度从绝对值来看只有微弱上升趋势，与发达国家出口技术复杂度差距仍然较大，甚至从国内技术含量贡献度的角度来看，还有下滑趋势。例如，Xu⑥通过使用修正后的测度方法，对中国制成品出口技术复杂度的计算结果显示，虽然中国制成品出口技术复杂度总体上略有上升，但这种趋势并不明显；而杜修立和王维国⑦采用类似的测度方法，计算结果表明，中国制成品出口技术复杂度在总体趋势上不仅没有显著提升，还呈现短期小幅波动现象；姚洋和张晔从出口品国内技术含量角度进行的实证研究表明⑧，中国出口品内含国内技术含量上升幅度十分有限；孟猛用类似的方法⑨，测算了 1995~2005 年中国不同技术级别的出口品国内技术含量，结果发现国内技术含量对中国出口品技术含量的贡献呈下降趋势。其他类似的研究，如祝树金和张鹏辉⑩通过测算 1992~2010 年中国制成品出口国内技术含量贡献指数，同样发现国

---

① Wang, Z. and Wei, S. J. What Accounts for the Rising Sophistication of China's Exports? [R]. NBER Working Paper, 2008 (13771).

② Lemoine, F. and ünal, D. Rise of China and India in International Trade: From Textiles to New Technology [J]. China & World Economy, 2008, 16 (5): 36 – 58.

③ 樊纲，关志雄，姚枝仲. 国际贸易结构分析：贸易品的技术分布 [J]. 经济研究, 2006 (8).

④ Gaulier, G., Lemoine, F. and ünal, D. China's Emergence and the Reorganization of Trade Flows in Asia [J]. China Economic Review, 2007, 18 (3): 209 – 243.

⑤ Bensidoun, I. The Integration of China and India into the World Economy: A Comparison [J]. The European Journal of Comparative Economics, 2009, 6 (1): 131 – 155.

⑥ Xu, B. Measuring China's Export Sophistication [R]. Working Paper, China Europe International Business School, 2007.

⑦ 杜修立，王国维. 中国出口贸易的技术结构及其产业变迁：1980~2003 [J]. 经济研究, 2007 (7).

⑧ 姚洋，张晔. 中国出口产品国内技术含量升级研究——来自全国、江苏和广东的证据 [J]. 中国社会科学, 2008 (2).

⑨ 孟猛. 中国在国际分工中的地位：基于出口最终品全部技术含量与国内技术含量的跨国比较[J]. 世界经济研究, 2012 (3).

⑩ 祝树金，张鹏辉. 中国制造业出口国内技术含量及其影响因素 [J]. 统计研究, 2013 (6)。

内技术含量的贡献度在下降。

再次，至于是何种因素促进了制成品出口技术复杂度的提升，已有研究主要从经济发展水平、要素禀赋结构（如劳动、资本以及自然资源）以及制度质量等方面进行探讨。Rodrik（2006）的研究就表明，一国制成品出口技术复杂度与人均收入水平呈显著正相关。在基本的要素禀赋之中，人力资本和劳动力规模对出口技术复杂度能够产生较为显著的影响。Schott（2008）的实证研究表明，发展中经济体与 OECD 经济体出口相似性随着人均 GDP 和技术要素（即人力资本）的增加而提升；而劳动力规模则对出口技术复杂度具有显著的非线性影响。关于制度质量对制成品出口技术复杂度的可能影响，实证研究存在着两种不同的结论和观点，部分研究发现在控制了其他变量后，制度质量对制成品出口技术复杂度并不存在显著影响①②；但也有学者研究认为，以政府治理为替代变量的制度质量，对于亚撒哈拉地区的出口技术复杂度提升具有非常重要的影响③。还有学者从基础设施④、产品内分工⑤⑥、外商直接投资⑦、加工贸易⑧⑨等角度，探讨了影响制成品出口技术复杂度的因素。

最后，关于出口技术复杂度的经济影响问题，较为一致的观点认为，其出口更高技术复杂度的国家和地区，不仅由于占据附加值高端从而获取更多的贸易利益，而且对经济增长、产业结构的调整、拉动工资和就业增大等方面，均具有显著积极影响⑩⑪⑫。

---

① Gallegati, M. and Tamberi, M. Overall Specialization and Development: Countries Diversify [J]. The Review of World Economics, 2009, 145 (1): 37 – 55.

② Harding, T. and Smarzynska B. A Touch of Sophistication: FDI and Unit Values of Exports [R]. CESIFO Working Paper, 2009 (2865).

③ Cabral, M. Determinants of Export Diversification and Sophistication in Sub – Saharan Africa [R]. FE-UNL Working Paper Series, 2010 (554).

④ 王永进，盛丹，施炳展，李坤望. 基础设施如何提升了出口技术复杂度？[J]. 经济研究，2010 (7).

⑤ 江小涓. 我国出口商品结构的决定因素和变化趋势 [J]. 经济研究，2007 (5).

⑥ 戴翔，张二震. 中国出口技术复杂度真的赶上发达国家了吗 [J]. 国际贸易问题，2011 (7).

⑦ 平新乔等，外国直接投资对中国企业的溢出效应分析：来自中国第一次全国经济普查数据的报告 [J]. 世界经济，2007 (8).

⑧ Koopman, R., Wang, Z. and Wei, S. J. How Much of Chinese Exports is Really Made in China? Assessing Domestic Value Added When Processing Trade is Pervasive [R]. NBER Working Paper, 2008 (14109).

⑨ 杨晶晶，于意，王华. 出口技术结构测度及其影响因素——基于省际面板数据的研究 [J]. 财贸研究，2013 (4).

⑩ 戴翔. 中国制成品出口技术含量升级的经济效应 [J]. 经济学家，2010 (9).

⑪ 陈晓华，黄先海，刘慧. 中国出口技术结构演进的机理与实证研究 [J]. 管理世界，2011 (3).

⑫ 洪世勤，刘厚俊. 出口技术结构变迁与内生经济增长：基于行业数据的研究 [J]. 世界经济，2013 (6).

但是，正如学者们所指出的，由于货物贸易与服务贸易之间存在显著区别，针对货物贸易研究所得结论是否适用于服务贸易，在学术界存在较大的争论。因此，针对服务出口复杂度及其相关问题，显然还需要专门研究。然而，从服务贸易视角开展的国内外研究，截至目前，虽然现有文献所涉及的问题很多，诸如服务贸易不同于货物贸易的特性①②③、传统比较优势理论的适用性④⑤、影响服务出口的主要因素⑥⑦以及服务贸易自由化及其福利问题⑧⑨等，对服务贸易出口技术复杂度问题的研究还较为鲜见。与此相关的研究，主要停留在采用传统指数对服务贸易技术结构的分析上，即按照传统要素密集度特征将服务部门划分为技术、知识和劳动密集型，或者按照服务生产方式划分为传统服务部门以及新型服务部门，进而对服务贸易竞争力进行研究⑩⑪。然而，依据传统分类方法，不仅其主观性较强，而且也难以反映当前服务业"全球化"和"碎片化"发展的特征事实，因而无法真实地反映服务出口复杂度。对服务出口复杂度做出开创性研究的当属 Gable 等⑫的文献，但该文通过构建服务贸易出口技术复杂度指数，仅仅探讨其与经济增长之间的关系，缺乏对相关问题包括服务出口复杂度影响因素

---

① Deardorff, A. Comparative Advantage and International Trade and Investment in Services [J]. in R. M. Stern (ed.), Trade and Investment in Services: Canada/US Perspectives, Toronto: Ontario Economic Council, 1985: 39 – 71.

② Stibora J. and D. E. Vaal, A. Services and Services Trade: A Theoretical Inquiry [M]. Amsterdam: Purdue University Press, 1995.

③ Marel, E. Trade in Services and TFP: The Role of Regulation [J]. World Economy, 2012, 35 (2): 1530 – 1558.

④ Hindley, B. and Smith A. Comparative Advantage and Trade in Services. The World Economy, 1984, 7 (4): 369 – 389.

⑤ Melvin, R. Trade in Producer Services: A Heckscher – ohlin Approach [J]. Journal of Political Economy, 1989, 97 (5): 1180—1196.

⑥ Mirza, D. and Giuseppe, N. What is so Special about Trade in Services? [N]. University of Nottingham Research Paper, 2004 – 02.

⑦ Costinot, A. On the Origins of Comparative Advantage [J]. Journal of International Economics, 2009, 77 (2): 255 – 264.

⑧ Sapir, A. and Chantal, W. Service Trade. ULB Institutional Repository [R]. University Libre de Bruxelles, 2013 (8176).

⑨ Chor, D. Unpacking Sources of Comparative Advantage: A Quantitative Approach [J]. Journal of International Economics, 2010, 82 (2): 152 – 167.

⑩ Bruijn, D., Kox, R. and Lejour, A. The Trade – Induced Effects of the Services Directive and the Country of Origin Principle [J]. CPB Discussion Paper, Centraal Plan Bureau, The Hague, 2006 (108).

⑪ Marel, V. Services Trade and TFP: The Role of Regulation [R]. GEM Working Paper, February, Groupe d'économie Mondiale, Sciences - Po, Paris, 2011.

⑫ Gable, S. and Mishra, S. Service Export Sophistication and Europe's New Growth Model [R]. World Bank Policy Research Working Paper, 2011 (5793).

的探讨。

综上可见，现有文献虽不乏可借鉴之处，比如，关于制成品技术复杂度问题的研究，可以为我们在研究过程中采取合适的方法提供参考；关于服务贸易方面的研究，可以对有关问题的认识给予有益启示，但现有研究均没有直接论及服务贸易出口技术复杂度的影响因素问题，特别是没有从服务进口贸易的角度，研究其对服务出口技术复杂度的影响。鉴于此，本书力图在这一方面做出初步尝试，并利用我国长三角地区的经验数据，实证分析长三角服务进口对服务出口技术复杂度的影响，据此揭示服务进口促进长三角服务业国际分工地位提升的现实效应，这也是对现有文献研究的一个拓展。

二、研究设计

（一）服务出口复杂度的测算方法

与 Gable 等（2011）的研究类似，本书亦借鉴 Hausmann 等（2005）提出的关于制成品出口复杂度的测度方法，来测算服务出口复杂度。按其测度方法，服务出口复杂度的测算可分两步进行。第一步首先测度服务出口中某一分项的技术复杂度指数（记为 TSI），具体的计算公式如下：

$$TSI_k = \sum_j \frac{x_{jk}/X_j}{\sum_j (x_{jk}/X_j)} Y_j \tag{6-1}$$

其中，TSI_k 即为服务贸易分项 k 的技术复杂度指数。x_{jk}、X_j 以及 Y_j 分别代表国家 j 的服务分项 k 的出口额、服务贸易出口总额以及人均收入水平（通常以人均 GDP 表示）。使用上述公式测算服务贸易中某一分项服务技术复杂度的内在逻辑正是基于李嘉图的比较优势理论。因为比较优势理论认为，开放条件下一国选择生产和出口何种产品，取决于其比较成本。这也就意味着，低技术复杂度服务将由具有初级劳动优势的低工资国家提供，而高技术复杂度服务将由具有技术优势的高工资国家提供，这是由比较优势的专业化分工所决定的。换句话说，技术复杂度越高的服务分项，其越可能由工资水平较高的国家或地区提供和出口。因此，服务贸易中某一分项服务的技术复杂度指数，即可表示为提供该项服务的各国家的工资水平加权平均，而权重即为各国或地区该服务分项出口的显示性比较优势指数。通常而言，一国（地区）的工资水平与其人均 GDP 密切相关，因此，在测算服务出口某一分项的技术复杂度时，可以使用人均 GDP 作为一国（地区）工资水平的替代变量。按照上述方法计算出服务贸易中所有服务分项的技术复杂度指数后，接下来再计算一国（地区）服务出口的总体技术复杂度指数（记为 ES），具体的测算公式如下：

$$ES = \sum_k \frac{x_k}{X} TSI_k \tag{6-2}$$

其中，x_k 为一国（地区）服务分项 k 的出口贸易额，X 为该国（地区）的服务贸易出口总额，TSI_k 即为根据式（6-1）所测算的服务分项 k 的技术复杂度指数，ES 即为测算出的一国（地区）服务出口复杂度指数。根据式（6-1）和式（6-2）所示，在可以获取相应数据的前提下，我们可以测度任一国家（地区）在任一年度的服务出口复杂度指数。需要特别说明的是，与制成品出口技术复杂度通常所采用的静态测度方法不同，本书采用动态方法测算服务出口技术复杂度。所谓静态测算方法是指利用式（6-2）计算出口技术复杂度（ES）时，所使用的各分项产品的技术复杂度指数（TSI）是样本区间内的平均值，换言之，在计算不同年份服务出口技术复杂度指数时，采用的 TSI 是一个相对静态的常数值。因此，此时测算出来的 ES 值主要取决于具有不同 TSI 值的出口产品分项在一国（地区）的总出口中所占比重，或者说，一国（地区）的出口技术复杂度提高，主要源自于出口品从较低 TSI 值的产品向较高 TSI 值的产品转变。而本书采用动态方法测算服务出口复杂度指数，也就是说利用式（6-2）计算出口技术复杂度（ES）时，所使用的各分项服务技术复杂度指数（TSI）是根据各年度数据计算出来的"当年"值而非样本期间的平均值。之所以采取动态测算方法，主要是考虑到现行关于服务贸易的统计数据，还远远达不到像货物贸易那样"细致"，因此，在相对"宏观"分类层面上的服务贸易统计数据很难真实地反映一国（地区）在某一"宏观"分类项下的"亚分项"演进，尤其是在服务业如同制造业一样的"碎片化"发展趋势日益深入演进的情况下。而这种"亚分项"的演进其实恰恰可以通过 TSI 值的变动加以表现。综上所述，较之于静态测算方法，采用动态方法计算出的一国（地区）的服务出口技术复杂度，其变化（提升）可能源自于以下两个方面：一是服务贸易出口分项从低 TSI 值的分项服务向高 TSI 值的分项服务出口转变；二是每一分项服务自身 TSI 值的提升（往往是服务贸易"宏观"分类统计数据层面下所隐含的出口"亚分项"的变化）。

（二）变量选取及模型设定

本书着重研究长三角服务进口是否影响了服务出口技术复杂度，不言而喻，服务出口技术复杂度即为被解释变量。然而，把服务出口技术复杂度作为计量模型的被解释变量时，对于其影响因素，即自变量的选取是一个较为棘手的问题，因为就影响服务贸易发展的主要因素而言，均有可能对服务出口技术复杂度产生重要影响。正如 Rust 等[1]在综述有关服务业发展问题的研究文献时指出，针对服务业发展的理论研究存在着许多不完全相同的解释，而针对影响服务贸易发展因素的分析也多达几十种。因此，除了我们最为关注的服务进口（IM）这一关键

---

[1] Rust, R. and Chung, T. Marketing Models of Service and Relationships [J]. Marketing Science, 2006, 25 (6): 560-580.

变量外，综合现有关于服务贸易影响因素的相关研究，我们还选取了人力资本（记为 HU）、服务业发展规模（记为 SERV）、服务贸易开放度（记为 OPEN）、利用外资额（记为 FDI①）以及制度质量（记为 INST）作为关键的解释变量。除了服务进口因素外，之所以还选取上述五个关键的解释变量，主要基于如下考虑。

人力资本变量（HU）能够成为影响服务贸易的主要因素，甚至可以说作为服务贸易比较优势的决定性因素，已经基本成为国际服务贸易理论研究中的共识②。更为重要的是，不同服务分项的要素密集度特征往往差异较大，换言之，人力资本对不同服务分项的重要性而言也是存在显著差异的。例如，建筑服务、运输服务等传统服务分项，较之于计算机和信息服务以及专利和特许等新兴服务分项，对人力资本所产生的需求或者说所内含的人力资本密集度相对而言就会比较低。从这一意义上来说，出口复杂度越高的服务分项，对人力资本的需求也就会越强烈。换言之，人力资本因素可能对服务出口技术复杂度具有重要影响。

至于服务业发展规模（SERV），通常而言，产业结构的演进基本上遵循着如下规律，即从农业在国民经济中处于主导地位逐步转变为工业处于主导地位，再由工业处于主导地位逐步向服务业处于主导地位转变。这是产业结构高级化发展的一般性规律。国际贸易内容的变化也会反映这个发展的过程，这是因为，产业是源，而贸易是流，产业的发展状况通常决定了贸易结构和贸易模式。从出口复杂度的角度来看同样如此，换言之，服务业发展规模会决定一国（地区）的服务出口状况，从而影响着服务出口技术复杂度水平。

关于服务贸易开放度（OPEN），主要通过竞争效应等作用机制而对服务技术复杂度可能产生影响。众所周知，竞争是促使微观经济主体不断进行技术创新和提升效率的重要动力，而服务贸易的开放度是影响竞争程度的一个重要因素，从而对服务贸易的发展具有重要影响。不言而喻，服务贸易开放度越低，或者说国际市场上提供的服务进入一国（地区）的壁垒越高，对来自外部市场的竞争效应抑制作用就会越强；反之，服务贸易开放度越高，或者说国际市场上提供的服务进入一国（地区）的壁垒越低，该国（地区）服务提供者面临来自外部市场的竞争也就越强。当然，在一国（地区）的服务业发展尚不具备高级化的先决条件下，基于比较优势的服务贸易"过度"开放也有可能会使得具有更高复杂

---

① Dominique, M., Horst G. and Michael R. Inter – and Intra – sectoral Linkages in Foreign Direct Investment: Evidence from Japanese Investment in Europe [J]. Journal of the Japanese and International Economies, 2005（2）.

② Hoekman, B. and Mattoo, A. Services and Growth [R]. World Bank Policy Research Working Paper, World Bank, Washington DC, 2008（4461）.

度水平服务在竞争中"夭折",从而使其服务出口技术复杂度会被推至一个更低的水平。因此,服务贸易开放度对服务出口技术复杂度的影响可能具有不确定性。

就利用外资额(FDI)而言,同样也会对一国(地区)的服务出口产生重要影响。实践证明,对外直接投资不仅仅是一个资金流动的问题,而是以资金为载体的包括技术、管理、营销等"一揽子生产要素"的跨国流动,因而对一国相关产业的建立、发展以及高级化发展进而出口贸易发展都会起到一定的推动作用。实际上,改革开放以来中国制成品出口贸易的快速扩张所具有的"外资嵌入型"典型特征就是明证。更为重要的是,在当前全球价值链分工模式下,贸易投资已经呈现出高度"一体化"的发展模式,正如联合国贸发会议(UNCTAD,2013)的一项研究所指出的[1]:FDI主导的全球价值链已经成为全球贸易增长的重要驱动因素,进而导致一国出口贸易与利用外资额之间呈现显著的正相关关系。由此可见,跨国公司通过以FDI的方式进行生产阶段和服务环节的区位配置,不仅会影响到一国(地区)的服务贸易额,同样也会影响到一国出口复杂度包括服务出口技术复杂度。当然,FDI是否真正能够带来更高的技术水平,可能会因其不同动机而异,更可能因不同来源和流向而异,理论和实际部门持有"以市场换技术"失败论的观点也是存在的。因此,FDI究竟会产生怎样的影响,还需要从实证层面给予回答。

就制度质量(INST)对国际贸易的影响而言,大多针对货物贸易的研究文献均认为制度质量能够构成一国(地区)比较优势的重要来源[2]。而在我们看来,制度质量对于服务贸易而言同样重要,甚至更为重要,尤其是对于复杂度水平越高的服务贸易来说,对制度质量的要求可能会更高。这是因为,与货物相比,由于服务所具有的无形性、异质性以及通常要求服务提供者和消费者同时乃至同地出现等特性,使得服务交易的信任特征十分显著,并且,越是具有技术内涵的服务或者说复杂度水平越高的服务,上述特征也就越显著,从而服务交易对外在的制度质量会有较强的依赖性。正是基于这一意义,我们认为,制度质量可能成为影响服务出口技术复杂度的重要因素。

除此之外,本书在综合现有关于制成品出口技术复杂度影响因素的研究文献基础之上,将人均GDP(记为GDP)、人口规模(记为POP)、基础设施(记为INFR)以及货物贸易出口额(记为EX)作为控制变量纳入到计量模型之中。纳

---

[1] United Nations Conference on Trade and Development. Global Value Chains and Development: Investment and Value Added Trade in the Global Economy, 2013.

[2] Levchenko, A. Institutional Quality and International Trade [J]. Review of Economic Studies, 2007, 74 (3): 791-819.

入上述控制变量不仅能够避免估计结果出现的遗漏变量的偏差问题，而且还可以结合现有文献的研究结论，进一步明晰影响制成品出口技术复杂度的主要因素，是否对服务出口技术复杂度也具有类似影响。据此，本书将计量模型的形式设定如下：

$$\ln ES_{i,t} = \alpha_0 + \beta \ln IM_{i,t} + \alpha_1 \ln HU_{i,t} + \alpha_2 SERV_{i,t} + \alpha_3 OPEN_t + \alpha_4 FDI_{i,t} + \alpha_5 \ln INST_{i,t} + \beta Z_{i,t} + \mu_t + \gamma_i + \varepsilon_{i,t} \quad (6-3)$$

其中，HU表示人力资本变量，SERV表示服务业发展规模，OPEN表示服务贸易开放度变量，FDI表示利用外资额变量，INST表示制度质量变量，分别为政治风险指数、经济风险指数以及金融风险指数表示的制度质量替代变量，Z表示上文所述的各种控制变量，μ表示时期固定效应变量，ν表示国家（地区）的固定效应变量，ε为误差项。由于不同变量水平值存在巨大差异，因此，在计量的分析过程中，我们对服务出口技术复杂度变量（ES），以及解释变量中的人力资本变量（HU）、制度质量变量（INST）、人口规模变量（POP）、人均GDP变量（GDP）以及基础设施变量（INFR）取自然对数，ln即为自然对数符号。样本期间设定为2000~2013年，样本范围即为上海、江苏和浙江。

（三）数据来源及说明

服务出口技术复杂度指数和实际人均GDP数据，来源于联合国贸发会议统计数据库。人力资本变量（HU）采用公共教育经费支出占GDP比重表示，服务业发展规模变量（SV）的数据，我们采用服务经济总量占GDP总量之比表示，其中服务经济总量和GDP总量数据均来自于联合国贸发会议数据库。至于制度质量（INST）的量化往往比较主观而且难以测量。值得庆幸的是，我国已有一些学者在这方面做出了开拓性贡献。例如，樊纲和王小鲁（2006）开发的中国市场化指数体系；陈敏等（2007）用中国相邻省份的相对价格数据来刻画市场分割的程度；钟昌标等（2006）使用政府管制指标和非国有经济发展水平等来反映我国的制度质量；金祥荣等（2008）使用司法制度质量和产权保护质量作为制度质量的替代变量，即采用地区财政收入中罚没款收入占GDP之比衡量产权保护程度，该比值越大表明产权保护制度质量越低，以及采用GDP与地区财政收入中公检法支出之比衡量司法制度质量，该比值越大表明司法制度质量越低。本书衡量区域层面制度质量时，主要借鉴钟昌标等（2006）和金祥荣等（2008）的做法，即采用三种指标作为制度质量的替代变量：政府管制指标（记为GOV）、非国有经济发展水平（记为NS）以及地区财政收入中罚没款收入占GDP之比（记为FG）。关于服务贸易开放度（OPEN）的衡量，本书采用文献研究中关于贸易开放度测度所使用的所谓贸易渗透率指标，即一国（地区）服务进出口总额与其服务业增加值之比。利用外资额（FDI）变量，本书采用一国（地区）吸引外资存量额与 GDP 之比作为替代变量,之所以如此,是为了消除规模差异所产生的影响。实际上,更为精确的做法应该使用服务业利用外资额,但是考虑到数据的可获得性,我们并没有严格区分服务业和非服务业 FDI,而是使用了外资利用总额这一替代性做法,其合理性不仅在于外资利用总额中包括了服务业利用外资额;与此同时,制造业和服务业之间存在的互动关系基本已成共识,因而从这一意义上来说,制造业利用外资对服务业进而服务贸易可能产生间接作用。各种数据均来自于样本地区的历年统计年鉴。

三、实证结果及分析

(一) OLS 估计结果

考虑到仅以所选样本自身效应为条件而进行的研究,因此,本书对上述计量模型 (6-3) 采用固定效应模型进行估计,所得结果如表 6-1 所示。

表 6-1 OLS 回归估计结果

	(1)	(2)	(3)	(4)	(5)	(6)
IM	0.067453*** (3.65)	0.065138*** (3.22)	0.062976*** (3.17)	0.063588*** (3.24)	0.064012*** (3.71)	0.065314*** (3.19)
HU	0.117910*** (9.88)	0.118292*** (9.93)	0.118246*** (9.92)	0.120677*** (11.55)	0.120677*** (11.52)	0.120741*** (11.51)
SERV	0.015388 (0.06)	0.032203 (0.12)	0.006780 (0.26)	0.574138 (1.43)	0.563935 (1.44)	0.579839 (1.51)
OPEN	2.787989*** (4.11)	2.780248*** (3.98)	2.793232*** (4.25)	2.759585*** (9.77)	2.751810*** (9.68)	2.761491*** (9.83)
FDI	0.007665* (1.88)	0.005331* (1.99)	0.009322* (1.95)	0.096067* (1.93)	0.098711* (1.89)	0.095384* (1.92)
NS	-0.215961* (-1.81)	—	—	-0.047575** (-2.21)	—	—
GOV	—	-0.315973** (2.17)	—	—	-0.246203** (1.96)	—
FG	—	—	-0.265688** (-2.75)	—	—	-0.108441** (-0.81)
GDP	—	—	—	0.369009*** (10.56)	0.368269*** (10.59)	0.368253*** (10.57)

续表

	(1)	(2)	(3)	(4)	(5)	(6)
POP	—	—	—	0.074174 (0.48)	0.056176 (0.36)	0.078422 (0.51)
EX	—	—	—	-0.951795*** (-12.36)	-0.955095*** (-12.42)	-0.950672*** (-12.34)
INFG	—	—	—	0.006028*** (7.03)	0.005973*** (6.98)	0.005991*** (6.996)
常数项	6.714539*** (6.07)	8.736867*** (16.25)	6.649892*** (11.77)	5.067745*** (4.129)	6.071837*** (6.66)	4.899152*** (5.32)
调整后 R^2	0.39001	0.38032	0.39215	0.41591	0.40182	0.41351

注：估计系数下方括号内的数字为系数估计值的 t 统计量，其中 *、**和***分别表示10%、5%和1%的显著性水平。

表6-1第一列至第三列的回归结果，是仅将本书选取的关键解释变量，即长三角服务贸易进口额变量、人力资本变量、服务业发展规模变量、服务贸易开放度变量、FDI利用额变量以及制度质量变量，纳入计量模型并进行回归分析所得。从中不难看出，长三角服务贸易进口额变量的系数估计值始终为正，且至少在1%水平下通过了显著性检验，表明长三角地区服务贸易进口的确对服务出口技术复杂度具有显著正向影响。人力资本变量的系数估计值也始终为正，且至少在1%的显著性水平下对服务出口技术复杂度具有积极影响。这一结果意味着人力资本越是丰富的经济地区，其服务出口技术复杂度水平也就越高，也是与现有的理论预期相一致的。就服务业发展规模变量的系数估计值而言，其虽然为正，但并不具备显著性，换言之，以服务经济总量占GDP总量之比表示的服务业发展规模，并没有对服务出口技术复杂度产生显著影响。这一结果多少有些出乎我们的意料，可能的原因在于服务业规模扩张并不一定逻辑地带动服务业自身内部结构的优化升级或者高级化发展，对此，还需要进一步的专文探讨。服务贸易开放度变量的系数估计值为正，且至少在1%的显著性水平下对服务出口技术复杂度具有显著影响。这一结果说明服务贸易开放所带来的竞争效应可能超出了冲击效应，从而促使服务业和服务企业不断高级化发展进而使服务出口技术复杂度不断地提高。当然，在服务业"全球化"和"碎片化"的发展趋势下，上述结果也可能是比较优势分工原理所带来的必然逻辑，即伴随贸易开放度的不断提高，具有知识和信息等优势的发达经济体越

来越专注于复杂度更高的服务提供流程和环节,而将越来越多"非核心"流程和环节外包出去,必然表现为服务出口技术复杂度的不断提升;与此同时,作为承接方来说,虽然承接了所谓"非核心"的服务提供流程和环节,但与其自身原有所从事的服务相比,则可能具有更高复杂度,从而同样表现为服务出口技术复杂度的不断提升。当然,上述逻辑的前提就是服务贸易开放度的不断提高。究竟是竞争机制发挥了主要作用,还是服务业"全球化"和"碎片化"发展趋势下的分工发挥了主要作用,抑或两种作用机制同时存在,本书的研究尚不能区分,进一步的分析还需要专文探讨。但有一点是肯定的,即长三角地区作为我国开放型经济发展的"前沿地区",其服务业进而服务贸易发展正是在服务业"全球化"和"碎片化"背景下开展的。就利用外资额变量而言,其系数估计值虽为正,但其影响的显著性并不高,仅在10%的显著性水平下对服务出口技术复杂度具有积极影响。其主要原因可能在于服务业利用外资处于刚刚起步阶段,且服务业利用外资的"质量"究竟如何,换言之,是流向了"中高端"服务业还是流向了"中低端"服务业,我们的判断可能是后者居多,从而使得FDI对服务出口技术复杂度的提升作用在实证结果中并非十分显著。至于制度质量变量,无论是使用非国有经济发展水平,还是使用政府管制指标,抑或是使用地区财政收入中罚没款收入占GDP之比作为替代变量,回归系数值均为正且至少在10%显著性水平下对服务出口技术复杂度产生显著影响,这一结果与现有的理论预期也是吻合的。

表6-1中第四列至第六列的回归结果,是纳入控制变量后进行回归估计所得。结果显示,在纳入控制变量后,前文所述各关键变量除了回归系数估计值的大小有所变化外,至于其影响的方向性及其显著性均没有呈现实质性改变,从而说明了估计结果的稳健性。就控制变量本身而言,人均GDP变量的系数估计为正且均在1%的显著性水平下对服务出口技术复杂度具有积极影响,从而说明了经济发展水平对服务出口技术复杂度是非常关键的,这一结果与产业结构演进理论也是一致的。人口规模变量的回归结果不具显著性,说明人口规模并未在服务业发展中产生"规模效应",实际上,人口规模能否真正转化为规模经济效应,关键在于人口规模是否能够形成真正的市场需求,而从这一意义上来说,这又与经济发展阶段是相关的。具体到本书所选取的长三角地区的两省一市而言,虽然经济较全国相对发达,但总体而言由于在全球价值链分工中仍然处于中低端的事实,可能会致使人口规模变量在服务业领域发展中并未表现出显著的规模效应。货物贸易出口额变量的系数估计值为负且具有显著性影响,这一结果多少有些出乎预期,这说明货物出口规模占比的提高并未逻辑地带动服务出口技术复杂度的提升,反而具有反向影响。可能的原因在于与经济发展阶段所决定的产业结构有

关。也就是说,当经济发展阶段所决定的以第二产业为主进而货物出口占比较高时,服务贸易发展可能处于相对滞后状态,从而服务出口技术复杂度也就相对较低;反之,当经济发展到更为高级的阶段从而以服务经济形态为主时,货物出口占比可能会相应下降,而服务出口技术复杂度则会相应提高。基础设施变量的系数估计值为正且具有显著性,说明基础设施完善对服务出口技术复杂度具有重要影响,这一结果与前文预期也是一致的。

(二) 系统 GMM 估计结果

面板数据的 OLS 估计方法通常会面临扰动项自相关问题以及某些回归变量并非严格外生而是先决变量等问题的困扰。此外,出口行为往往具有持续性特征,从服务出口技术复杂度变化的视角来看,同样如此,即上一期服务出口技术复杂度对当期可能具有重要影响。因此,将服务出口技术复杂度滞后一期作为解释变量之一引入计量模型 (6-3) 后,便有如下动态面板数据模型 (6-4):

$$\ln ES_{i,t} = \alpha_0 + \beta ES_{i,t-1} + \alpha_1 \ln HU_{i,t} + \alpha_2 SERV_{i,t} + \alpha_3 OPEN_t + \alpha_4 FDI_{i,t} + \alpha_5 \ln INST_{i,t} + \beta Z_{i,t} + \mu_t + \gamma_i + \varepsilon_{i,t} \quad (6-4)$$

显然,由于在动态面板数据模型 (6-4) 中,滞后一期的被解释变量这一内生性变量被作为解释变量之一纳入其中,因此,使用一般的最小二乘估计法容易带来估计偏误问题。对此,系统广义矩估计法 (System GMM) 可以较好地解决上述问题。系统 GMM 估计包括"一步法"和"两步法"两种。相比而言,"一步法"估计更为有效,因此,我们选择"一步法"进行估计,表 6-2 呈列的结果即是采用系统广义矩估计方法对动态面板数据模型 (6-4) 进行估计所得。

表 6-2 系统 GMM 回归估计结果

	(1)	(2)	(3)	(4)	(5)	(6)
ES (-1)	0.334032*** (18.55)	0.333290*** (18.49)	0.333193*** (18.49)	0.255631*** (15.66)	0.254799*** (15.60)	0.255296*** (15.63)
IM	0.066231*** (3.65)	0.065317*** (3.22)	0.065122*** (3.17)	0.064978*** (3.24)	0.064682*** (3.71)	0.063766*** (3.19)
HU	0.101865*** (10.35)	0.102325*** (10.41)	0.102394*** (10.42)	0.105833*** (12.27)	0.105960*** (12.32)	0.105940*** (12.29)
SERV	0.187282 (0.84)	0.182942 (0.89)	0.187967 (0.86)	0.551082 (0.82)	0.550007 (0.82)	0.553152 (0.83)
OPEN	2.342308*** (5.29)	2.340574*** (5.24)	2.349326*** (5.21)	2.512351*** (4.84)	2.509415*** (4.73)	2.515045*** (4.89)

续表

	(1)	(2)	(3)	(4)	(5)	(6)
FDI	0.004945 * (1.93)	0.005864 * (1.96)	0.003191 ** (2.09)	0.115306 * (1.89)	0.117010 * (1.96)	0.114653 ** (2.18)
NS	-0.174323 ** (-2.80)	—	—	-0.012858 *** (-2.06)	—	—
GOV	—	-0.112361 * (-1.93)	—	—	-0.111755 * (-1.97)	—
FG	—	—	-0.147366 ** (-2.19)	—	—	-0.069629 * (-1.94)
GDP	—	—	—	0.312590 *** (10.32)	0.312587 *** (10.36)	0.312280 *** (10.34)
POP	—	—	—	0.154116 (1.18)	0.145711 (1.12)	0.154283 (1.18)
EX	—	—	—	-0.834504 *** (-3.62)	-0.836818 *** (-3.61)	-0.834168 *** (-3.62)
INFG	—	—	—	0.004188 *** (5.67)	0.004169 *** (5.62)	0.004168 *** (5.62)
常数项	4.188444 *** (4.58)	5.320936 *** (11.21)	4.383009 *** (9.06)	3.845747 *** (3.99)	4.269865 *** (5.52)	3.652240 *** (4.68)
Wald - χ^2 统计量	16634.02	17568.18	17847.37	34083.47	34835.53	35065.62
Sargan 检验	135.554	123.465	121.455	135.0571	149.159	149.5674
AR (1) 检验 p 值	0.2148	0.1027	0.0784	0.1234	0.0863	0.2136
AR (1) 检验 p 值	0.7986	0.6935	0.6395	0.5879	0.5736	0.7318

注：估计系数下方括号内的数字为系数估计值的 z 统计量，其中 *、** 和 *** 分别表示 10%、5% 和 1% 的显著性水平。在系统 GMM 回归过程中，误差为稳健性标准误差（Robust Standard GOVrors）；系统矩估计的一致性要求，允许差分方程存在一阶自相关，但不存在二阶或者更高阶的自相关，AR (1) 和 AR (2) 的原假设为"扰动项不存在自相关"，原假设下统计量服从标准正态分布；Sargan 检验的是工具变量的合理性，原假设 H0 为"工具变量过度识别"，若原假设被接受，则表明工具变量选择是合理的。

与表6-1报告回归结果的逻辑一致，表6-2第一列至第三列报告的估计结果，是将服务出口技术复杂度滞后一期、长三角地区服务贸易进口额变量、人力资本、服务业发展规模、服务贸易开放度、利用外资额以及制度质量作为基础解释变量，并进行回归所得，而第四列至第六列报告的结果则是纳入控制变量后进行回归估计所得。由表6-2给出的各列回归结果，我们可以得到如下几点基本结论：第一，在所有各列估计结果中，作为解释变量的滞后一期服务出口技术复杂度，其系数估计值均为正，并且均在1%显著性水平下对当期服务出口技术复杂度产生积极影响，这一结果表明服务出口技术复杂度具有"持续性"特征。第二，作为基础解释变量的长三角地区服务贸易进口变量、人力资本、服务贸易开放度、外资利用额，对服务出口技术复杂度具有显著的正向影响，而服务业发展规模对服务出口技术复杂度虽然具有正向影响，但并不显著。第三，作为基础解释变量的制度质量，无论使用非国有经济发展水平作为替代变量，还是使用政府管制指标作为替代变量，抑或是使用地区财政收入中罚没款收入占GDP之比作为替代变量，系数估计值均为负且具有显著性。总体而言，这一结果再次证实了完善的制度质量对服务出口技术复杂度提升具有的积极作用。第四，作为控制变量的人均GDP以及基础设施变量，均对服务出口技术复杂度具有显著的积极影响，从而再次证实了经济发展水平的提高以及基础设施的不断完善，对提升服务出口技术复杂度的重要作用。而作为控制变量的人口规模，在不同的组合回归结果中，其系数估计值不仅大小不同，更为重要的是均没有通过显著性检验，从而说明了人口规模变量对服务出口技术复杂度的影响是不确定的，或者说，回归结果并未揭示人口规模对服务出口技术复杂度具有重要影响。这一结果与前文使用OLS和TSLS进行回归所得结果也是基本一致的。而作为控制变量的货物出口变量，各列的回归结果均显示其系数估计值为负并具有显著性，这一结果与前文分析具有较高的一致性，至于其可能的原因，此处不再赘述。

四、简要结论及启示

党的十八大报告强调指出，要大力发展服务贸易，形成以技术、质量、服务为核心的出口竞争新优势。目前，中国服务贸易规模虽已"跻身"世界前三，而长三角地区作为我国开放型经济的"前沿地区"，其服务贸易同样走在前列。但总体而言，虽然浙江地区的服务贸易历年来呈顺差趋势，但就长三角地区总体而言呈逆差态势且逆差主要来源于新型服务部门。因此，如何在扩大服务出口规模的同时，提升包括长三角地区在内的中国服务出口的技术内涵或者说服务出口技术复杂度，进而在"质"的层面上提升国际分工地位，成为理论和实践部门面临的重要课题。其中的关键在于识别影响服务出口技术复杂度的影响因素，包括服务贸易进口是否对服务出口技术复杂度产生了重要影响。据此，本书利用目前测度制成品出口技术复杂度的常用方法，测算了长三角地区 2000~2013 年的服务出口技术复杂度，并分别运用了 OLS 法和系统 GMM 估计法，计量分析了包括服务贸易进口在内的多种因素，对服务出口技术复杂度的可能影响。基于总样本的回归结果表明：①服务贸易进口额变量、人力资本、服务贸易开放度、外资利用额、人均 GDP 水平、基础设施以及制度质量等，均对服务出口技术复杂度具有显著正向影响。②而服务业发展规模以及人口规模变量对服务出口技术复杂度并未表现出显著影响。③此外，货物出口规模不但对服务出口技术复杂度的提升不具显著的带动作用，反而具有反向影响。

上述研究对于包括长三角地区在内的中国，在进一步扩大服务贸易规模的同时，如何提升服务出口的技术内涵从而提升服务业国际分工地位，无疑具有重要的政策含义。实际上，促进包括长三角地区在内的中国服务业尤其是高端服务业的发展，进而提升包括长三角地区在内的中国服务出口技术复杂度，本质上在于服务业高端生产要素的培育和积累，以及高端生产要素能够有"用武之地"。从高端生产要素的培育和积累角度来看，我们不仅要加强自身对包括人力资本在内的高端要素培育能力，还应通过稳步有序地推动和扩大服务业领域的对外开放，从而引导国际先进生产要素自由有序地流入包括长三角地区在内的中国服务业领域，以此真正做到"利用国际国内两个市场"实现服务业发展所需要的高端生产要素的培育和积累；而从促进高端要素真正能够在服务业领域"生根发芽"的角度来看，我们不仅要加快作为服务业发展的"公共条件和重要载体"的服务业基础设施建设，还需要通过进一步深化改革来不断完善制度质量，从而逐步破除制约服务业发展的体制机制性障碍；或者说，建立符合科学发展、充满活力的服务业发展的良好制度环境和体制机制框架，可以促进包括长三角地区在内的中国服务业尤其是高端服务业的发展，进而提升包括长三角地区在内的中国服务出口技术复杂度的有效保障。

第二节　长三角服务进口促进制造业发展方式转变的实证分析

前一节主要是从服务贸易进口"量"的角度，在服务业层面上实证分析了其对长三角国际分工地位变迁的现实效应。实际上，服务进口不仅在规模上对服务业和制造业发展乃至国际分工地位产生影响，同样在进口的"质"上可能产生深刻影响。为了验证这一基本判断，本节再从服务进口技术含量角度，在制造业层面上研究其对长三角国际分工地位变迁的影响。作为研究的拓展和深化，在制造业国际分工地位的替代指标上，与前文研究不同的是，本节将采用制造业发展方式作为制造业国际分工地位的替代变量。实际上，经济发展方式转变的重要内容和方向以及制造业发展方式的转变，显然是实现外贸发展方式转变的"基础"，更是提升国际分工地位的"基础"。因此，采用这一指标作为国际分工地位的替代变量，有助于我们进一步深化认识服务贸易进口技术含量如何在"质"的方面影响着长三角国际分工地位变迁。

一、文献回顾

针对服务贸易进口技术含量是否影响我国制造业发展方式转变的问题，从已有的相关研究文献来看，直接研究还比较缺乏。但是现有关于贸易开放的技术进步效应和经济增长效应的研究，为我们研究上述问题提供了间接认识。

Romer（1986）首次将国际贸易纳入到新增长理论的分析框架[1]，并指出对外贸易的技术扩散效应能够促进本国技术进步进而带动经济增长。而 Grossman 和 Helpman（1991）则用理论模型分析了外国研发资本通过中间产品贸易能够产生技术溢出进而促使经济增长[2]。上述理论观点提出后，也得到了大量实证研究的支撑。Coe 和 Helpman[3]首次实证检验并证实了进口对全要素生产率增长和技术溢出效应的存在。Keller[4] 利用部分 OECD 国家中 13 个制造业产业的 1970～1991 年数据进行的实证研究也表明，对外贸易具有技术扩散效应。之后对进口贸易的技术进步效应和经济增长效应的实证研究越来越关注商品种类，尤其是中间品进口效应。例如，Fernandes 利用企业微观层面的数据对哥伦比亚制造业产业研究后发现[5]，中间产品的进口能够显著提高企业全要素生产率；Dulleck 等[6]利用 55 个发展中国家的跨国面板数据实证检验了中间品进口和经济增长之间的

---

[1] Romer, P. M. Increasing Returns and Long – run Growth [J]. Journal of Political Economy, 1986 (94).

[2] Grossman, G. M. and Helpman, E. Endogenous Innovation in the Theory of Growth [J]. The Journal of Economic Perspectives, 1991 (8).

[3] Coe, D. T. and Helpman. E. International R&D Spillovers [J]. European Economic Review, 1995 (5): 829.

[4] Keller, W. Trade and Transmission of Technology [J]. Journal of Economic Growth, 2002, 7: 5 – 24.

[5] Fernandes, A. M. Trade Policy, Trade Volumes, and Plant – level Productivity in Colombian Manufacturing Industries [R]. W. B. Policy Research Working Paper Series, 2006 (3064).

[6] Dulleck, U. , Foster, N. Imported Equipment, Human Capital and Economic Growth in Developing Countries [J]. NECR Working Paper, 2007 (16).

关系；Kasahara 等①利用智利制造业企业层面的微观数据进行实证研究，结果发现从国外进口中间产品的企业要比没有进口国外中间产品的企业，具有更为显著的生产率提高能力。Halpern 等基于匈牙利企业层面的微观数据分析发现，② 中间品进口种类增加能够通过质量和互补两种机制促进企业全要素生产率的提升。

具体到中国而言，许多学者也进行了大量研究。朱春兰和严建苗的研究发现③，初级产品进口对全要素生产率提升的促进作用较小，而进口工业制成品对全要素生产率提升的促进作用较大；许和连等认为贸易开放主要通过人力资本的积累效应影响全要素生产率并最终促进经济增长④；包群⑤认为，贸易开放通过产出效应与技术外溢效应两条渠道影响了我国经济增长；余淼杰通过使用1998～2002 年中国制造业企业层面上的面板数据和高度细化的贸易数据，考察了贸易自由化对制造业企业生产效率的影响，结果发现，贸易自由化显著地促进了企业生产率的提高⑥；高凌云和王洛林⑦研究认为，进口贸易能够产生激烈的竞争效应，其实证结果表明三位码层面的工业行业不得不通过提高技术效率的方式应对竞争，最终促进了全要素生产率的提高；Herreriasa 和 Orts 的实证分析⑧同样揭示了进口贸易对我国生产率提高的重要作用；赵文军和于津平⑨则首次分析了贸易开放与 FDI 对我国制造业增长方式转变具有影响，并发现进口对制造业增长方式转型具有推动作用。

上述关于对外贸易技术进步和经济增长效应的研究主要还是集中于货物贸易的视角，对服务贸易的研究较少，或者说没有单独地区分服务贸易的作用。而已有从服务贸易视角进行研究的文献，主要集中于服务贸易进口对制造业效率影响

---

① Kasahara, H., Rodrigue, J. Does the Use of Imported Intermediates Increase Productivity? Plant - level Evidence [J]. Journal of Development Economics, 2008 (87): 106 - 118.

② Halpern, L. M. Koren and A. Szeidl. Imported Inputs and Productivity [R]. CEFIG Working Papers, 2011.

③ 朱春兰, 严建苗. 进口贸易与经济增长：基于我国全要素生产率的测度 [J]. 商业经济与管理, 2006 (5).

④ 许和连, 元朋, 祝树金. 贸易开放度、人力资本和全要素生产率：基于中国省级面板数据的经验研究 [J]. 世界经济, 2006 (12).

⑤ 包群. 贸易开放与经济增长：只是线性关系吗 [J]. 世界经济, 2008 (9).

⑥ 余淼杰. 中国贸易的自由化与制造业企业生产率 [J]. 经济研究, 2010 (12).

⑦ 高凌云, 王洛林. 进口贸易和工业行业全要素生产率 [J]. 经济学（季刊）, 2010 (2).

⑧ Herreriasa, M. J. and Orts, V. Imports and Growth in China [J]. Economic Modelling, 2011, 28 (6): 2811 - 2819.

⑨ 赵文军, 于津平. 贸易开放、FDI 与中国工业经济增长方式 [J]. 经济研究, 2012 (8).

层面上①②③④⑤⑥,较少地涉及服务贸易进口对制造业发展方式转变的影响分析。

现有研究无疑让我们深化对服务贸易进口技术含量以及对我国制造业发展方式转变影响的认识,无疑具有重要的参考意义和价值,但仍有待进一步深化,这突出表现在:①直接研究服务贸易进口技术含量和制造业发展方式转变关系的文献还十分缺乏。大部分研究集中于货物贸易的技术进步和经济增长效应,而从服务贸易视角开展的研究,则主要集中于对制造业效率影响方面。货物贸易和服务贸易的作用机制可能并非相同,况且从贸易视角研究的技术进步、效率提升以及经济增长等问题,也并非等同于发展方式转变。因为转变经济发展方式的本质是提高全要素生产率对经济增长的贡献(刘国光,1983;于津平和许小雨,2011),如果技术进步的同时引致大规模投资扩张和环境污染等,发展方式可能与技术进步呈现反向变化。②即便有少量文献从生产者服务贸易进口的角度研究了其对制造业效率提升的影响,但这一方面的研究文献仍然缺乏对服务贸易进口技术含量的区分和测度,亦没有直接分析其对制造业发展方式转变的作用。③从生产者服务贸易进口角度研究其对制造业效率影响的文献,并未考虑服务进口在"质"的方面所产生的影响,也没有从服务贸易进口技术含量的角度细分不同类型的服务贸易进口对制造业发展方式转变的影响。有鉴于此,本书力图采用测度服务贸易进口技术含量的最新方法,并据此实证研究服务贸易进口技术含量对我国制造业发展方式转变的影响,以期在上述几个方面对现有研究进行补充和拓展。

二、变量选取、模型设定与数据说明

(一)被解释变量及其测度方法

本书着重研究服务贸易进口技术含量对我国长三角地区制造业发展方式转变的影响,不言而喻,制造业发展方式转变的指标即为被解释变量(记为RTY)。制造业发展方式转变的测度或者说其指数的估算,本书借鉴赵文军和于津平(2012)的做法,即使用全要素生产率对经济增长的贡献率,作为制造业发展方

---

① Segerstorm, Paul S. The Long-run Growth Effects of R&D Subsidies [J]. Journal of Economic Growth, 2000, 5 (3): 277-305.

② Hoekman, Bernard. Trade in Services, Trade Agreements and Economic Development: A Survey of the Literature [Z]. CEPR Discussion, 2006.

③ Francois, J. F., Woerz, J. Producer Service, Manufacturing Linkages, and Trade [R]. Tinbergen Institute Discussion Paper, 2007.

④ 尚涛,陶蕴芳. 中国生产性服务贸易开放与制造业国际竞争力关系 [J]. 世界经济研究, 2009 (5).

⑤ 蒙英华,尹翔硕. 生产者服务贸易与中国制造业效率提升 [J]. 世界经济研究, 2010 (7).

⑥ 樊秀峰,韩亚峰. 生产性服务贸易对制造业生产效率影响的实证研究——基于价值链视角 [J]. 国际经贸探索, 2012 (5).

式的衡量指标。用 RTY_{it} 表示工业行业 i 在第 t 期全要素生产率对本行业产出增长的贡献率，则有：

$$RTY_{i,t} \equiv \frac{g_{Ait}}{g_{Yit}} \tag{6-5}$$

其中，g_{Ait} 表示工业行业 i 在第 t 期的全要素生产率增长率，g_{Yit} 表示工业行业 i 在第 t 期的产出增长率。为了测度我国制造业发展方式的转变情况，需要首先测度各工业行业在样本期内各期的全要素生产率水平以及产值水平。本书采用 DEA – Malmquist 生产率指数方法测度各工业行业全要素生产率。在具体测算过程中，将每个工业行业作为决策单元，将各工业行业的各期总产值作为产出变量，以各工业行业的各期劳动投入、资本投入以及中间投入作为投入变量。其中，各工业行业的各期劳动投入，我们采用的是全部从业人员年平均人数（单位：万人）；各工业行业的各期资本投入，我们采用的是固定资产净值年平均余额（单位：亿元）；各工业行业的各期中间投入，我们采用的是各工业行业的各期总产值与增加值之差。在此基础上，我们可以利用式（6-5）计算出在样本期内各工业行业的全要素生产率对其产出增长的贡献率。

（二）解释变量及其测度方法

本书关注的关键解释变量即为服务贸易进口技术含量（记为 IS）。Haussmann 等（2007）曾提出一个测度制成品出口技术含量的方法，由于其内在原理及其逻辑同样适用于服务贸易领域，本书将借鉴这一方法测度中国服务贸易进口技术含量。根据李嘉图的比较优势原理可知，开放条件下分工和贸易模式取决于比较成本。这一原理意味着低技术含量的服务品将由低工资的国家和地区进行生产，而高技术含量的服务品将由技术、知识、信息等丰裕的高工资国家进行生产。如此，从比较优势所决定的贸易模式来看，不同国家和地区出口具有不同技术含量的服务贸易很大程度上与其工资水平有关。因此，计算某一项服务贸易品的技术含量，可从比较优势所决定的全球服务贸易出口视角进行测度，即使用出口该项服务品的各个国家或地区工资水平按照该国或地区出口额在世界出口总额中所占比重进行的加权平均。这一计算方法的实质是用各国或地区某一项服务贸易品出口的显示性比较优势指数为权重，测度的各国和地区的平均工资水平，作为服务贸易出口分项技术含量的替代指标。由于工资水平通常由一国或地区人均 GDP 所决定，因此，在计算全球服务贸易出口分项中某一项服务商品的技术含量时，可以使用人均 GDP 来代替一国或地区的工资水平。其具体的计算公式如下：

$$TSI_k = \sum_j \frac{x_{jk}/X_j}{\sum_j (x_{jk}/X_j)} Y_j \tag{6-6}$$

其中，TSI_k 即为服务贸易分项 k 的技术含量指数。x_{jk} 是国家或地区 j 出口服务贸易分项 k 的出口额，X_j 是国家或地区 j 的服务贸易出口总额，Y_j 是该国家或地区 j 的人均 GDP 水平。需要指出的是，本书在测算服务贸易分项技术含量指数时则采用动态方法，即 TSI 值采取的是各年度测算出来的实际值，由于不同年份的 TSI 值并不相同，而这种差异性则恰恰可以在很大程度上内含了服务贸易分项下"亚结构"的演进和变化。

显然，依据式（6-5）测度出服务贸易各分项技术含量指数后，我们可以借助于式（6-7），测度我国进口服务贸易总体技术含量，或具有不同特征的服务贸易部门总体进口技术含量：

$$IS = \sum_k \frac{m_k}{M} TSI_k \tag{6-7}$$

其中，IS 即为服务贸易进口总体技术含量指数，m_k 为服务贸易进口分项 k 的进口额，M 为服务贸易进口总额，TSI_k 为服务贸易分项 k 的技术含量指数。

（三）其他控制变量

除了本书最为关注的服务贸易进口技术含量指数外，各工业行业的研发投入、人力资本、行业出口渗透率、FDI 利用额、环境规制等，也是影响制造业发展方式转变的重要因素（蔡昉等，2008；涂正革和肖耿，2009；张友国，2010；李玲玲和张耀辉，2011）。为此，我们将考虑上述因素，并作为控制变量纳入到本文计量分析中来。关于研发投入，我们采用样本期内各工业行业研发投入经费与总产值之比（记为 RD）；关于人力资本，我们采用样本期内各工业行业研发人员全时当量（人年）与全部从业人员年平均人数之比（记为 HU）；关于行业出口渗透率，我们采用样本期内各工业行业出口交货值与总产值之比（记为 EX）；关于 FDI 利用额，我们采用样本期内各工业行业中外资企业的固定资产净值年平均余额与整个行业的固定资产净值年平均余额之比（记为 FDI）；关于环境规制，我们采用样本期内各工业行业工业废水排放达标量（万吨）、工业二氧化硫去除量（万吨）、工业粉尘去除量（万吨）、工业烟尘去除量（万吨）之和与总产值之比（记为 PW）。

据此，本书设定的计量模型如下：

$$RTY_{i,t} = \alpha_0 + \alpha_1 \ln IS_t + \alpha_2 RD_{i,t} + \alpha_3 HU_{i,t} + \alpha_4 EX_{i,t} + \alpha_5 FDI_{i,t} + \alpha_6 PW_{i,t} + \varepsilon_{i,t} \tag{6-8}$$

其中，下标 i 表示工业部门各细分行业，下标 t 表示年份，RTY 表示全要素生产率对本行业产出增长贡献率，lnIS 表示服务贸易进口技术含量的自然对数（考虑到其他指标的取值均采用比值形式，而 IS 的水平值较大，因此我们对其采取了自然对数形式），ε 为误差项，其他各变量符号的含义如上文所述。

（四）数据来源及说明

由于计算服务贸易分项的技术含量指数要使用到全球各国（地区）的服务

贸易数据，考虑到统计数据的可获得性，本书在计算过程中选取了2011年服务贸易出口额在全球服务贸易中排名前147位的国家（地区）为样本对象，计算各服务商品分项的技术含量指数。但是，由于这147个国家（地区）中的部分国家（地区）在本书选取的样本区间内（本书选取的样本区间为2004~2014年），缺乏服务贸易出口分项统计数据，因此，最终选定的国家（地区）的样本数为包括中国在内的139个。这139个国家（地区）2011年服务贸易出口总额占当年世界服务贸易出口总额的比重为97%，据此计算出来的技术含量指数应该具有较高的可靠性和准确性。此外，从本书所设定的整个样本期间来看，所选取的139个国家（地区）在任何一个年度的服务贸易出口额之和在世界服务贸易出口总额中的占比均不低于95%。因此，本书所选取的139个国家（地区）在整个样本期间已经具有很高的代表性，且符合我们的研究需要。计算中所使用到的样本国家（地区）服务贸易出口额及人均GDP数据均来自于联合国贸发会议的统计数据（UNCTAD Statistics），据此可利用式（6-2）测算出2004年至2011年全球服务贸易各分项的技术含量指数，然后再利用式（6-3）计算中国服务贸易在样本期间内的进口技术含量指数①。需要特别说明的是，所计算出的中国服务进口技术含量，还不等于长三角地区两省一市各自的进口技术含量，为此，我们的处理方法是，以中国服务进口整体技术含量为基础，根据2014年度两省一市各自的服务进口分项权重比计算出的技术含量比重，分解出两省一市的服务进口技术含量。

制造业发展方式转变的度量指标（RTY）涉及各工业行业全要素生产率的计算以及工业总产值增长率，计算方法如前文所述。选取的行业为《中国国民经济行业分类》（GB/T 4754-2002）二位数代码下除其他采矿业、废弃资源和废旧材料回收加工业，电力、热力的生产和供应业，燃气生产和供应业，水的生产和供应业之外的剩余34个工业行业，样本期间为2004~2014年。计算中所使用到的各工业行业各期总产值、增加值、劳动投入、资本投入、中间投入等，均来自样本期内两省一市的历年统计年鉴；控制变量中涉及的研发投入变量指标、人力资本变量指标、行业出口渗透率变量指标、FDI利用额变量指标也来自于样本期内两省一市的历年统计年鉴，而环境规制变量的相关指标来自于国研网统计数据库。

---

① 联合国贸发会议统计数据库（UNCTAD Statistics）中对服务贸易分项的分类是按照IMF国际收支平衡表中的分类方法进行的，主要包括运输、旅游、通信服务、建筑服务、保险服务、金融服务、计算机和信息服务、专利和特许费、其他商业服务、个人文化和娱乐服务、政府服务共11类。在实际计算过程中，由于我们主要关注的是商业服务，因此在计算过程中剔除了政府服务，此外，其他商业服务由于分类太泛，也将之剔除，而采取了余下9类分项。

三、实证结果及分析

(一) 总样本单位根及协整检验

在对计量方程 (6-8) 进行估计之前,我们先对计量方程 (6-8) 中各序列之间的单位根过程及其协整关系进行检验,以明晰上述变量之间是否存在长期均衡关系。为保证总样本单位根检验结果的稳健性,我们此处采用了三种常用的面板数据单位根检验方法:IPS 检验、ADF–Fisher 检验以及 PP–Fisher 检验,结果如表 6-3 所示。表 6-3 中的检验结果表明,各原始序列变量经过一阶差分后的三种单位根检验结果均在 1% 显著性水平下拒绝原假设,且不存在单位根过程,是平稳序列,满足进一步协整检验的要求。

表 6-3 单位根检验结果

检验方法	检验统计量	概率	截面个数	观测值个数
零假设:各截面序列各有一个单位根 (一阶差分)				
IPS W 统计量	-9.8796	0.0000	3	33
ADF – Fisher 卡方统计量	321.1432	0.0000	3	33
PP – Fisher 卡方统计量	876.3528	0.0000	3	32

为了检验各序列之间是否存在着稳定的长期关系,我们采用了 Pedroni 协整检验法,检验结果如表 6-4 所示。从表 6-4 的检验结果可以看出,Pedroni 协整检验中四种统计量基本表明,六个变量系统均存在协整关系。

表 6-4 总样本 Pedroni 协整检验结果

变量系统	Pedroni 检验统计量			
	Panel v 统计量	Panel rho 统计量	Panel PP 统计量	Panel ADF 统计量
RTY、IS	5.121432*** (0.0000)	-2.252323** (0.0412)	-11.123424*** (0.0000)	-9.675646*** (0.0000)
RTY、IS、RD	1.753425* (0.0812)	0.865893* (0.0628)	-4.416321*** (0.0000)	-4.412866*** (0.0000)
RTY、IS、RD、HU	-1.091236* (0.0628)	2.852188*** (0.0051)	-3.895314*** (0.0002)	-3.725219*** (0.0003)
RTY、IS、RD、HU、EX	-1.801627* (0.0726)	4.283125*** (0.0000)	-8.543317*** (0.0000)	-6.844137*** (0.0000)

续表

变量系统	Pedroni 检验统计量			
	Panel v 统计量	Panel rho 统计量	Panel PP 统计量	Panel ADF 统计量
RTY、IS、RD、HU、EX、FDI	-2.766977 *** (0.0079)	6.081985 *** (0.0000)	-9.783012 *** (0.0000)	-6.122977 *** (0.0000)
RTY、IS、RD、HU、EX、FDI、PW	-4.602983 *** (0.0000)	6.863012 *** (0.0000)	-26.413825 *** (0.0000)	-13.890363 *** (0.0000)

注：表中各检验的原假设是变量间不存在协整关系，*、**、*** 分别表示10%、5%和1%的显著性水平，其中括号内的数字为检验P值。

（二）总样本 FMOLS 检验

考虑到变量间可能存在的内生性关系，我们采用 Pedroni（2000）提出的完全修正最小二乘法（FMOLS）对总样本的面板数据进行拟合。考虑到估计结果的稳定性，本书以服务贸易进口技术含量指数作为基础变量，然后依次加入其余变量进行回归，结果如表6-5所示。

表6-5 全样本 FMOLS 回归结果

解释变量	模型1	模型2	模型3	模型4	模型5	模型6
lnIS	0.02436 *** (14.35)	0.02174 *** (5.57)	0.02135 *** (3.28)	0.02213 *** (5.16)	0.02089 *** (3.09)	0.02174 ** (2.39)
RD	—	19.75321 ** (2.43)	17.87186 ** (2.26)	14.93215 * (1.93)	16.71612 * (1.74)	17.31285 * (1.71)
HU	—	—	8.23231 ** (2.55)	7.34128 ** (2.31)	7.62416 ** (2.19)	8.47397 ** (2.24)
EX	—	—	—	-0.73129 *** (-4.92)	-0.69335 *** (-4.09)	-0.69584 *** (-3.91)
FDI	—	—	—	—	0.15431 (0.71)	0.16287 (0.78)
PW	—	—	—	—	—	14.08214 * (1.89)
DW 统计量	1.9432	1.8988	2.0136	2.0014	2.1428	2.1021
调整后 R^2	0.2238	0.2319	0.2331	0.2369	0.2432	0.2459

注：估计系数下方括号内的数字为系数估计值的t统计量，*、** 和 *** 分别表示10%、5%和1%的显著性水平。

对表 6-5 的回归结果进行分析，我们可以得出以下几点结论。从第一行的计量检验结果来看，服务贸易进口技术含量与长三角地区制造业发展方式转变之间呈现正相关关系，具体而言，服务贸易进口技术含量的系数估计值为 0.02436，并且在 1% 的水平下显著。由于计量模型中对服务贸易进口技术含量变量取了自然对数，这一结果也就意味着服务贸易进口技术含量相对变化 0.02436 时，长三角地区制造业发展方式转变，即全要素生产率对产出增长的贡献率将会相应地绝对变化 0.02436 个单位。显然，服务贸易进口技术含量越高，制造业发展方式转变的程度也就越高。在依次纳入其他控制变量后，如第二行至第六行的结果所示，虽然服务贸易进口技术含量的系数估计值的大小有所改变，但其与制造业发展方式转变指数变量之间的正相关关系没有改变，并且都至少在 5% 的水平下具有显著性。这一结果支持了我们前文的逻辑推断：服务贸易进口技术含量的提升对长三角地区制造业发展方式的转变具有促进作用。

就其他的控制变量而言，从第二行至第六行的回归结果可见，研发投入变量的系数估计为正，并且至少在 10% 的水平下具有显著性影响，这意味着研发投入的增加是促进制造业发展方式转变的重要因素。这一结果与现有理论是相吻合的，与我们的预期也是相一致的。从第三行至第六行的回归结果可见，人力资本变量的回归系数估计值为正，并且至少在 5% 的水平下具有显著性影响，这意味着增加人力资本投入能够加快转变长三角地区制造业发展方式。从第四行至第六行的回归结果来看，行业出口渗透率变量的系数估计值为负，并且在 1% 的水平下具有显著性影响，这意味着出口贸易的扩张对制造业发展方式的转变具有不利影响。当然，导致这一结果并非一定就意味着长三角地区对外贸易不存在"出口中学习"效应，而更可能说明了出口贸易的扩张会带来资本和劳动的大量投入，从而使得出口部门的增长更具有粗放型特征，从而表现为即便在全要素生产率不断提升的情况下，相比工业产值增长主要受资本和劳动大量投入驱动的情形，全要素生产率对工业产值增长率的作用就被相对弱化了。从第五行至第六行的回归结果来看，工业行业部门的外资利用额变量的系数回归结果虽然为正，但并不具备显著性影响。这一结果说明外资企业对长三角地区制造业发展方式转变具有一定程度的推动作用，但这种作用尚不明显。可能的原因在于进入的外资企业可能更多地还是集中于劳动密集型领域或者高端产业的劳动密集型等低端环节，因此，虽然在同一领域相比于内资企业而言可能具有更高的生产率，但综合而言，整体上对推动制造业发展方式转变的作用不显著。这可能在一定程度上也证实了学术界关于长三角地区利用外资的一个基本评价：即"以市场换技术"的成效并不十分显著。此外，从外资企业的溢出效应来看，Moran（2011）对现有研究文献进行总结归纳后得出，总体而言中国利用外资对于内资企业而言并不存在显著的溢出效应,甚至具有显著的挤出效应。这也可能是导致其对长三角地区制造业发展方式转变未能呈现出显著影响的重要原因。从第六行的回归结果来看,环境规制变量的回归系数为正且在10%的水平下对长三角地区制造业发展方式转变具有显著影响,这在一定程度说明了环境规制在转变制造业发展方式中的作用。

(三) 服务贸易进口分部门 FMOLS 检验

仅从总体层面计算长三角地区服务贸易进口技术含量,并以此作为基础解释变量进行回归分析,实证考察其对长三角地区制造业发展方式转变的影响,还无法反映具有不同特征的服务贸易部门所可能产生的差异性影响。这是因为,作为知识、信息、技术等高级要素的重要载体,传统服务业和服务贸易与新型服务业和服务贸易相比,二者所内含的知识、技术等高级生产要素应该是不尽相同的。尤其是将服务贸易进口当作中间投入品时,不同服务贸易部门甚至是同一服务贸易部门不同"环节"对推动制造业发展方式转变的作用肯定是不尽相同的。由于服务贸易包含的子类很多,不一定全是用于中间投入品。因此,在本书选定的9类服务贸易分项中,我们着重分析具有中间投入特征的运输服务(记为 TSI_1)、建筑服务(记为 TSI_2)、通信服务(记为 TSI_3)、金融服务(记为 TSI_4)、保险服务(记为 TSI_5)、专利和特许(记为 TSI_6)以及计算机和信息服务(记为 TSI_7),对制造业发展方式转变的影响,以此识别哪些是工业生产及其发展方式转变中的更为重要的中间投入。虽然这七项数据中也有部分是为消费服务的,但总体来看是为生产过程服务的。将上述七个变量分别作为核心解释变量依次纳入到计量方程(6-8)中进行回归分析,所得结果如表6-6所示。

表6-6 服务贸易分部门 FMOLS 回归结果

解释变量	模型1	模型2	模型3	模型4	模型5	模型6	模型7
$lnTSI_1$	0.05186 (1.22)	—	—	—	—	—	—
$lnTSI_2$	—	0.03287 (1.36)	—	—	—	—	—
$lnTSI_3$	—	—	0.05129* (1.95)	—	—	—	—
$lnTSI_4$	—	—	—	0.10321** (2.55)	—	—	—

续表

解释变量	模型1	模型2	模型3	模型4	模型5	模型6	模型7
lnTSI$_5$	—	—	—	—	0.12042** (2.25)	—	—
lnTSI$_6$	—	—	—	—	—	0.81365** (2.39)	—
lnTSI$_7$	—	—	—	—	—	—	0.91422*** (5.26)
RD	16.32172** (2.06)	17.00285** (2.17)	16.93224** (2.65)	16.95897** (2.19)	16.02135** (2.37)	16.04127** (2.71)	17.12316** (2.54)
HU	7.81231** (2.39)	7.02309** (2.25)	6.84127** (2.33)	6.93169** (2.51)	6.01428** (2.35)	7.13206** (2.33)	6.88374** (2.56)
EX	-0.93135*** (-4.35)	-1.04217*** (-5.06)	-1.12306*** (-3.81)	-0.99835*** (-4.09)	-0.90126*** (-3.86)	-0.95438*** (-5.19)	-1.02173*** (-4.33)
FDI	0.20129 (0.71)	0.30325 (1.05)	0.21348 (1.49)	0.30126 (0.85)	0.29074 (1.19)	0.24132 (1.23)	0.25077 (1.27)
PW	14.23152** (2.09)	13.91251* (1.96)	11.13276** (2.16)	12.76321** (2.35)	13.24108** (2.31)	12.53029** (2.09)	12.86704** (2.52)
DW 统计量	1.9337	1.8992	2.1035	1.9618	1.9921	2.0207	2.1035
调整后 R^2	0.2441	0.2506	0.2359	0.2264	0.2502	0.2466	0.2373

注：估计系数下方括号内的数字为系数估计值的 t 统计量，*、**和***分别表示10%、5%和1%的显著性水平。

在表 6-6 的回归结果中，在控制了其他可能的影响因素后，即在计量方程中同时纳入其他控制变量后，我们通过依次纳入 TSI$_1$ 至 TSI$_7$ 七个核心变量，分别考察服务业各子行业的进口技术含量对制造业发展方式的影响。从表 6-6 的回归结果可以发现：第一，就影响的显著性而言，模型 1 至模型 7 的回归结果显示，此处选定的七类服务贸易分项中，七个核心变量对制造业发展方式的影响存在差异。具体而言，运输服务以及建筑服务进口技术含量对制造业发展方式转变具有影响，其系数估计值虽然为正，但基本上不具备显著性，主要原因可能还在于作为中间投入，运输和建筑服务本身技术含量较低，因而其作用机制并不显著。通信服务进口技术含量的系数估计值为正，并且基本上通过了 10% 的显著性检验，表明其对制造业发展方式转变已具有正向显著影响。然后是金融服务、保险服务以及专利和特许，其进口技术含量对制造业发展方式转变具有影响，其系数估计值也均为正，并通过了 5% 的显著性检验。而对制造业发展方式转变影响最为显著的是计算机和信息服务,其系数估计值为正,且在1%的显著性水平下具有显著影响。第二,就影响的程度而言,我们可以通过不同服务贸易分项的进口技术含量系数估计值大小加以粗略比较。在此处选定的七类服务贸易分项中,系数估计值为正且最大的是计算机和信息服务,以及专利和特许,其次是保险服务和金融服务,最后为运输服务、通信服务以及建筑服务。综合以上两点不难看出,具有不同特征的服务贸易进口,由于其内含的技术含量存在差异,因而对制造业发展方式的影响的确存在较大差异。这进一步补充验证了本书的理论机制假说,即具有更高技术含量的服务贸易进口,作为中间投入,因其更具直接效应、要素重组效应、技术溢出效应等,因而对制造业发展方式转变产生更大、更显著的影响。第三,就其他控制变量而言,在各组模型的回归结果中,与表6-5的回归结果进行比较可以发现,其系数估计值显示的对长三角地区制造业发展方式影响的方向及其显著性,均没有呈现实质性变化。

(四)工业行业分部门 FMOLS 检验

运用所有34个工业行业的数据来估计服务贸易进口技术含量,对制造业发展方式转变的影响,意味着各工业行业具有相同的生产技术,包括控制变量在内的各变量系数估计值在各工业行业中是相同的,从而忽略了这些变量之间关系在不同工业行业部门之间可能存在的差异性影响。显然,行业要素密集度特征是行业差异的重要表现之一。为此,我们将选取的34个工业行业划分为资源密集型和劳动密集型行业、资本密集型行业以及技术密集型行业三大组别。其中,资源密集型和劳动密集型行业包括:煤炭开采和洗选业,黑色金属矿采选业,石油和天然气开采业,非金属矿采选业,有色金属矿采选业,食品制造业,农副食品加工业,饮料制造业,纺织服装、鞋、帽制造业,烟草加工业,皮革、毛皮、羽毛(绒)及其制品业,纺织业,家具制造业,造纸及纸制品业,木材加工及木、竹、藤、棕、草制品业,文教体育用品制造业,印刷业和记录媒介的复制,橡胶制品业和塑料制品业19个行业。资本密集型行业包括:石油加工、非金属矿物制品业,炼焦及核燃料加工业,有色金属冶炼及压延加工业,黑色金属冶炼及压延加工业,通用设备制造业,金属制品业,仪器仪表及文化办公用机械制造业和专用设备制造业8个行业。技术密集型行业包括:化学原料及化学制品制造业、医药制造业、交通运输设备制造业、化学纤维制造业、通信设备计算机及其他电子设备制造业、电气机械及器材制造业、工艺品及其他制造业7个行业。

由于基于不同服务贸易进口部门计算的技术含量指数,对长三角地区制造业发展方式转变的影响大小虽然略有差别,但在影响的方向性及其显著性上基本保持一致。因此,此处按照工业行业的要素密集度特征进行分组回归分析时,我们不再区分不同服务贸易部门的进口技术含量,而是仅使用服务贸易进口总体技术含量作为基础变量,然后再依次纳入其他控制变量进行回归,所得结果如表6-7所示。根据表6-7的回归结果,我们可以得到如下几点基本结论:第一,无论是资源密集型和劳动密集型行业组,还是资本密集型行业组,以及技术密集型行业组,在纳入各控制变量后,并不改变服务贸易进口技术含量这一基础

表6-7 工业行业分组FMOLS回归结果

解释变量	模型1	模型2	模型3	模型4	模型5	模型6
资源密集型和劳动密集型行业组						
lnIS	0.01628*** (3.51)	0.01693** (2.21)	0.01585** (2.35)	0.01593** (2.81)	0.01613*** (6.30)	0.01632*** (5.19)
RD	—	13.13215** (2.74)	13.1982*** (2.93)	14.01332*** (3.43)	13.01379* (1.91)	13.12683* (1.95)
HU	—	—	37.42181*** (3.82)	48.42136*** (4.43)	43.17335*** (3.24)	40.93216*** (3.46)
EX	—	—	—	-1.07325*** (-3.22)	-0.98306*** (-2.65)	-0.89273** (-2.23)
FDI	—	—	—	—	2.31225 (1.03)	2.28667 (0.38)
PW	—	—	—	—	—	19.53216* (1.94)
DW统计量	2.1028	1.9911	1.8929	2.1033	2.2117	2.0718
调整后R^2	0.2128	0.2233	0.2329	0.2351	0.2513	0.2573
资本密集型行业组						
lnIS	0.03501*** (28.04)	0.03492*** (38.32)	0.03478*** (18.15)	0.03501** (2.54)	0.03511*** (5.33)	0.03279*** (3.16)
RD	—	14.91227*** (9.37)	18.13106*** (11.41)	19.71335*** (8.42)	16.24126*** (6.35)	15.30337*** (10.18)
HU	—	—	4.31152** (2.26)	4.31216*** (6.14)	4.60332*** (6.18)	4.31013** (2.56)
EX	—	—	—	-2.23152*** (-9.33)	-2.33182*** (-9.12)	-2.63128*** (-17.18)
FDI	—	—	—	—	0.19312 (1.43)	0.08935 (1.26)

续表

解释变量	模型 1	模型 2	模型 3	模型 4	模型 5	模型 6
资本密集型行业组						
PW	—	—	—	—	—	17.30915***
						(2.56)
DW 统计量	2.1352	2.0515	1.9986	2.1528	2.1205	2.2337
调整后 R^2	0.2512	0.2587	0.2605	0.2668	0.2703	0.2741
技术密集型行业组						
lnIS	0.04382***	0.03671**	0.04013***	0.03775***	0.03694**	0.04012***
	(9.71)	(2.33)	(6.16)	(8.17)	(2.28)	(3.58)
RD	—	17.22305***	18.01283***	17.8936***	19.1028*	16.9744**
		(5.92)	(5.99)	(4.31)	(1.98)	(2.16)
HU	—	—	9.19351***	9.40132***	8.83294**	8.03175**
			(13.28)	(14.16)	(2.65)	(2.17)
EX	—	—	—	−0.401324**	−0.44012**	−0.41097**
				(−2.61)	(−2.15)	(−2.35)
FDI	—	—	—	—	1.81592***	1.82305***
					(5.35)	(5.31)
PW	—	—	—	—	—	10.21535**
						(1.93)
DW 统计量	1.9476	2.0289	2.0088	2.1407	2.2164	2.1509
调整后 R^2	0.2601	0.2663	0.2736	0.2754	0.2861	0.2982

注：估计系数下方括号内的数字为系数估计值的 t 统计量，*、**和***分别表示 10%、5% 和 1% 的显著性水平。

变量的回归系数的符号及其显著性，说明服务贸易进口对制造业发展方式转变的影响具有较好的稳健性。第二，首先从服务贸易进口技术含量对不同工业行业分组的影响来看，基本遵循着对技术密集型工业行业发展方式转变的影响程度最大，其次是资本密集型工业行业，最后是资源密集型和劳动密集型工业行业的变化。对此可能的解释在于，具有不同要素密集度特征的各工业行业对生产性服务需求尤其是高级生产性服务投入需求不同，更具资本和技术密集型的行业发展方式转变，对生产性服务投入需求强度可能会更大，从而表现为服务贸易进口技术含量越高，对资本和技术密集型行业发展方式转变的推动作用也就越大。第三，从其他控制变量的系数回归结果来看，研发投入和人力资本变量对各分组行业发展方式转变的影响差异性，与服务贸易进口技术含量变量的影响差异性类似，其内在原因可能也基本一致，在此不再赘述。从行业出口渗透率变量的系数回归结果来看，其对技术密集型行业组发展方式转变的负向作用要显著弱于对资源密集型和劳动密集型行业组以及资本密集型行业组的影响。可能的原因在于技术密集型产品的出口可能主要依靠的不是大规模的资本和劳动投入，而是依靠于技术进步，从而表现为出口扩张对制造业发展方式转变的负向作用相应地"弱化"。类似地，外资利用额变量对各分组工业行业发展方式转变的影响，在技术密集型行业表现得最为显著，这可能既与流入的 FDI 质量有关，也与处于同一行业的内资企业从而能够从更高质量的 FDI 获取溢出效应有关，从而表现为 FDI 在推动技术密集型行业发展方式转变中具有显著的积极作用。从环境规制变量的影响来看，各组的系数估计值表明，环境规制对资源密集型和劳动密集型行业组以及资本密集型行业组的影响，要强于对技术密集型行业组的影响。这一结果显然是源于前文所述两个分组的工业行业发展对自然环境的依赖更强，其发展方式与"环境要素"的投入状况也密切相关。而相比较而言，技术密集型行业与"环境要素"之间的关系可能显得相对不那么密切。这一结论也就意味着加强环境规制更有利于促进前文所述两个分组中工业行业发展方式的转变。

四、简要结论及启示

本书采用基于非参数 DEA – Malmquist 指数方法，测度了长三角地区 2004~2014 年各工业行业全要素生产率，并采用最新测度服务贸易进口技术含量的方法，估算了同期我国服务贸易进口技术含量水平。以全要素生产率对工业总产值增长的贡献率作为我国制造业发展方式的衡量指标，分别从总体层面、服务贸易进口分部门层面以及工业行业分组层面，实证研究了服务贸易进口技术含量对我国制造业发展方式转变的影响。计量检验结果揭示：①从总体层面来看，服务贸易进口技术含量对我国制造业发展方式转变具有显著的促进作用，换言之，提高服务贸易进口技术含量有助于加快长三角地区制造业发展方式的转变。②从不同特性的服务贸易部门来看，其进口技术含量对我国制造业发展方式转变的影响存在差异性，具体而言，技术含量相对较低的诸如运输服务和建筑服务等传统服务贸易进口，对我国制造业发展方式转变的影响相对"较弱"，而技术含量相对较高的诸如计算机和信息服务、专利和特许等新兴服务贸易进口，对我国制造业发展方式转变的影响则相对"较强"。③从具有不同要素密集度特征的工业行业组别来看，服务贸易进口技术含量对其发展方式的影响也不尽相同。具体而言，服务贸易进口技术含量的变化对我国技术密集型工业行业发展方式转变的影响程度最大，其次是资本密集型工业行业，最后是资源密集型和劳动密集型工业行业。④从其他影响因素来看，研发投入和人力资本对我国制造业发展方式转变具有推动作用，这一点在上述三个层面的计量结果中均是成立的；出口扩张对制造业发展方式的转变总体而言存在着负向作用,且这种负向作用对资源密集型和劳动密集型行业组以及资本密集型行业组的影响,要显著强于对技术密集型行业组的影响;FDI 对我国制造业发展方式转变具有正向作用,但在总体层面上看这种作用尚不显著,而从工业行业分组来看,其在推动技术密集型行业发展方式转变中表现出显著的积极作用;环境规制总体而言对我国制造业发展方式转变具有推动作用,并且对资源密集型和劳动密集型行业组以及资本密集型行业组的影响,要强于对技术密集型行业组的影响。

我国正处于工业化发展的重要时期,工业是我们的比较优势产业,但从绝对精致化程度来看,我们与许多优秀工业强国相比仍然存在较大的差距(金碚,2012)。在经济全球化发展的大趋势下,我国制造业发展方式转型升级不能脱离全球分工体系,而应正确把握国际分工演进所带来的重要机遇,并通过充分发挥自身的比较优势,在参与全球竞争与合作中实现我国制造业发展方式转型升级。尤其是伴随着工业发展和服务经济尤其是高级生产者服务业发展之间的融合程度越来越深,提升中国制造业发展水平要注重利用全球市场资源,主要是利用发达经济体在服务业方面所具有的优势,依托服务贸易进口特别是提高服务贸易进口技术含量来加快推进我国制造业发展方式转变。特别是在服务业发展呈"碎片化"趋势的新型国际分工体系下,我们要注重发挥服务贸易进口政策对我国制造业发展方式转变的推动作用,这就要求在服务贸易进口政策的目标定位上,要着眼于充分利用全球优质服务资源服务业与我国制造业发展方式的转变进程;在服务贸易进口内容上,要着重于具有高溢出性、高关联性以及有助于推动自主创新的服务产品和高端服务环节的进口,通过服务贸易进口带动我国服务业尤其是高端生产者服务业发展;在进口的方式上,要注重服务贸易进口技术含量提升与高级生产者服务业 FDI 之间的互动,从而充分利用全球服务贸易发展的重要战略机遇,通过提升服务贸易进口技术含量,服务于我国制造业发展方式的转变进程。当然,强调服务贸易进口技术含量对制造业发展方式转变的重要影响,并非意味着我们只应把服务贸易仅仅看作是促成其发展的一个环节。实际上,展望中国经济未来的走势,服务业在中国经济发展中的重要性将日益凸显,我们不仅面临着制造业发展方式转型升级的需要,也面临着大力发展服务业尤其是现代服务业的紧迫任务,以及二者的协同发展问题。而许多研究已经表明,服务贸易发展对服务业尤其是现代服务业发展具有重要的反向拉动作用(王子先,2012;隆国强,2012)。因此,从这一意义上来说,注重发挥服务贸易进口政策作用还有利于促进我国服务业尤其是现代服务业发展及其与制造业的协同发展。当然,如何更好地提升我国服务贸易进口技术含量,从而更好地服务于我国制造业发展方式转变的需要,以及促进服务业与工业之间的协同发展,还需要专门研究。

第七章 结论、展望及对策建议

在开放型经济发展战略的带动下,长三角地区经历了多年的高速经济增长。但总体而言,长三角在全球产业链分工中仍然处于中低端。国际金融危机后,面临国内国际环境的深刻变化,长三角面临攀升全球产业链、提升国际分工地位的迫切需求。而在国内服务业尤其是高级生产者服务业发展不足的情况下,通过发展服务贸易,包括引进服务业 FDI,是当前长三角地区提升国际分工地位的重要途径。这是因为,一方面服务贸易发展正成为全球服务贸易增长的新引擎,一国和地区服务贸易发展状况已经成为参与国际竞争和合作能力的重要衡量指标之一,也是衡量国际分工地位的重要指标之一;另一方面从贸易与产业的关系来看,服务贸易发展的基础是服务业的大发展,因此依托服务贸易发展反向拉动服务业发展,从而有助于长三角地区制造业摆脱缺乏技术创新能力、自主知识产权等被动局面,进而发展服务贸易是推动长三角地区顺利实现转型升级的重要条件。据此,本书在全球服务贸易发展的大背景大趋势下,从服务贸易发展这一特定视角,提出服务贸易发展促进国际分工地位提升的理论机制假说,并以我国开放型经济较为发达的长三角地区经验数据,对理论机制进行了逻辑一致性检验。具体而言,首先,本书对全球服务贸易发展的基本态势及趋势特征,以及长三角地区服务贸易和国际分工地位现状进行简要分析;其次,在前文分析的基础之上,分别从服务贸易的两个流向,即服务出口贸易和服务进口贸易,以及两个产业层面上,即服务业国际分工地位和制造业国际分工地位,探讨了服务贸易发展促进国际分工地位的作用机制;再次,利用长三角地区的经验数据,计量分析了服务贸易发展对国际分工地位提升的现实效应;最后,为了凸显本书所做研究的现实意义,在政策层面上我们提出扩大服务对外开放、创造推进服务业对外开放的良好环境等,以此促进长三角服务贸易乃至服务业发展,进而提升长三角国际分工地位的政策建议。

第一节 简要结论

基于服务业"全球化"和"碎片化"的重要趋势特征,以及长三角国际分工地位亟待提升的重大现实需求,本书着重在理论上探讨了服务贸易发展促进国际分工地位提升的作用机制,并利用长三角地区经验数据对理论机制进行了逻辑一致性计量检验,所得基本结论主要包括以下几点。

一、服务业呈"两化"发展趋势的重要特征

伴随全球通信信息等技术的突飞猛进,以及服务贸易规则的推行,如同制造业一样,服务业同样呈现出"全球化"和"碎片化"的重要发展趋势,这不仅表现为全球服务进出口额呈迅猛增长之势、服务外包方兴未艾、制成品出口内含服务价值越来越高,还表现为作为服务业价值链重要拓展方式的全球服务业对外直接投资迅猛发展。的确,全球服务业对外直接投资,作为服务业跨国转移的重要方式和内容之一,近年来发展迅猛。联合国贸发会议(UNCTAD)在其发布的《2014年全球投资报告》中指出,全球对外直接投资的重点已经开始逐渐从传统的制造业领域向服务业领域转变,其中的统计数据显示,在20世纪80年代初期,全球服务业对外直接投资存量仅占当时全球对外直接投资存量的25%,1990年这一占比上升到49.1%,而到了2004年这一占比则进一步上升到51.8%;截至2013年年底,全球服务业对外直接投资存量占总投资存量的比重为58.92%。再从全球服务业对外直接投资流量来看,统计数据表明,1990年全球服务业对外直接投资流量与全球对外直接投资流量之比为45.68%;而2003年这一比重则突破50%的大关,达到52.89%,流量额约为4362亿美元。受到本轮全球金融危机及其后续影响的冲击,在全球制造业领域对外直接投资呈现下降的趋势下,服务业对外直接投资却保持了增长态势。2012年,全球服务业对外直接投资流量额为4887亿美元,相比之下,制造业全球对外直接投资流量额3811亿美元,二者之比为1.28:1;2013年,全球服务业对外直接投资流量额上升至5409亿美元,而制造业全球对外直接投资流量额反而下降至3741亿美元,两者之比为1.45:1。由此可见,全球对外直接投资正加快向服务业聚集,从而昭示着全球产业转移从结构上看,正从以往的制造业向服务业拓展延伸。此外,全球制成品贸易中内含的服务价值同样是全球服务价值链布局的表现。实际上,伴随着产品国际生产分割和切片化的深入演进,服务业在全球价值链中的作用也日益凸显,这不仅表现为服务成为"链接"产品生产不同环节和阶段的重要"黏合剂",发挥着协调运营、总部管理等重要作用,服务本身(比如研发、设计、营销等)也越来越成为价值链中的重要增值环节。正如Bas等(2012)的研究所指出的:"产品生产所创造的附加值越来越向价值链低端转移,而服务则不断向价值链高端攀升。"联合国贸发会议发布的《全球价值链及其发展》报告中的研究表明(UNCTAD,2013),1995~2011年,全球制成品贸易中所内含的服务增加值比重

不断提高,已由1995年的不足10%上升到2011年的21.8%。可见,服务已然成为全球价值链的重要组成部分,这既是服务业"全球化"和"碎片化"发展的表现,也是其结果。

二、服务出口对服务业国际分工地位提升具有促进作用

从出口与产业之间的关系来看,通常而言,贸易是流,产业是源,产业也是决定贸易的基础,但与此同时,出口贸易反过来也会影响到产业的发展,或者说出口贸易对产业发展具有反向拉动作用,这一点对于服务贸易而言同样如此,即服务出口贸易发展对一国或地区的服务业发展具有反向拉动作用。然而,服务出口究竟通过什么样的作用机制作用于服务业的发展,或者说,如何在理论上明晰服务出口贸易对服务业发展的带动作用,仍然需要进一步在理论上予以澄清。通过对现有文献的梳理,以及结合当前全球分工演进新形势和新情况,我们认为,服务出口对服务业发展进而国际分工地位提升的促进作用机制包括以下几个方面。第一,从传统贸易理论视角看,"劳动分工受限于市场规模"以及"分工受限于市场规模"的"斯密定理"均能在一定程度上论证解释服务出口对服务业发展的促进作用,且前者主要能够从"量"的角度进行解释,而后者则更能够从"质"的方面论证开展国际分工和贸易对产业发展的影响。第二,从新贸易理论视角看,服务出口贸易促进服务业发展的主要渠道,一方面源于服务出口贸易带来的服务业发展规模经济效应,另一方面来源于服务出口贸易可以通过促进国内资源在物资生产部门和知识产品生产部门之间的要素优化配置,进而促进服务业的发展,因此这种促进作用不仅表现在规模上,同时也表现在内涵上,无论是哪一种,均对服务业国际分工地位提升具有重要的促进作用。从当前全球价值链分工和贸易视角来看,服务出口贸易对服务业发展的影响除了具有传统贸易理论视角和新贸易理论视角下的重要作用机制外,更为重要的是,全球价值链分工模式下的贸易本质是参与"全球生产",因而其对服务业发展的影响其实质上是从以往的"出口中学习"升级为"生产中学习"的"干中学"效应。显然,这种"生产中学习"效应不仅有利于服务业规模扩张,更有利于服务业发展质量水平的提升。此外,依托服务出口贸易而进行的知识和技术的跨国转移和扩散,显然也对服务业规模扩张和内涵式发展具有重要的促进作用。

三、服务进口对服务业国际分工地位提升具有促进作用

按照比较优势的分工原理,进口往往是一国或地区具有比较劣势的产业,因而,进口如何能够促进相关产业的发展,需要在理论上予以明晰。实际上,就服务进口而言,其对一国或地区服务业发展同样具有重要的促进作用,这既有传统

的理论作用机制，又有全球价值链分工条件下的作用机制。从传统的作用机制来看，主要包括如下几个方面。第一，通过要素供给机制促进服务业发展，即通过进口国内短缺的原材料、能源、关键设备等要素，可以缓解服务业发展面临的国内资源能源等要素约束的压力，弥补国内生产要素的供应缺口，从而能够促进服务业发展。第二，通过需求创造机制引领服务业发展。即通过进口国外的服务，尤其是进口国外的新服务供给，会培育国内消费者对该种服务的需求，需求的规模会因此而从无到有、从小到大。当需求达到一定规模时，巨大的市场规模就会刺激本国厂商尝试该种服务的提供，与此同时，从产业关联角度来看，还会带动对国内其他相关产业的需求，进而促进服务业发展。第三，资源优化配置的作用机制可以促进服务业发展。由于通过进口可以取得较本国更为先进的技术设备等，从而有助于提高生产力，并且随着本国对引进技术设备的逐步消化、吸收以及模仿创新等，可以进一步提高劳动生产力、降低生产成本，最终推动一国或地区的服务业发展。第四，技术引进的作用机制可以促进服务发展。在所有影响相关产业成长的因素中，技术要素对相关产业成长的作用具有主导性、长期性和可持续性。服务业的发展同样可以依赖技术进口贸易，对于任何一个国家来说，通过进口获得技术，可以节省时间和研发资源，加速本国的技术进步进而促进服务业的发展。实际上，从某种意义上来说，当前作为国际贸易重要内容之一的技术贸易，在很大程度上也属于服务范畴。从全球价值链分工的角度看，服务进口对服务业发展的拉动作用其主要和重要的作用机制就是产业内和产业间的"投入—产出"关联作用机制。显然，服务进口不仅有利于一国服务生产和提供企业以更低的价格、更便捷的方式获取服务投入品，而且还可以面临更多的选择或者说获取更优质服务投入的机会，从而对服务产业规模扩张乃至服务技术复杂度提升都具有重要的促进作用。

四、服务贸易通过服务业对制造业国际分工地位具有促进作用

伴随着当前社会分工的不断细化，服务尤其是生产者服务与制造业之间融合发展的趋势越来越强，融合的程度越来越深，作为中间投入品的生产者服务，由于其内含了知识、技术、信息以及人力资本的高端生产要素，从而对制造业效率水平以及制成品的品质水平具有极为重要的影响。换言之，作为制造业的高级要素投入，生产者服务业的生产规模扩大能够有效地降低制造业的单位生产成本，直接提高制造业的生产效率和产业国际竞争力。而本书的有关分析已经表明，无论是服务出口贸易，还是服务进口贸易，均对服务业发展，包括规模扩张和质量提升都有着重要的促进作用。因此，从开放视角看，一方面，大力开展服务贸易，或者说服务贸易自由化能够促进生产者服务业专业化分工和规模的扩大，从

服务贸易发展与长三角国际分工地位变迁研究

而对生产者服务业自身效率的提高，乃至国际竞争力和国际分工地位的提升，都有着极为重要的促进作用；另一方面，伴随生产者服务业自身效率的提高，乃至国际竞争力和国际分工地位的提升，作为制造业"高级中间投入服务"就能够有效降低制造业单位生产成本或者说提高制造业生产效率，从而提升其国际竞争力和分工地位。总之，从服务贸易的角度看，服务贸易自由化发展能够降低制造业单位生产成本或者说提高制造业生产效率，从而提升其国际竞争力和分工地位。总之，服务贸易自由化发展在推动服务出口和服务进口发展的同时，由于服务业专业化尤其是生产者服务业专业化分工和规模的扩大，一方面会促进自身生产规模的不断扩大和效率水平的不断提升，另一方面也作为制造业的重要中间投入，从而有效地降低了制造业的生产成本。这就是服务贸易发展对制造业国际分工地位提升所具有的重要的促进作用机制。

五、长三角服务贸易发展对国际分工地位提升具有现实效应

利用长三角地区的经验数据，我们对服务贸易发展促进国际分工地位进行理论分析所得的各种假说机制，进行了逻辑一致性检验。我们从两种贸易"流向"（服务出口和服务进口）的角度，分别分析其服务业发展和制造业发展两个产业层面的影响，或者说国际分工地位变迁的影响。关于服务出口对服务业发展促进的现实效应，我们综合利用协整检验、Granger 因果关系检验、脉冲响应函数分析、方差分解分析等计量方法进行实证检验结果总体表明，服务出口贸易的发展的确有利于以长三角为代表的、以产业结构优化升级为表现的我国国际分工地位的提升。关于长三角地区服务出口对制造业国际分工的可能影响，考虑到长三角地区制造业国际分工地位，从规模角度看近年来其迅速"提升"已是可观察到的客观事实，因此我们着重从制成品"出口技术含量"变迁的角度，分析了服务出口贸易发展对长三角国际分工地位变迁的影响。计量分析结果表明，服务出口贸易发展对长三角地区制成品出口技术含量水平提升具有显著影响，从而说明了不断推进的服务出口贸易改革，对于长三角地区制成品出口技术含量水平提高（进而国际分工地位提升）具有较好的解释力。

关于服务进口对长三角服务业国际分工地位的影响，我们主要是从其对长三角服务出口技术复杂度影响的角度展开，以进一步体现服务贸易发展如何在"质"的层面促进长三角服务业国际分工地位，经验检验结果的确表明，服务进口对服务出口技术复杂度提升具有促进的现实作用。在服务进口对长三角制造业国际分工地位影响方面，作为研究的拓展和深化，一方面，我们从服务进口技术含量角度，在制造业层面上研究其对长三角国际分工地位变迁的影响；另一方面，在制造业国际分工地位的替代指标上，我们采用制造业发展方式作为制造业

国际分工地位的替代变量。计量检验结果表明,服务贸易进口技术含量对我国长三角地区制造业发展方式转变具有显著的促进作用,换言之,提高服务贸易进口技术含量有助于加快长三角地区制造业发展方式的转变,从而提升其国际分工地位。

第二节 服务贸易全球趋势下的长三角机遇

前文的分析已经指出,自 20 世纪 80 年代以来,伴随经济全球化的深入演进,通信信息技术革命的迅猛发展及其广泛应用,全球范围内的产业结构不断调整和优化升级,尤其是发达经济体产业结构的不断"软化"以及发展中经济体也正在努力发展服务经济,加之多边和双边贸易协定下服务贸易规则的推行,服务业通常只能局限于一国国内的传统发展模式被打破,由此推动了全球服务贸易正以超过货物贸易的增速在迅猛发展,从而使得全球贸易结构正逐步向服务贸易倾斜。服务贸易发展正成为全球贸易增长的新动力和新引擎。在此背景下,作为我国开放型经济较为发达的长三角地区,会面临着重要的发展机遇。具体而言,表现在如下几个方面。

一、国际服务外包的快速发展将带来重要机遇

特别是本轮全球经济危机后,国际服务外包的快速发展将为我国长三角地区服务贸易的发展带来重要的战略机遇。经济危机的历史经验表明,每次经济危机及其后续影响的一定时期内,都会存在私人消费受限、需求疲软、需求预期不足等问题。由于大量不稳定因素的存在,众多企业即使面临需求复苏,也不愿贸然投资扩大生产、增加雇佣新的工人,危机后就业的增长总是滞后于经济的复苏。目前部分发达国家经济呈现微弱的复苏迹象,而失业率仍然居高不下,就是明证。因此,受到危机冲击后的一定时期内,企业往往选择更为理性的做法,那就是通过"外包"的方式而非自己贸然投资生产的方式来相应增加"产出",以尽可能地规避风险。换言之,发达国家的跨国公司加大海外采购将成为危机后较长一段时间内的重要举措和发展趋势。这意味着,在"归核化"的发展战略下,发达国家跨国公司必然将更多的生产环节、工序以及服务流程等"外包"出去,特别是生产性服务外包的发展将成为危机后全球服务贸易的重要内容,这为我国长三角地区在更高层次上融入发达国家跨国公司主导的国际分工体系带来了新的机遇。因此,在后危机时代,全球分工的演进和产业重组必然进一步密切与发达国家跨国公司的合作关系,促进我国长三角地区产业结构的优化,尤其是服务业

结构的优化升级。总之，国际金融危机后，全球分工的演进必然为我国长三角地区进一步融入跨国公司主导的国际分工体系、"密切"与发达国家跨国公司的合作关系、促进我国长三角地区服务业产业结构和贸易结构的优化，带来重要的战略机遇。

二、长三角地区相对发达的工业为承接国际服务业转移奠定了重要的基础

在过去很长一段时期内，包括长三角地区在内的我国服务业，尤其是生产者服务业发展相对滞后，一个根本的原因就在于工业发展水平还不够，从而难以形成对服务业的有效需求，进而制约了服务业的发展。而作为我国开放型经济较为发达的长三角地区，经过几十年的高速发展，工业尤其是制造业已经取得了长足发展。从产业演进角度来看，长三角地区经过多年大力发展开放型经济，特别是制造业对外开放经济，使得长三角地区产业发展已经由过去的简单加工技术转为导向的传统制造业，到目前生产技术水平已经得到大幅度提升的有大型企业。客观而论，长三角地区产业门类齐全，轻重工业发达，是中国最大的综合性工业区，不仅传统工业在全国占有重要地位，而且以微电子、光纤通信等为代表的高新技术产业也比较突出。最近几年，适应国际产业转移和国内新一轮经济增长的形势变化，长三角地区适时将新型制造业和先进制造业作为区域产业发展的重点目标。例如，上海提出优先发展先进制造业，浙江将建设先进制造业基地，江苏则要打造国际制造业基地。再比如，机器人产业被誉为"制造业皇冠上的明珠"，而经过前几年的酝酿，机器人产业也在2015年进入爆发式增长阶段。具体到正在向先进制造业转型发展的长三角地区，机器人产业快速发展。其中，上海机器人产业规模预计2020年达600亿~800亿元；浙江培育的7大万亿级别产业中，机器人是制造业代言人；江苏机器人产业年均增长25%，2017年规模要达到1000亿元。无疑，制造业尤其是先进制造业的发展，为承接国际服务业产业转移奠定了坚实的制造业基础。这是在服务业"全球化"和"碎片化"发展的大趋势下，长三角地区面临的重要机遇之一。

三、良好的政策环境为我国长三角地区发展服务贸易带来了重要的机遇

在本轮全球金融危机下，中国开放型经济发展受到了严重冲击，其突出表现就是2009年期间中国出口贸易和引资额度的双双大幅下挫。在应对本轮全球金融危机中，胡锦涛主席曾经指出："国际金融危机对我国经济的冲击表面上是对经济增长速度的冲击，实质上是对经济发展方式的冲击，要利用国际金融危机的

倒逼压力，把加快转变经济发展方式作为应对国际金融危机冲击的主攻方向，努力使应对国际金融危机冲击的过程转为增强发展可持续性的过程。"由于我国对外贸易在本轮全球金融危机中受到较为严重的冲击，使得我们越发认识到转变外贸增长方式的重要性。为了加快转变外贸发展方式，推动外贸发展从规模扩张向质量效益提高转变、从成本优势向综合竞争优势转变，我国"十二五"规划明确指出："促进服务出口，扩大服务业对外开放，提高服务贸易在对外贸易中的比重。在稳定和拓展旅游、运输、劳务等传统服务出口的同时，努力扩大文化、中医药、软件和信息服务、商贸流通、金融保险等新兴服务出口。大力发展服务外包，建设若干服务外包基地。扩大金融、物流等服务业对外开放，稳步开放教育、医疗、体育等领域，引进优质资源，提高服务业国际化水平。"其实早在2007年，国家就已经开始重视服务贸易的发展，2007年3月国务院发布的《国务院关于加快发展服务业的若干意见》中就明确指出，到2020年，我国要基本实现经济结构向以服务经济为主的转变，服务业增加值占国内生产总值的比重超过50%，服务业结构显著优化，就业容量显著增加，公共服务均等化程度显著提高，市场竞争力显著增强，服务贸易发展的竞争力显著提升。安徽大力发展服务贸易，与国家层面推进服务经济和服务贸易快速发展的战略措施的方向是一致的，我国长三角地区服务贸易发展必然面临着良好的政策环境，也受到优惠的政策支持。

　　相对而言，生产性服务业发展相对滞后、水平不高、结构不合理等问题突出，亟待加快发展。而生产性服务业涉及农业、工业等产业的多个环节，具有专业性强、创新活跃、产业融合度高、带动作用显著等特点，是全球产业竞争的战略制高点。加快发展生产性服务业是向结构调整要动力、促进经济稳定增长的重大措施，既可以有效激发内需潜力、带动扩大社会就业、持续改善人民生活，也有利于引领产业向价值链高端提升。为加快重点领域生产性服务业发展，需进一步推动产业结构调整升级。正是基于这一重大的现实需要，2014年国务院提出了关于加快生产服务发展促进产业结构调整升级的指导意见。该意见明确指出，要以邓小平理论、"三个代表"重要思想、科学发展观为指导，深入贯彻党的十八大和党的十八届二中、三中全会精神，全面落实党中央、国务院各项决策部署，科学规划布局，放宽市场准入，完善行业标准，创造环境条件，加快生产性服务业创新发展，实现服务业与农业、工业等在更高水平上有机融合，推动我国产业结构优化调整，促进经济提质增效升级。要以产业转型升级需求为导向，进一步加快生产性服务业发展，引导企业进一步打破"大而全""小而全"的格局，分离和外包非核心业务，向价值链高端延伸，促进我国产业逐步由生产制造型向生产服务型转变。

从我国长三角地区自身情况来看，我国长三角地区的上海、江苏和浙江，无不把开放型经济发展进入新阶段后的服务业发展置于重要的战略地位。当前，国内外发展格局发生了深刻变化。国际服务业加速向发展中国家转移，服务业跨国投资和服务贸易迅速发展，云计算、物联网等各种新技术、新业态、新模式不断涌现，为整个长三角地区服务业发展带来新空间；国内城市化、工业化和市场化进程不断加快，国家积极实施扩大内需战略，人民生活水平提高拉动服务需求持续增长，长三角区域经济一体化加速，这为长三角加快发展服务业提供重大机遇；国家高度重视服务业发展，对长三角地区的上海建设"四个中心"给予大力支持，在上海率先开展深化增值税制度改革试点，将上海列入国家服务业综合改革试点、现代服务业综合试点和现代服务业创新发展示范等各项改革试点，有利于完善税制、促进专业化分工、创新服务技术，营造更加有利的发展环境。在此背景下，《上海市服务业发展"十二五"规划》中就明确指出：服务业的发展水平是衡量现代社会经济发达程度的重要标志。形成以服务经济为主的产业结构，既是中央对上海发展提出的要求，也是上海加快转变经济发展方式与服务全国的重要途径。根据国家关于加快发展服务业的总体要求和《上海市国民经济和社会发展第十二个五年规划纲要》，特制定《上海市服务业发展"十二五"规划》。《江苏省"十二五"服务业发展规划》也明确指出，"十二五"时期，是江苏深入贯彻落实科学发展观、加快转变经济发展方式的攻坚时期，也是全面建成更高水平小康社会并向基本实现现代化迈进的关键时期。为此，加快发展现代服务业对于江苏推进经济转型升级和实现"两个率先"具有十分重要的意义，特编制《江苏省"十二五"服务业发展规划》。总之，良好的政策环境为我国长三角地区发展服务贸易带来了重要的机遇。

第三节 对策建议

基于研究所得以上结论可见，大力促进服务贸易发展或者说通过扩大服务业开放推动服务贸易发展，对于长三角地区国际分工地位提升具有重要意义。基于进一步扩大服务业对外开放进而推动服务贸易快速发展，并最终实现长三角国际分工地位的提升，未来一段时期内长三角应着重在如下几个方面狠下功夫和做出努力。

一、加快构建开放型经济新体制

加快服务贸易发展，其实就是要扩大服务业的开放，从本质上看，更多的是境内开放,简单地说就是管辖国内经济活动的法律法规必须要与国际接轨。因此,以服务业为主要内容的开放型经济发展,与以往主要以货物贸易开放的边境开放措施不同,必须要求与之相适应的新体制、新规则。从这个意义上看,从边境开放扩展到境内开放,是扩大服务业对外开放的一个最主要特点,也是相比货物贸易开放的一种新要求。这就要求加快构建长三角地区开放型经济新体制,因此要在进一步简政放权,探索负面清单管理模式,提高贸易便利化水平,改革外商直接投资的管理体制,扩大开放金融、教育、文化、医疗、旅游等服务业领域,有序放开养老、商贸流通、电子商务等服务业领域方面狠下功夫。

二、加快服务业对外开放的载体建设

加快服务贸易发展,扩大服务业对外开放,需要建设相应的载体。加快建设港口物流园区,大力发展第三方物流。以建设国家级龙潭保税物流中心和申报禄口空港保税物流中心为重点,整合全市物流企业,建设以龙潭物流、江北化工物流、禄口空港物流等水港与陆空口岸物流为支点的现代物流基地,大力引进国际知名第三方物流企业投资的大型物流项目,积极发展现代物流业。加快建设CBD(中央商务区),发展资金、智力密集型服务业。在继续建设好长三角地区各种商贸中心的同时,我们应重点加快上海自贸区的建设。建议把上海自贸区进一步定位为长三角地区服务业对外开放的"开发区"、城市基础设施利用外资的主阵地、现代服务业管理体制的创新区,加快成为以金融保险、投资贸易、信息中介、会展、文体等专业服务等为主的资金、智力型国际服务贸易的集聚高地。加快建设楼宇经济,发展都市型经济新模式。要结合金城集团、晨光机器厂等一批地处市区大型国有企业的"退二进三"、外迁发展,并充分利用其具有历史风貌的老厂房,建设创意产业园、软件产业园、文化产业园、科研商务楼宇群等都市经济发展平台;利用长三角地区大专院校、科研院所多的优势,建设好大学科技园、软件城,引进跨国公司和国内著名企业的总部、研发中心、销售中心入住发展;利用长三角地区人文历史丰富和明文化、民国文化独特的资源,建设江宁织造府、红楼文化纪念馆等重现历史的场所,打造一批特色旅游景点;在运作好现有的展览场所的同时,抓紧规划建设河西国际博览中心,进一步完善长三角地区会展业发展的硬件设施,大力开展与国内外会展业机构的合作,引进国际知名品牌展会,打造长三角地区的会展经济。

三、创造推进服务业对外开放的良好环境

在大力发展服务贸易的现实需求下,服务业对外开放是一个跨行业、跨部门、跨地区的综合系统工程,其涉及面广、政策性强,需要建立和完善覆盖全社

会的服务业对外开放的管理体制。建议成立长三角地区服务业对外开放联席会议制度，推进部门间的沟通协调，调动一切积极因素，努力形成共同促进服务业开放的工作合力。加速服务业改革，积极培育发展行业组织，激发服务业发展活力，推进服务业的市场化、产业化和服务的社会化，夯实服务业扩大开放基础。加强政策研究的制定和落实，在市场准入、税费、就业、融资、用地、价格、产权变更等方面采取更加积极的支持政策。加快"中国服务外包基地城市"的申报和建设进程，努力把长三角地区打造成为国内领先、全球有影响的服务外包基地。另外，提高政府服务效率，切实树立服务企业、服务基层、服务发展的理念，推进政务公开，简化项目审批程序，提高政策透明度和行政效能，营造良好的服务业开放政务环境。继续推进社会诚信体系建设、人才"高地"、商务"盆地""大通关"工程等的建设，切实把长三角地区打造成为称心、安全、有回报的兴业热土。

四、加强涉外知识产权保护

切实做好吸收外资、对外投资、对外贸易和国际展会等对外领域的知识产权保护工作。鼓励长三角地区企业积极到境外注册产品商标、申请专利，积极开展知识产权国际合作。探索在长三角地区的各种产业园等园区建立特色行业知识产权机构、知识产权综合服务机构、快速维权中心，加快推进国家级和省级知识产权服务业集聚区建设试点工程，建立国际知识产权交易平台。建立企业知识产权方面的经营异常名录制度，推进知识产权诚信体系建设。

五、加快服务业领域的国际化人才培育

依托长三角地区的一些国内国际知名大学，比如南京大学、复旦大学、上海交通大学、浙江大学、东南大学、上海财经大学等高校，大力培养与开放型经济发展相适应的具有国际视野、熟悉国际规则、能够深度参与国际商务和竞争的服务业领域国际化人才。加快形成一支精干、务实、创新的开放型党政干部队伍，加快造就一支具备国际眼光、精通服务跨国经营的高素质企业家队伍，加快培养一支以金融财务、文化创意、知识产权、服务外包、商务咨询、海外兼并领域为重点的高端专业人才队伍，大规模培训能够适应国际需求的境外劳务人才。

六、充分发挥财税政策在扩大服务业对外开放中的作用

在现代市场经济条件下，发展服务业必须发挥市场和政府"两只手"的作用。一方面要加快服务业市场化步伐，充分发挥市场在服务业资源配置中的基础性作用。加快服务业市场化步伐既是加快发展服务业的主要任务，也是推进服务

业发展的根本动力。另一方面要发挥政府的作用。财税政策是政府调控经济的最主要手段之一，充分发挥财税政策对服务业的促进作用，其意义不言而喻。对此，我们应该采取的具体的对策措施包括：首先，根据"宽税基、低税负、严征管"的基本思路，调整长三角地区服务业的相关税收政策。当前世界范围内的新一轮税制改革正在开始，许多国家提出了"降低税率、简化税制、拓宽税基、提高效率"的税制改革举措。在通盘考虑政府收入的条件下，积极探索适合长三角地区具体情况的"宽税基、低税负、严征管"的基本改革思路。具体就服务业的相关税收政策而言，可以考虑的改革举措包括：扩大增值税的课税范围，逐步覆盖绝大多数服务性行业，减轻因营业税就全部营业额计税所可能造成的弊端；在企业所得税与个人所得税的衔接配合上，尽可能地免除服务性行业存在的经济性重复征税问题；减轻纳税人负担，促进长三角地区服务业的长远发展。其次，顺应全球经济新规则尤其是服务贸易规则的新形势、新变化，运用财税政策促进高端服务业发展，以此实现长三角地区服务业的结构转换。现代服务业早已超越了传统的餐饮、修理、零售行业，它囊括了商业、通信、运输、教育、环保、金融、健康保健服务、旅游、文化娱乐及体育活动等，可以说是当今世界范围内最为广阔的产业。长三角地区服务业基本属于传统服务业，包括商品流通、餐饮和交通运输，大概占40%。因此，在制定促进长三角地区服务业发展的财税政策过程中，应在发挥传统劳动密集型服务产业比较优势的同时，通过财税政策的倾斜与引导，大力鼓励现代服务业（信息、科技、会议、咨询、法律服务等）和新兴服务业（如房地产、物业管理、旅游、社区服务、教育培训、文化体系等）的可持续发展。利用政府财税政策的宏观导向作用，提升高端服务产业在整个服务业中的地位，优化服务业内部结构。最后，适当改革政府采购制度，随着公共财政体制逐步建立和预算制度的完善，财政部门的政府采购制度必须进一步扩大采购范围，把广大服务业领域纳入其中，通过引进竞争机制，面向全社会服务行业公开招标、投标，并对刺激这些行业改善服务态度、优化服务方式、丰富服务内容、创新服务项目都有一定的推动作用。还要不断地通过革新采购服务项目，利用政府采购的需求诱导，引导服务业的发展方向。

七、创新监管模式，提高风险防范能力

服务业开放的监管与货物贸易差异较大。作为有形商品，货物贸易通过设立海关基本可以达到监管目的，而服务贸易的监管则较为复杂，其中又包括对四种开放模式的监管。在服务业开放的法制保障方面，长三角地区需要注重法律的严密性，减少执行过程中的随意性和可能产生的套利行为。保证地方法规与部门规章制度的一致性、国内法律与国际规则的接轨。比如，在自贸区的法律规范问题

上，需要在试验的基础上尽快出台适应国际贸易投资规则的法律体系，并做好区内外政策的协调。当前服务业扩大开放不仅是对外开放中的主要内容，同时也是长三角地区经济增长的新动力。但服务业开放的确涉及众多敏感领域，所以在推动扩大开放的同时，关键是加强服务业开放的法律法规建设，构建服务业开放的法律保障体系。同时，需要进一步完善非现场监管，加强信息平台的建设，提高对经济运行的监测水平，及时发现风险和异常，并保留宏观调控的应急手段，确保国民经济的平稳运行。

八、提高创新能力，在对外开放中提升新型服务业竞争能力

一是要创新商业模式。具有创新能力的服务企业最终将发展成为具有国际竞争力的一流企业。近年来国际上多个产业领域的赢家，通常不是技术上最领先的企业，而是在创新服务模式上最成功的企业。那些具有创新模式的服务企业，不但已经成为产业和科技创新的领导者，而且其创新能力仍在快速提升。因此，全面了解并关注商业模式创新在服务业创新中的作用，对促进其发展是非常重要的。二是要重视技术创新服务。技术创新在长三角地区服务业创新中的作用日益增强。一批以信息化、网络化大数据服务为特征的国内服务企业迅速崛起，创新能力快速提升，并成为推动国内服务业创新的重要力量。特别是计算机互联网数据平台、综合金融、电子商务、网上博览会等，凸显了长三角地区服务业创新能力的快速提高和整体创新能力的增强。因此，技术创新对促进服务业创新发展，重视知识密集型商业服务业的发展具有重要意义。三是要把握全球价值链竞争模式。企业要关心全球价值链竞争的新动向，积极参与并适应核心价值链节点的竞争。政府则需要关注本国在全球价值链竞争中的地位，转型升级本身意味着结合本国的竞争优势，寻求参与价值回报最高的产业链部分的竞争。

九、保持对内开放和对外开放的一致性

《中共中央关于全面深化改革若干重大问题的决定》指出，要把对内开放和对外开放有机结合起来，加快构建统一公平、竞争有序的大市场。在服务业对外开放方面，全国也正在进行积极的探索，上海自贸区实行的负面清单的管理模式，在2013年版本的基础上，需要进一步大幅度简化负面清单，使之能够在真正意义上发挥开放试验区的作用和优势。在对内开放方面，虽然中国早在2004年就出台了《国务院关于投资体制改革的决定》，之后又有"非公36条"和"新非公36条"等规定措施，但是民营企业的市场准入问题仍没有得到根本解决，且影响了中国私营部门参与服务业开放的积极性。尤其是一些垄断性服务业如金融保险和电信业等，由于体制、机制等方面的原因，对于许多民营企业仍存

在较高的政策性壁垒,主要表现为市场集中度高、市场准入严格及政府规制严重,其对内开放的进程逊色于对外开放的进程。这种全国层面的"问题"在长三角地区通常也存在,在新一轮的扩大服务业开放中,我们必须重视解决好对外、对内开放的一致性问题。因为,对内、对外开放又是相互影响的,如果目前长三角地区内行业垄断和各种显性隐性壁垒不消除,建立在行业保护基础上的竞争力是不扎实的,对外开放加大后外资企业将会对长三角地区服务业造成更大冲击,反而不利于长三角地区服务业国际竞争力的最终提升。

十、强化服务贸易政策与服务产业政策的协调

扩大长三角地区服务业对外开放,应当遵循党的十八大报告"全面提高开放型经济水平"部分中"强化贸易政策和产业政策协调"的明确要求,从充分利用好国际国内两个市场、两种资源,统筹国内服务业发展和对外开放出发,在开放中强化服务贸易政策与服务产业政策的协调,更好地以开放促改革,以竞争促发展。服务贸易政策是调节服务贸易发展的政策,主要解决开放还是保护的问题,即自由贸易还是贸易保护的问题,促进还是限制的问题。服务产业政策是一国经济政策的重要组成部分,服务产业政策包括产业发展政策,如发展目标、实现目标的战略、规制、实施路径等;产业组织政策,如产业布局、集聚,大、中、小企业的协同发展,龙头企业与中小企业的关系等;产业技术政策,如技术创新,技术原理突破,技术重点,技术标准,延展的知识产权政策等;产业促进政策,如通过财税、金融、人才等促使所需支持的产业由先导产业逐渐成长为支柱产业,最终成为主导产业。只有在正确把握服务贸易政策与服务产业政策之间关系的基础上,才能更好地促进两者的协调。服务产业是服务贸易的基础,服务贸易是服务产业发展与提升的外源动力,两者互动发展、相互促进,才能达到产业水平的提升和国际竞争力的提升。

参考文献

[1] Alexander J. Yeats. Just How Big Is Global Production Sharing? [Z]. Arndt, S. W. and H. Kierzkowski: Fragmentation, New Production Patterns in the World Economy, 2001: 108 – 143.

[2] Amara, Nabil, Rejean Landry and Namatie Traore. Managing the Protection of Innovations in Knowledge – Intensive Business Services [J]. Research Policy, 2008, 37 (9): 1530 –1547.

[3] Anderson, J. E., C. A. Milot and Y. V. Yotov. The Incidence of Geography on Canada's Services Trade [R]. Working Paper, 2011.

[4] Anderson, M. Co – location of Manufacturing & Producer Services: A Simultaneous Equation Approach [R]. Working Paper, 2004.

[5] Arnold, Jens, Javorcik, Beata S., Mattoo, Aaditya. Does Services Liberalization Benefit Manufacturing Firms? Evidence from the Czech Republic [R]. Policy Research Working Paper. The World Bank, 2007 (4109).

[6] Arnold, Jens M., Beata S. Javorcik and Aaditya Matoo. Does Services Liberalization Benefit Manufacturing Firms: Evidence from the Czech Republic [J]. Journal of International Economics, 2011, 85 (1): 136 – 146.

[7] Baier S. L. and Bergstrand J. H. The Growth of World Trade: Tariffs, Transport Costs and Income Similarity [J]. Journal of International Economics, 2001, 53 (6): 59 –71.

[8] Balistreri, Edward J., Thomas F. Rutherford and David G. Tarr. Modeling Services Liberalization: The Case of Kenya [J]. Economic Modeling, 2009, 26 (3): 668 –679.

[9] Battaile, Bill; Chisik, Richard; Onder, Harun. Services, Inequality and the Dutch Disease [R]. Policy Research Working Paper, 2014 (6966).

[10] Bensidoun, I. The Integration of China and India into the World Economy: A Comparison [J]. The European Journal of Comparative Economics, 2009, 6 (1): 131 – 155.

[11] Bhagwati, Jagdish N. Splintering and Disembodiment of Services and Developing Nations [J]. The World Economy, 1984, 6 (7): 133 – 144.

[12] Bharadwaj, S. G., Varadarajan, P. R. and Fahy, J. Sustainable Competitive Advantage in Service Industries: A Conceptual Model and Research Propositions [J]. Journal of Marketing, 1993, 57 (4): 83 – 99.

[13] Borchert, Ingo, Batshur Gootiiz and Aaditya Mattoo. Policy Barriers to International Trade in Services: Evidence from a New Database [J]. World Bank Economic Review, 2014, 28 (1): 162 – 188.

[14] Breinlich, H. and C. Criscuolo. International Trade in Services: A Portrait of Importers and Exporters [J]. Journal of International Economics, 2011, 84 (2): 188 – 206.

[15] Bruijn, D., Kox, R. andLejour, A. The Trade – Induced Effects of the Services Directive and the Country of Origin Principle [J]. CPB Discussion Paper, Centraal Plan Bureau, The Hague, 2006 (108).

[16] Cabral, M. Determinants of Export Diversification and Sophistication in Sub – Saharan Africa [R]. FEUNL Working Paper, 2010 (550).

[17] Chor, D. Unpacking Sources of Comparative Advantage: A Quantitative Approach [J]. Journal of International Economics, 2010, 82 (2): 152 – 167.

[18] Coe, D., E. Helpman and A. Hoffmaister. North – South Spillovers [J]. Economic Journal, 1997 (107): 134 – 149.

[19] Coe, D. T. & Helpman. E. International R&D Spillovers [J]. European Economic Review, 1995 (5): 59 – 829.

[20] Comparison of Finnish Service and Manufacturing Firms [J]. Industrial and Corporate Change, 2004, 21 (5): 1255 – 1281.

[21] Costinot, A. On the Origins of Comparative Advantage [J]. Journal of International Economics, 2009, 77 (2): 255 – 264.

[22] Deardorff, A. Comparative Advantage and International Trade and Investment in Services [J]. in R. M. Stern (ed.), Trade and Investment in Services: Canada/US Perspectives, Toronto: Ontario Economic Council, 1985: 39 – 71.

[23] Dixit, A. and J. Stiglitz. Monopolistic Competition and Optimum Product Diversity [J]. The American Economic Review, 1977: 297 – 308.

[24] Dominique, M., Horst G. and Michael R. Inter – and Intra – sectoral Linkages in Foreign Direct Investment: Evidence from Japanese Investment in Europe [J]. Journal of the Japanese and International Economies, 2005.

[25] Dulleck, U., Foster, N. Imported Equipment, Human Capital and Economic Growth in Developing Countries [R]. NECR Working Paper, 2007 (16).

[26] Eichengreen Barry and Poonam Gupta. The Service Sector as India's Road to Economic Growth [R]. NBER Working Paper, 2011 (16757).

[27] Ernst Dieter and Linsu Kim. Global Production Networks, Knowledge Diffusion and Local Capability Formation [J]. Research Policy, 2002 (31): 1417 - 1429.

[28] Fang, E., Palmatier, W. R. and Steenkamp, B. E. Effect of Service Transition Strategy on Firm Value [J]. Journal of Marketing, 2008, 72 (5): 1 - 14.

[29] Fernandes, A. M. Trade Policy, Trade Volumes and Plant - level Productivity in Colombian Manufacturing Industries [R]. W. B. Policy Research Working Paper Series, 2006 (3064).

[30] Fontagne, L., M. Freudenberg, G. Gaulier. Specialization across Varieties and North - South Competition [J]. Economic Policy, 2008, 23 (1): 51 - 91.

[31] Francois, J. and Woerz, J. Producer Services, Manufacturing Linkages and Trade [J]. Journal of Industry, Competition and Trade, 2008, 8 (3): 199 - 229.

[32] Francois, J. F., Woerz, J. Producer Service, Manufacturing Linkages and Trade [Z]. Tinbergen Institute Discussion Paper, 2007.

[33] Francois, J., B. Hoekman and J. Woerz. Does Gravity Apply to Intangibles? Measuring Openness in Services [J]. Center for Economic and Policy Research, Johannes Kepler University, World Bank and Vienna Institute for International Economic Studies. Unpublished Manuscript, 2007.

[34] Fuchs, V. R. Introduction to "the Growing Importance of the Service Industries" [A]// The Growing Importance of the Service Industries, NBER Chapters [J]. National Bureau of Economic Research, Inc, 1965: 1 - 4.

[35] Gable, S. and Mishra, S. Service Export Sophistication and Europe's New Growth Model [R]. World Bank Policy Research Working Paper, 2011 (5793).

[36] Gallegati, M. and Tamberi, M. Overall Specialization and Development: Countries Diversify [J]. The Review of World Economics, 2009, 145 (1): 37 - 55.

[37] Gaulier, G., Lemoine, F. and ünal, D. China's Emergence and the Reorganization of Trade Flows in Asia [J]. China Economic Review, 2007, 18 (3): 209 - 243.

[38] Gebauer, H., Fleisch, E. and Friedli, T. Overcoming the Service Paradox in Manufacturing Companies [J]. European Management Journal, 2005, 23 (1): 14 - 26.

[39] Ghani, Ejaz (ed.). The Service Revolution in South Asia [M]. OUP Catalogue, Oxford University Press, 2010.

[40] Grossman, Gene M. and Esteban Rossi-Hansberg. Trading Tasks: A Simple Theory of Offshoring [J]. American Economic Review, 2008, 98 (5): 1978-1997.

[41] Grossman, G. M. & Helpman, E., Endogenous Innovation in the Theory of Growth [J]. The Journal of Economic Perspectives, 1991 (8).

[42] Grünfeld, Leo A. and Andres Moxnes. The Intangible Globalisation: Explaining the Patterns of International Trade in Services [J]. Discussion Paper, Norwegian Institute of International Affairs, 2003 (657).

[43] Halpern, L., M. Koren and A. Szeidl. Imported Inputs and Productivity [R]. CEFIG Working Papers, 2011.

[44] Hanson, G. and C. Xiang. International Trade in Motion Picture Services [M]. International Flows of Invisibles: Trade in Services and Intangibles in the Era of Globalization, Chicago: University of Chicago Press, Forthcoming, 2008.

[45] Harding, T. and Smarzynska B. A Touch of Sophistication: FDI and Unit Values of Exports [R]. CESIFO Working Paper, 2009 (2865).

[46] Hausmann, Ricardo., Hwang, Jason. and Rodrik, Dani. What You Export Matters [R]. NBER Working Paper, December, 2005 (11905).

[47] Herbert G. Grubel and Michael A. Walker. Service Industry Growth: Cause and Effects [Z]. Fraser Institute, 1989: 279.

[48] Herreriasa, M. J. and Orts, V. Imports and Growth in China [J]. Economic Modelling, 2011, 28 (6): 2811-2819.

[49] Hindley, B. and Smith A. Comparative Advantage and Trade in Services [J]. The World Economy, 1984, 7 (4): 369-389.

[50] Hoekman, B. and Mattoo, A. Services and Growth [R]. World Bank Policy Research Working Paper, World Bank, Washington DC, 2008 (4461).

[51] Hoekman, Bernard. Trade in Services, Trade Agreements and Economic Development: A Survey of the Literature [Z]. CEPR Discussion, 2006.

[52] Holmes, T. and J. Schmitz Jr. On the Turnover of Business Firms and Business managers [J]. Journal of Political Economy, 1995 (2): 1005-1038.

[53] Hummels, D. and P. J. Klenow. The Variety and Quality of a Nation's Exports [J]. American Economic Review, 2005, 95 (3): 704-723.

[54] Jensen, J. B. Global Trade in Services: Fear, Facts and Offshoring [J].

Peterson Institute for International Economics, 2011.

［55］Jensen, J. Bradford and Lori G. Kletzer. Measuring Tradable Services and the Task Content of Offshorable Services Jobs［M］. In Labor in the New Economy, edited by Katharine G. Abraham, James R. Spletzer and Michael J. Harper. Chicago: University of Chicago Press, 2010.

［56］Johnson, Robert C. and Guillermo Noguera. Accounting for Intermediates: Production Sharing and Trade in Value – Added, Manuscript［D］. Dartmouth College, 2009.

［57］Jones, R. and Kierzkowski, H. The Role of Services in Production and International Trade: A Theoretical Framework［R］. RCER Working Papers 145, University of Rochester Center for Economic Research (RCER), 1988.

［58］Julan Du. Do Domestic and Foreign Exporters Differ in Learning by Exporting? Evidence from China［C］. Paper for CEDR – HSE 4th Joint Conference, 2011.

［59］Kasahara, H., Rodrigue, J. Does the Use of Imported Intermediates Increase Productivity? Plant – level Evidence［J］. Journal of Development Economics, 2008 (87): 106 – 118.

［60］Keller, Wolfgang. International Technology Diffusion［J］. Journal of Economic Literature, XLII, 2004, 752 782.

［61］Keller, W. Trade and Transmission of Technology［J］. Journal of Economic Growth, 2002 (7): 5 – 24.

［62］Koopman, R., Wang, Z. and Wei, S. J. How Much of Chinese Exports is Really Made in China? Assessing Domestic Value Added When Processing Trade is Pervasive［R］. NBER Working Paper, 2008 (14109).

［63］Kremer, M. The O – Ring Theory of Economic Development［J］. Quarterly Journal of Economics, 1993, 108 (3): 551 – 575.

［64］Langhammer R. J. Service Trade Liberalization as a Handmaiden of Competitiveness in Manufacturing［R］. Kiel Working Paper, 2006 (1293).

［65］Lemoine, F. and ünal, D. Rise of China and India in International Trade: From Textiles to New Technology［J］. China & World Economy, 2008, 16 (5): 36 – 58.

［66］Lennon, S. Information Components of Apparel Retail Websites: Task Relevance Approach［J］. Journal of Fashion Marketing and Management, 2007, 11 (4): 494 – 510.

［67］Levchenko, A. Institutional Quality and International Trade［J］. Review of

Economic Studies, 2007, 74 (3): 791-819.

[68] Liu, R. and D. Trefler. Much Ado about Nothing: American Jobs and the Rise of Service Outsourcing to China and India [R]. NBER Working Paper, 2008.

[69] Malleret, V. Value Creation Through Service Oers [J]. European Management Journal, 2006, 24 (1): 106-116.

[70] Marel, E. Trade in Services and TFP: The Role of Regulation [J]. World Economy, 2012, 35 (2): 1530-1558.

[71] Marel, V. Services Trade and TFP: The Role of Regulation [R]. GEM Working Paper, February, Groupe d'économie Mondiale, Sciences-Po, Paris, 2011.

[72] Markusen, J. R. Trade in Producer Services and in other Specialized Intermediate Inputs [R]. American Economic Review, 1989, 79 (1): 85-95.

[73] Melvin, R. Trade in Producer Services: A Heckscher-ohlin Approach [J]. Journal of Political Economy, 1989, 97 (5): 1180-1196.

[74] Michaely, M. Trade, Income Levels and Dependence [J]. North-Holland, Amsterdam, 1984.

[75] Mirza, D., and Giuseppe, N. What is So Special about Trade in Services? [J]. University of Nottingham Research Paper, 2004 (2).

[76] Musolesi, Antonio and Jean-Pierre Huiban. Innovation and Productivity in Knowledge Intensive Business Services [J]. Journal of Productivity Analysis, 2010, 34 (1): 63-81.

[77] Nordas, H. K. Trade in Goods and Services: Two Sides of the Same Coin [J]. Economic Modelling, 2010, 27 (2): 496-506.

[78] Oliva, R. and Kallenberg, R. Managing the Transition from Products to Services [J]. International Journal of Service Industry Management, 2003, 14 (2): 160-172.

[79] Pappas N., Sheehan P. The New Manufacturing: Linkage between Production and Service Activities in P. Sheehen and G. Tegart (eds) Working for the Future [M]. Melbourne: Victoria University Press, 1998: 5-9+127-155.

[80] Park S. C. Measuring Tariff Equivalents in Cross-Border Trade in Services. Korea Institute for International Economic Policy [R]. Working Paper, 2002: 2-15.

[81] Polanyi, M. Personal Knowledge: Towards a Post-Critical Philosophy [M]. University of Chicago Press, Chicago, 1962.

[82] Raff H. & Ruhr M. Foreign Direct Investment in Producer Services: Theory and Empirical Evidence [J]. Applied Economics Quarterly, 2007, 53 (3): 299 – 321.

[83] Rodrik, D. What's So Special about China's Exports [R]. NBER Working Paper, 2006 (11947).

[84] Romer, P. M., Increasing Returns and Long – run Growth [J]. Journal of Political Economy, 1986 (94).

[85] Rust, R. and Chung, T. Marketing Models of Service and Relationships [J]. Marketing Science, 2006, 25 (6): 560 – 580.

[86] Sapir, A. and Chantal, W. Service Trade. ULB Institutional Repository 2013/8176 [D]. University Libre de Bruxelles, 1994.

[87] Schott P. The Relative Sophistication of Chinese Exports [J]. Economic Policy, 2007, 23 (53): 5 – 49.

[88] Schott, P. K. Across – Product versus – within – Product Specialization in International Trade [J]. Quarterly Journal of Economics, 2004, 119 (2): 647 – 678.

[89] Segerstorm, Paul S. The Long – Run Growth Effects of R&D Subsidies [J]. Journal of Economic Growth, 2000, 5 (3): 277 – 305.

[90] Sherman Robinson, Zhi Wang. Will Marin. Capturing the Implications of Services Trade Liberalization [J]. Economic Systems Research, 2002, 3 (1): 3 – 33.

[91] Shi Bingzhan. Extensive Margin, Quantity and Price in China's Export Growth [J]. China Economic Review, 2011 (22): 233 – 243.

[92] Stibora J. and D. E. Vaal, A. Services and Services Trade: A Theoretical Inquiry [M]. Amsterdam: Purdue University Press, 1995.

[93] Theodore H. Moran. Foreign Manufacturing Multinationals and the Transformation of the Chinese Economy: New Measurements, New Perspectives [R]. Peterson Institute for International Economics Working Paper Series WP11 – 11, April 2011.

[94] Triplett, J. E. and Bosworth, B. P. Productivity Measurement Issues in Services Industries: "baumol's disease" has been Cured [J]. Economic Policy Review, 2003 (9): 23 – 33.

[95] United Nations Conference on Trade and Development. Global Value Chains and Development: Investment and Value Added Trade in the Global Economy [Z]. UNCTAD, 2013.

[96] Vandermerwe, S. and Rada, J. Servitization of Business: Adding Value by Adding Services [J]. European Management Journal, 1988, 6 (4): 314 – 324.

[97] Wang, Z. and Wei, S. J. What Accounts for the Rising Sophistication of China's Exports? [R]. NBER Working Paper, 2008 (13771).

[98] Windahl, C. and Lakemond, N. Integrated Solutions from a Service – centered Perspective: Applicability and Limitations in the Capital Goods Industry [J]. Industrial Marketing Management, 2010, 39 (8): 1278 – 1290.

[99] Xu Bin. The Sophistication of Exports: Is China Special? [J]. China Economic Review, 2010, 21 (3): 482 – 493.

[100] Xu, B. Measuring China's Export Sophistication [R]. Working Paper, China Europe International Business School.

[101] Hoekman B. (ed.). The Global Trade Slowdown: A New Normal? [M]. A VoxEU eBook, London: CEPR Press and EUI, 2015.

[102] Koopman, R., W. Powers, Z. Wang, and S. – J. Wei. Give Credit Where Credit is Due: Tracing Value Added in Global Productionchains [R]. NBER Working Paper, 2010 (16426).

[103] Koopman, R., W. Powers, Z. Wang, S. – J. Wei. Tracing Value – added and Double Counting in Gross Exports [R]. NBER Working Paper, 2012 (18579).

[104] Upward, R., Z. Wang and J. Zheng. Weighing China's Export Basket: The Domestic Content and Technology Intensity of Chinese Exports [J]. Journal of Comparative Economics, 2013 (2): 527 – 543.

[105] 包群. 贸易开放与经济增长：只是线性关系吗 [J]. 世界经济, 2008 (9).

[106] 陈宪. 服务贸易理论研究：现实基础、总体状况及初步设想 [J]. 上海经济研究, 2000 (12): 59 – 64.

[107] 陈晓华, 黄先海, 刘慧. 中国出口技术结构演进的机理与实证研究 [J]. 管理世界, 2011 (3).

[108] 程大中. 中国服务贸易显性比较优势与"入世"承诺减让的实证研究 [J]. 管理世界, 2003 (7): 29 – 37.

[109] 程大中. 中国服务出口复杂度的国际比较分析——兼对"服务贸易差额悖论"的解释 [J]. 经济研究, 2013 (456).

[110] 戴翔. 中国服务出口贸易技术复杂度变迁及国际比较 [J]. 中国软科学, 2011 (2).

[111] 戴翔, 张二震. 中国出口技术复杂度真的赶上发达国家了吗 [J]. 国际贸易问题, 2011 (7).

[112] 戴翔. 中国制成品出口技术含量升级的经济效应 [J]. 经济学家, 2010 (9).

[113] 杜修立, 王国维. 中国出口贸易的技术结构及其产业变迁: 1980~2003 [J]. 经济研究, 2007 (7).

[114] 樊纲, 关志雄, 姚枝仲. 国际贸易结构分析: 贸易品的技术分布 [J]. 经济研究, 2006 (8).

[115] 樊秀峰, 韩亚峰. 生产性服务贸易对制造业生产效率影响的实证研究——基于价值链视角 [J]. 国际经贸探索, 2012 (5): 4-14.

[116] 高凌云, 王洛林. 进口贸易和工业行业全要素生产率 [J]. 经济学 (季刊), 2010 (2).

[117] 洪世勤, 刘厚俊. 出口技术结构变迁与内生经济增长: 基于行业数据的研究 [J]. 世界经济, 2013 (6).

[118] 黄建忠, 吴超. 国际服务贸易摩擦研究: 现状、特征与成因 [J]. 国际贸易问题, 2013 (9): 92-100.

[119] 黄建忠, 杨扬. 服务贸易壁垒测量的体系与框架 [J]. 亚太经济, 2009 (1): 49-53.

[120] 江小涓. 我国出口商品结构的决定因素和变化趋势 [J]. 经济研究, 2007 (5).

[121] 李伍荣. 服务贸易促进外贸增长方式转变: 机理及其实现 [J]. 国际经贸探索, 2007 (4): 18-21.

[122] 林祺, 林僖. 削减服务贸易壁垒有助于经济增长吗——基于国际面板数据的研究 [J]. 国际贸易问题, 2014 (8): 79-89.

[123] 刘辉煌, 任会利. 生产者服务进口影响制造业国际竞争力的中介效应研究 [J]. 经济与管理, 2010 (8): 10-13.

[124] 刘绍坚. 国际服务贸易发展趋势及动因分析 [J]. 国际贸易问题, 2005 (7): 69-73.

[125] 刘志彪. 生产者服务业及其集聚: 攀升全球价值链的关键要素与实现机制 [J]. 中国经济问题, 2008 (1): 3-12.

[126] 隆国强. 我国服务贸易的结构演化与未来战略 [J]. 国际贸易, 2012 (10): 4-9.

[127] 蒙英华, 尹翔硕. 生产者服务贸易与中国制造业效率提升 [J]. 世界经济研究, 2010 (7).

[128] 孟猛. 中国在国际分工中的地位：基于出口最终品全部技术含量与国内技术含量的跨国比较 [J]. 世界经济研究, 2012 (3).

[129] 裴长洪, 彭磊, 郑文. 转变外贸发展方式的经验与理论分析——中国应对国际金融危机冲击的一种总结 [J]. 中国社会科学, 2011 (1): 77-87.

[130] 平新乔等. 外国直接投资对中国企业的溢出效应分析：来自中国第一次全国经济普查数据的报告 [J]. 世界经济, 2007 (8).

[131] 曲凤杰. 优化结构与协调发展——发展服务贸易与转变我国外贸增长方式的战略措施 [J]. 国际贸易, 2006 (1): 28-32.

[132] 任若恩. 净出口促2010年中国经济增长高于2009年 [J]. 中国社会科学报, 2011 (1).

[133] 尚涛, 陶蕴芳. 中国生产性服务贸易开放与制造业国际竞争力关系 [J]. 世界经济研究, 2009 (5).

[134] 孙立行. 上海服务贸易创新突破发展对策思路研究 [J]. 科学发展, 2013 (6): 13-27.

[135] 唐海燕, 蒙英华. 服务贸易能平缓经济冲击吗——基于美国经济波动跨国传导的研究 [J]. 国际贸易问题, 2010 (12): 61-69.

[136] 唐宜红, 林发勤. 服务贸易对中国外贸增长方式转变的作用分析 [J]. 世界经济研究, 2009 (3).

[137] 万红先. 我国服务贸易增长方式转变的实证分析 [J]. 世界经济研究, 2012 (11): 62-66+89.

[138] 王铁山. 服务贸易中的技术性贸易壁垒及跨越途径 [J]. 国际经济合作, 2008 (6): 77-80.

[139] 王小梅. 服务贸易壁垒的经济学分析 [J]. 世界经济研究, 2005 (6): 55-60.

[140] 王永进, 盛丹, 施炳展, 李坤望. 基础设施如何提升了出口技术复杂度？[J]. 经济研究, 2010 (7).

[141] 王子先. 服务贸易新角色：经济增长、技术进步和产业升级的综合性引擎 [J]. 国际贸易, 2012 (6): 47-53.

[142] 伍华佳, 张莹颖. 中国服务贸易对产业结构升级中介效应的实证检验 [J]. 上海经济研究, 2009 (3).

[143] 夏杰长. 加快北京科技型服务贸易发展的建议 [J]. 中国经贸导刊, 2007 (4): 38.

[144] 许和连, 元朋, 祝树金. 贸易开放度、人力资本和全要素生产率：基于中国省级面板数据的经验研究 [J]. 世界经济, 2006 (12).

[145] 杨晶晶,于意,王华. 出口技术结构测度及其影响因素——基于省际面板数据的研究 [J]. 财贸研究, 2013 (4).

[146] 杨汝岱,姚洋. 有限赶超与经济增长 [J]. 经济研究, 2008 (8).

[147] 姚洋,张晔. 中国出口产品国内技术含量升级研究——来自全国、江苏和广东的证据 [J]. 中国社会科学, 2008 (2).

[148] 姚战琪. 全球化背景下中国外商直接投资与服务贸易的关系研究 [J]. 财贸经济, 2009 (7): 74-81.

[149] 殷凤,陈宪. 国际服务贸易影响因素与我国服务贸易国际竞争力研究 [J]. 国际贸易问题, 2009 (2): 61-69.

[150] 余淼杰. 中国贸易的自由化与制造业企业生产率 [J]. 经济研究, 2010 (12).

[151] 俞灵燕,计东亚. 技术壁垒作用机理及其在服务领域的表现——一个基于 MQS 模型的经济学分析 [J]. 财贸经济, 2005 (7): 64-68.

[152] 俞灵燕. 服务贸易壁垒及其影响的量度：国外研究的一个综述 [J]. 世界经济, 2005 (4): 22-32.

[153] 张宝友,肖文,孟丽君. 我国服务贸易进口与制造业出口竞争力关系研究 [J]. 经济地理, 2012 (1): 102-108.

[154] 张二震. 中国外贸转型：加工贸易、"微笑曲线"及产业选择 [J]. 当代经济研究, 2014 (7): 14-18.

[155] 张雨. 我国服务出口贸易技术含量升级的影响因素研究 [J]. 国际贸易问题, 2012 (11).

[156] 赵文军,于津平. 贸易开放、FDI 与中国工业经济增长方式 [J]. 经济研究, 2012 (8).

[157] 郑吉昌,朱旭光. 全球服务产业转移与国际服务贸易发展趋势 [J]. 财贸经济, 2009 (8): 74-79+137.

[158] 朱春兰,严建苗. 进口贸易与经济增长：基于我国全要素生产率的测度 [J]. 商业经济与管理, 2006 (5).

[159] 祝树金,张鹏辉. 中国制造业出口国内技术含量及其影响因素 [J]. 统计研究, 2013 (6).

[160] 庄丽娟. 国际服务贸易与经济增长的理论和实证研究 [M]. 北京：中国经济出版社, 2007.

[161] 高敏雪,葛金梅. 出口贸易增加值测算的微观基础 [J]. 统计研究, 2013 (10): 8-15.

[162] 罗长远,张军. 附加值贸易：基于中国的实证分析 [J]. 经济研究,

2014 (6): 4-17.

[163] 任志成, 刘梦, 戴翔. 价值链分工演进如何影响贸易增长: 现象、理论及模拟 [J]. 国际贸易问题, 2017 (2): 119-130.

[164] 吴福象, 刘志彪. 中国贸易量增长之谜的微观经济分析: 1978~2007 [J]. 中国社会科学, 2009 (1): 70-83.

[165] 张芳. 针对加工贸易之非竞争型投入产出表的编制与应用分析 [J]. 统计研究, 2011 (8): 73-79.

[166] 张杰, 陈志远, 刘元春. 中国出口国内附加值的测算与变化机制 [J]. 经济研究, 2013 (10): 124-137.

[167] 郑丹青, 于津平. 中国出口贸易增加值的微观核算及影响因素研究 [J]. 国际贸易问题, 2014 (8): 3-13.